Gerechtigkeit, Recht und Rechtfertigung
in transkultureller Perspektive

Philosophie und Transkulturalität

Herausgegeben von
Jacques Poulain (Paris),
Hans Jörg Sandkühler (Bremen),
Fathi Triki (Tunis)

Band 10

In Zusammenarbeit mit
den UNESCO-Lehrstühlen in Paris und Tunis

und

der Deutschen Abteilung «Menschenrechte und Kulturen»
des UNESCO-Lehrstuhls für Philosophie (Paris)
an der Universität Bremen

PETER LANG
Frankfurt am Main · Berlin · Bern · Bruxelles · New York · Oxford · Wien

Jacques Poulain
Hans Jörg Sandkühler
Fathi Triki
(Hrsg.)

Gerechtigkeit, Recht und Rechtfertigung in transkultureller Perspektive

PETER LANG
Internationaler Verlag der Wissenschaften

Bibliografische Information der Deutschen Nationalbibliothek
Die Deutsche Nationalbibliothek verzeichnet diese Publikation in der Deutschen Nationalbibliografie; detaillierte bibliografische Daten sind im Internet über http://dnb.d-nb.de abrufbar.

Umschlaggestaltung:
Olaf Glöckler, Atelier Platen, Friedberg

Gedruckt auf alterungsbeständigem,
säurefreiem Papier.

ISSN 1618-467X
ISBN 978-3-631-60921-7

www.peterlang.de

Inhalt

Vorbemerkung

Die Reihe, in der dieses Buch erscheint, stand zunächst unter dem Titel *Philosophie des Zusammen-lebens/Philosopher le vivre-ensemble* und erschien zweisprachig, auf Deutsch und Französisch. Sie wurde von Hans Jörg Sandkühler (Bremen) und Fathi Triki (Tunis) herausgegeben. Folgende Bände sind in ihr erschienen: *Die Aufgaben der Philosophie in der transkulturellen Welt. La tâche de la philosophie dans le monde tranculturel* (Bd. 1, 2002), *Der Fremde und die Gerechtigkeit. L'étranger et la justice* (Bd. 2, 2003) und *Gewalt und Recht in transkultureller Perspektive. Violence et droits dans une perspective transculturelle* (Bd. 3, 2004).

Seit Bd. 4 – *Menschheit – Humanität – Menschlichkeit* – bzw. Bd. 5 *Les figures de l'humanité* erscheint die Reihe zum einen auf Deutsch unter dem Titel *Philosophie und Transkulturalität* und zum anderen auf Französisch unter dem Titel *Philosophie et transculturalité.* Jacques Poulain, Professor an der Université de Paris VIII und Inhaber des europäischen UNESCO-Lehrstuhls für Philosophie in Paris, ist als dritter Herausgeber hinzu getreten. Neben Ergebnissen der Kooperation der UNESCO-Lehrstühle für Philosophie in Tunis und Paris sowie der Deutschen Abteilung «Menschenrechte und Kulturen» des Pariser Lehrstuhls an der Universität Bremen erscheinen in der Reihe auch andere Monografien und Sammlungen von Beiträgen einzelner Autoren zur Philosophie in transkultureller Perspektive. Bisher sind folgende weitere Bände erschienen: Anthony Onyemachi Agwuele: *Rorty's Deconstruction of Philosophy and the Challenge of African Philosophy* (Bd. 6). Von den Betreuern der Reihe herausgegeben: *La dignité humaine. Perspectives transculturelles* (Bd. 7). Cyrille B. Koné: *De la réconciliation terrestre. Essai sur la citoyenneté réhabilité* (Bd. 8).

Zwei Dokumentationen der gemeinsamen Aktivitäten sind in französischer Sprache 2006 und 2010 in der Reihe *Perspectives transculturelles* im Verlag L'Harmattan in Paris erschienen.

Der vorliegende Band enthält die überarbeiteten Beiträge zu einem Kolloquium, das im Juni 2009 von der Bremer UNESCO-Abteilung unter dem Titel «Justice, Droit et Justification. Perspectives transculturelles» ausgerichtet wurde. Es war die 10. von seit dem Jahr 2000 alternierend in Tunis und in Bremen – einmal auch in Paris – durchgeführten Tagungen zu theoretischen und praktischen Problem der Transkulturalität.

Wir danken Frau Dr. Melanie Korita (Bremen) und Herrn Dr. Sarhan Dhouib (Kassel) für ihre große Hilfe bei der Drucklegung dieses Bandes.

Bremen, im Mai 2010 Die Herausgeber

Hans Jörg Sandkühler

Gerechtigkeit, Recht und Rechtfertigung. Zur Einführung

Diese Einführung ist der Frage nach der Bedeutung der Begriffe ‚Gerechtigkeit', ‚Recht' und ‚Rechtfertigung' gewidmet. Von größerem Interesse als eine Explikation der Begriffe ist allerdings die Frage, welchen inneren Zusammenhang sie bilden. Ich vertrete die folgenden vier Thesen:

(i) Nicht alle Menschen handeln immer gerecht, weder gegenüber den jetzt lebenden Menschen noch gegenüber den zukünftigen Generationen.[1]
(ii) Deshalb werden moralische Ansprüche auf Gerechtigkeit in juridisches Recht transformiert.
(iii) Das Recht soll gerechtes Recht sein, d.h. sein Fundament und sein Maßstab soll die Gerechtigkeit sein. Aus praktischen Gründen ist der Vorrang des Rechts vor der Moral gerechtfertigt; eine völlige Trennung von Moral und Recht ist aber weder möglich noch zu rechtfertigen.
(iv) Aussagen über die Gerechtigkeit referieren nicht direkt auf ein Gegebenes, eine Entität; weil sie von Einstellungen, Überzeugungen, Theorien und Wissenskulturen[2] abhängig sind, bedürfen sie epistemischer Rechtfertigung.

Aus diesen vier Thesen ergeben sich Probleme und Aufgaben des Diskurses über Gerechtigkeit und Recht: Wenn man berücksichtigt, dass *de facto* in der Welt, in der wir leben, Gerechtigkeit und Recht keineswegs in Übereinstimmung sind, dann wäre der Satz „Das Recht gründet in Gerechtigkeit" als deskriptiver Satz falsch. Die Begriffe ‚Gerechtigkeit', ‚Recht' und ‚Rechtfertigung' sind Elemente und Aufgaben *normativer Theorie*. Mit anderen Worten: Der normative Satz, dass die Gerechtigkeit die Basis und der Maßstab des Rechts sein *soll*, *soll* epistemisch gerechtfertigt werden.

1. Gerechtigkeit, Recht und Moral

Gerechtigkeit ist ein wesentliches Prinzip der Organisation des Zusammenlebens der Menschen und ein zentraler normativer Begriff der Politik, seit Aristoteles die Gerechtigkeit als Tugend *in bezug auf den Anderen* (*pros heteron*) definiert

1 Vgl. Meyer 2009.
2 Vgl. Sandkühler 2009c.

hat.[3] Ein für die Gerechtigkeit konstitutives Merkmal ist Gleichheit. Personen, die in relevanten Hinsichten als gleich gelten, müssen gleich behandelt werden. Dies ist das von Aristoteles mit Rekurs auf Platon formulierte *formale* Gerechtigkeitsprinzip.[4] Eine Handlung ist dann gerecht, wenn sie einer Person das zukommen lässt, was ihr zukommt.

Hierzu erläutert Stefan Gosepath: „Gerechtigkeit bezieht sich [...] auf die Gesamtheit der wechselseitigen Ansprüche und Verbindlichkeiten bzw. der moralischen Rechte und Pflichten, die die Menschen gegeneinander vom Standpunkt der Unparteilichkeit aus haben. Diese Definition ist ganz formal, denn sie lässt noch die entscheidende Frage offen, wem was zukommt. Die Formel bzw. der allgemeine Begriff der Gerechtigkeit enthält mehrere Variablen, die gefüllt werden müssen, um zu spezifischen Konzeptionen der Gerechtigkeit zu gelangen. [...] Eine Gerechtigkeitskonzeption muss eine begründete Antwort auf die Frage geben: Wer schuldet in welchen Umständen wem was, auf welche Weise, warum, aus welcher Perspektive, aufgrund welchen Prinzips und mit welcher Anwendung? Fragen der Gerechtigkeit betreffen demnach mindestens folgende neun Dimensionen: (1) die Umstände, (2) die Objekte, (3) die Subjekte, (4) den Umfang, (5) die Begründungsperspektive, (6) die Gründe, (7) die Arten und (8) die Prinzipien der Gerechtigkeit [...] Die für Gerechtigkeit wesentliche *Perspektive* der Unparteilichkeit verlangt zweierlei: Zum einen erfordert Unparteilichkeit die unparteiische Anwendung einer vorgegebenen Norm. [...] Zum anderen wird zusätzlich für die Regeln Unparteilichkeit gefordert, im Sinne eines Verbots auf das rein Partikulare oder Egoistische bezogener Maximen. Verlangt wird stattdessen eine Unparteilichkeit zweiter Stufe: eine unparteiische Rechtfertigung bzw. Rechtfertigbarkeit der in Frage stehenden Normen. [...] Der Inhalt der Gerechtigkeit benennt die materialen Prinzipien und Kriterien der Gerechtigkeit Alle modernen Konzeptionen der Gerechtigkeit akzeptieren eine gemeinsame Grundnorm: Alle Menschen sind als prinzipiell gleichwertig zu achten, d.h. mit gleicher Würde versehen. Deshalb soll jeder Mensch mit gleicher Achtung und gleicher Rücksicht behandelt werden. Je nachdem, wie die verschiedenen Konzeptionen der Gerechtigkeit die Grundnorm gleicher Würde näher verstehen, ergeben sich unterschiedliche Auffassungen über das jeweils Angemessene bzw. Gerechte unter Gleichen.“[5]

Gerechtigkeit ist eine Norm. Schon Platon hat in seiner *Politeia* die Frage erörtert: Warum soll man die allgemeine Norm der Gerechtigkeit im speziellen Fall des eigenen Handelns befolgen? Zwar sollen alle die Regeln gerechten Verhaltens befolgen, aber es könnte im eigenen Interesse günstiger sein, dass alle

3 Aristoteles, *Nikomachische Ethik*, V, 3, 1129 b 32.
4 Ebd., 1131a10-b15.
5 Gosepath 2009.

der Norm gehorchen, außer man selbst. Damit steht seit der Antike das Problem des Verhältnisses von Gerechtigkeit, Politik und Recht auf der Tagesordnung.

Im 20. Jahrhundert wurde dieses Problem als Kontroverse über Naturrecht und Rechtspositivismus verhandelt – in Deutschland vor allem zwischen Hans Kelsen als Vertreter des Rechtspositivismus und Gustav Radbruch, dessen Ziel eine Vermittlung der beiden Positionen war.[6]

Weder die Rechtsidee – bei Radbruch: die Gerechtigkeit – noch das positive Recht können als *ontologisch* durch Natur, Vernunft oder Geschichte ‚gegebene' Objektivität verstanden werden, die von Rechtssubjekten nur noch zu erkennen bzw. auszulegen wäre. Dies ist der Grund für Kelsens Aussage: „Gäbe es Gerechtigkeit in dem Sinne, in dem man sich auf ihre Existenz zu berufen pflegt, wenn man gewisse Interessen gegen andere durchsetzen will, dann wäre das positive Recht völlig überflüssig und seine Existenz ganz unbegreiflich."[7] Ist das Recht aber nicht ontisch begründet und nicht ontologisch begründbar, dann ist der Konflikt der Interpretationen dessen, was ‚richtiges Recht' ist, und darüber, und wie es begründet werden kann, unausweichlich. Deshalb auch muss man das Relativismus-Problem Rechts- und Staatstheorien, Theorien der Rechtswissenschaft und Rechtsphilosophien des 20. Jahrhunderts nicht andichten. Sie haben es. Es hinterlässt seine Spuren sowohl in der *Reinen Rechtslehre* Kelsens als auch in der *Rechtsphilosophie* Radbruchs.

1.1 Kelsen: Trennung von Recht und Moral, Recht und Gerechtigkeit

Kelsen kennt das Problem des Relativismus und er thematisiert es; möglicherweise ist es dort noch viel drängender, wo er es nicht vermutet oder zumindest nicht thematisiert: in der Lehre von der *Grundnorm* und von der *Verfassung*. Er beschränkt nämlich gerade die Grundnorm darauf, „eine normsetzende Autorität zu delegieren, das heißt eine Regel aufzustellen, nach der die Normen dieses Systems zu erzeugen sind [...] *Die Grundnorm liefert nur den Geltungsgrund, nicht aber auch den Inhalt der dieses System bildenden Normen*".[8] Spielt der Inhalt der Grundnorm keine Rolle, ist das Relativismus-Problem zunächst einmal ausgeklammert. Kelsen fordert eine radikale Wert-Indifferenz der Grundnorm und damit auch der Verfassung: Welchen Inhalt eine „Verfassung und die auf ihrer Grundlage errichtete staatliche Wertordnung hat, ob diese Ordnung gerecht oder ungerecht ist, kommt dabei nicht in Frage; auch nicht, ob diese Rechtsord-

6 Die folgenden Abschn. zu Kelsen und Radbruch sind – geringfügig modifiziert – Sandkühler 2002 entnommen.

7 Kelsen 1985 (RR I), S. 15. Da die 1. Aufl. der *Reinen Rechtslehre* (1934) und die 2. Aufl. (1960) erheblich voneinander abweichen, kennzeichne ich im Folgenden die 1. Aufl. mit (RR I), die 2. Aufl. mit (RR II).

8 Kelsen 1992 (RR II), S. 199 f. Hervorh. von mir.

nung tatsächlich einen relativen Friedenszustand innerhalb der durch sie konstituierten Gemeinschaft garantiert. In der Voraussetzung der Grundnorm wird kein dem positiven Recht transzendenter Wert bejaht."[9] Indem Kelsen von vornherein ,Wert' an ,Transzendenz' koppelt – Werte könnten dem positiven Recht ja auch immanent sein –, nimmt er im Interesse der inneren Konsistenz, der Reinheit der *Reinen Rechtslehre* hohe Kosten in Kauf. Die Kosten bestehen in einem universalisierten Relativismus in genau dem Bereich, für den er ihn als Problem gar nicht in Betracht zieht: im Bereich der Verfassung und der Grundrechte.[10]

Die Ausgangslage der Kelsenschen Argumentation lässt dies nicht vermuten; am Ende steht hinsichtlich der Grundnorm eine Paradoxie; sie hat zwei Seiten: (a) Kelsen führt einen Kampf gegen die *Ideologisierung* der Rechts*wissenschaft*[11] und gegen jegliche auf ,absolute Normen' gestützte Instrumentalisierung des Rechts zu partikulären Zwecken; er führt ihn aufgrund der Erfahrung der Politisierung der Rechtswissenschaft und der Justiz in der Weimarer Republik aus guten Gründen; im Endergebnis gibt er ohne gute immanente Gründe das Recht – in erster Linie die Verfassung – für Ideologien frei. (b) Es ist der von ihm festgestellte faktische *Relativismus* der Werte und Normen[12], der ihn vor der Gefahr der Ideologisierung warnen lässt; die von Ideologie befreite Rechtswissenschaft überlässt aber die Grundnorm und die Verfassung einem überzogenen Relativismus: Es steht – so Kelsen – der Rechtswissenschaft weder zu, nach der Rechtsidee und den Werten zu fragen, welche die Grundnorm zum Inhalt hat, noch den Inhalt zu bewerten. Kelsen kennt das Problem; sein Versuch, sich dadurch zu retten, dass Wertabstinenz nur für die rechtswissenschaftliche Analyse gefordert sei, ansonsten aber jedem ein wertendes rechtspolitisches Urteil freistehe, ist respektabel, aber hilflos.[13]

9 Ebd., S. 204.

10 Kelsen vertritt eine restriktive Interpretation der „Grund- und Freiheitsrechte": „Diese verfassungsrechtlichen Garantien konstituieren an sich keine subjektiven Rechte, weder bloße Reflexrechte noch subjektive Privatrechte im technischen Sinne." (Ebd., S. 145)

11 Die *Reine Rechtslehre* lehnt es „insbesondere ab, irgendwelchen politischen Interessen dadurch zu dienen, daß sie ihnen die Ideologien liefert, mittels deren die bestehende gesellschaftliche Ordnung legitimiert oder disqualifiziert wird. Dadurch tritt sie zu der traditionellen Rechtswissenschaft in schärfsten Gegensatz". (Kelsen 1985 (RR I), S. 17; vgl. S. 36 f.)

12 Kelsen 1992 (RR II), S. 18: Die „von Menschen und nicht von einer übermenschlichen Autorität gesetzten Normen" konstituieren „nur relative Werte". Vgl. S. 65 ff. ,Relativität des Moral-Wertes'.

13 Kelsen in *Juristische Wochenschrift,* 1929, S. 1066: „Wo ich mich für Demokratie ausgesprochen habe, habe ich solches Werturteil nie als Ergebnis wissenschaftlicher Erkenntnis ausgegeben, sondern offen und ehrlich als Konsequenz einer jenseits aller Wissenschaft liegenden subjektiven Grundwertung."

Die Argumentationskette ist folgende: (i) Es gelten in Gesellschaften ganz unterschiedliche, einander widersprechende Moralsysteme; (ii) es gibt deshalb nur relative Moralwerte; (iii) die Forderung, Normen müßten gerecht sein, um als Recht angesehen zu werden, kann nur bedeuten, dass diese Normen etwas enthalten müssen, was allen Gerechtigkeitssystemen gemeinsam ist; (iv) allen gemein ist nur, dass sie Normen sind, die ein bestimmtes Verhalten als gesollt setzen; (v) „Dann ist, in diesem relativen Sinne, jedes Recht moralisch, konstituiert jedes Recht einen – relativen – moralischen Wert. Das heißt aber: die Frage nach dem Verhältnis von Recht und Moral ist keine Frage nach dem Inhalt des Rechts, sondern eine Frage nach seiner Form"; (vi) wenn das Recht per definitionem moralisch *ist,* „dann hat es keinen Sinn, unter Voraussetzung eines absoluten Moralwertes die Forderung zu stellen, daß das Recht moralisch sein *soll*"; (vii) die Schlußfolgerung besteht in der *Trennungsthese*[14] – „Trennung von Recht und Moral, Recht und Gerechtigkeit": „Die unter Voraussetzung einer relativistischen Wertlehre erhobene Forderung, Recht und Moral und somit Recht und Gerechtigkeit zu trennen, bedeutet [...], daß, wenn eine Rechtsordnung als moralisch oder umoralisch, gerecht oder ungerecht bewertet wird, damit das Verhältnis der Rechtsordnung zu einem von vielen möglichen Moralsystemen und nicht zu ‚der' Moral ausgedrückt und sohin nur ein relatives, kein absolutes Werturteil gefällt wird".[15] (viii) Fazit: Die *Reine Rechtslehre* „fragt nach dem wirklichen und möglichen, nicht nach dem ‚idealen', ‚richtigen' Recht".[16]

Die Frage nach der Faktizität des Rechts ist so deskriptiv beantwortet. Aber was ist mit der Frage nach dem Recht, das *sein soll*? Für Kelsen gilt die erste Antwort auch für die zweite Frage. Dies macht die Achillesferse seiner konsequenzialistischen Variante des Rechtspositivismus aus. Die Forderung der Aufhebung des Dualismus von Recht und Staat folgt auf *diesem* Fuße: „Durchschaut man [...] die Identität von Staat und Recht, begreift man, daß das Recht, *das positive, mit der Gerechtigkeit nicht zu identifizierende Recht,* eben dieselbe Zwangsordnung ist, als welche der Staat einer Erkenntnis erscheint, die nicht in anthropomorphen Bildern steckenbleibt, sondern durch den Schleier der Personifikation zu den durch menschliche Akte gesetzten Normen durchdringt, dann ist es schlechthin unmöglich, den Staat durch das Recht zu rechtfertigen." Die Annahme, man könne oder müsse den Staat durch das Recht legitimieren, sei ein „naturrechtliches Vorurteil".[17]

14 Vgl. Hart 1971.

15 Kelsen 1992 (RR II), S. 66-69.

16 Ebd., S. 112.

17 Ebd., S. 319 f. Hervorh. von mir. Zum Problem der Gerechtigkeit vgl. Kelsen 1985 (RR I), S. 12 ff.: „In ihrem eigentlichen, von dem des Rechts verschiedenen Sinne bedeutet ‚Gerechtigkeit' [...] einen absoluten Wert. Sein Inhalt kann durch die Reine Rechtslehre nicht bestimmt werden." Kelsen wendet sich sowohl gegen den ontologi-

In *Was ist Gerechtigkeit?* (1953) hat sich Kelsen explizit mit dem Problem des Relativismus auseinandergesetzt: „Wenn die Geschichte der menschlichen Erkenntnis uns irgend etwas lehren kann, ist es die Vergeblichkeit des Versuches, auf rationalem Wege eine absolut gültige Norm gerechten Verhaltens zu finden, d.h. aber eine solche, die die Möglichkeit ausschließt, auch das gegenteilige Verhalten für gerecht zu halten. Wenn wir aus der geistigen Erfahrung der Vergangenheit irgend etwas lernen können, ist es dies, daß die menschliche Vernunft nur relative Werte begreifen kann, und d.h. daß das Urteil, mit dem etwas für gerecht erklärt wird, niemals mit dem Anspruch auftreten kann, die Möglichkeit eines gegenteiligen Werturteils auszuschließen. Absolute Gerechtigkeit ist ein irrationales Ideal. Vom Standpunkt rationaler Erkenntnis gibt es nur menschliche Interessen und daher Interessenkonflikte. Für deren Lösung stehen nur zwei Wege zur Verfügung: entweder das eine Interesse auf Kosten des anderen zu befriedigen, oder ein Kompromiß zwischen beiden herbeizuführen. Es ist nicht möglich, zu beweisen, daß nur die eine, nicht aber die andere Lösung gerecht ist.“[18]

Auf den ersten Blick fällt Zustimmung zu diesen Ausführungen leicht, wenn man – wie ich es tue – dafür plädiert, sowohl den faktischen Pluralismus wie den faktischen Relativismus nicht zu verteufeln, sondern von dieser Realität aus die Frage nach dem Recht, auch nach dem richtigen Recht, zu beantworten. Bei näherem Hinsehen aber fällt erneut auf, dass Kelsen seine Prämissen so wählt, dass sich diese *prima vista*-Plausibilität einstellt und bei Ablehnung seiner Thesen nur noch die Position des ‚Ich glaube an Gerechtigkeit trotz der Absurdität meines Glaubens' vertretbar scheint. Kelsen macht es sich zu leicht, indem er Gerechtigkeit nur als ‚absolute Gerechtigkeit' vorkommen lässt. Abwägungsfragen werden zum Schweigen gebracht, weil es keinen Komparativ gibt: Ist eine Gesellschaft nicht *gerechter,* wenn es keine aufgezwungene Arbeitslosigkeit gibt? Ist eine *gerechtere* Weltwirtschaftsordnung nicht vorstellbar? Ist nicht rechtliche Allgemeinheit *gerechter* als ein Privilegienrecht?

Kelsen fragt sich: „Was aber ist die Moral dieser relativistischen Gerechtigkeitsphilosophie? Hat diese überhaupt eine Moral? Ist Relativismus nicht amoralisch oder gar unmoralisch, wie manche meinen?` Ich bin nicht dieser Meinung. Das moralische Prinzip, das einer relativistischen Wertlehre zugrunde liegt oder

schen Dualismus von Gerechtigkeit und Recht als auch gegen den naturrechtlichen Rekurs auf ‚Gerechtigkeit' und sagt, die Frage, was Gerechtigkeit sei, führe zu Leerformeln wie „Jedem das Seine“. (Kelsen 1985 (RR I), S. 14, vgl. Kelsen 2000, S. 32 f.) Vgl. Kelsen 1992 (RR II), S. 60-71; Kelsen 2000. Zur Auseinandersetzung mit Kelsens Identitätsthese vgl. Radbruch 1999, S. 170: „Die Identitätslehre hat rein definitorisch-analytische Bedeutung, aber keinerlei rechtsphilosophisch-politischen Gehalt.“

18 Kelsen 2000, S. 49.

aus ihr gefolgert werden kann, ist das Prinzip der Toleranz, das ist die Forderung, die religiöse oder politische Anschauung anderer wohlwollend zu verstehen, auch wenn man sie nicht teilt, ja gerade, weil man sie nicht teilt, und daher ihre friedlichen Äußerungen nicht zu verhindern."[19] Erneut liegt spontane Zustimmung nahe, bis fragwürdig wird, was Kelsen mit der Aussage „Toleranz bedeutet Gedankenfreiheit" meint Der Kontext des Satzes lautet, Toleranz gebe es „nur im Rahmen einer positiven Rechtsordnung, die den Frieden unter den Rechtsunterworfenen garantiert, indem sie ihnen jede Gewaltanwendung verbietet, nicht aber die friedliche Äußerung ihrer Meinungen einschränkt".[20]

Dieser Begriff von Toleranz ist in seiner Formalität blind: Was im weiten politisch-sozialen Feld zwischen Meinung und Gewalt an Gerechtigkeitsproblemen besteht, bleibt unsichtbar. Und er ist bedeutungsleer, weil ein Kriterium für das unter Gerechtigkeitsgesichtspunkten Tolerierbare nicht angegeben wird. Diese Blindheit und Leere ergeben sich nicht aus einer zufällig schwachen Argumentation, sondern sie sind das Ergebnis einer gewollten und systematisch begründeten Unterbestimmung des Rechts. Dies wird offensichtlich in Kelsens Verständnis des kantischen kategorischen Imperativs „Handle nur nach der Maxime, von der du zugleich wünschen kannst, daß sie ein allgemeines Gesetz werde". Er wählt die formalste und inhaltsleerste der zahlreichen kantischen Formulierungen aus und umgeht so, was z.B. in einer anderen unübersehbar ist: „Das oberste Princip der Tugendlehre ist: handle nach einer Maxime der Zwecke, die zu haben für jedermann ein allgemeines Gesetz sein kann. – Nach diesem Princip ist der Mensch sowohl sich selbst als Andern Zweck, und es ist nicht genug, daß er weder sich selbst noch andere blos als Mittel zu brauchen befugt ist (dabei er doch gegen sie auch indifferent sein kann), sondern *den Menschen überhaupt sich zum Zwecke zu machen ist an sich selbst des Menschen Pflicht.*"[21] In Kelsens Lesart, auf „die entscheidende Frage der Gerechtigkeit" – „welches sind diese Normen, von denen wir wünschen können oder sollen, daß sie allgemein verbindlich seien?" – gebe der kategorische Imperativ „keine Antwort"[22], ist von den kantischen *Geltungsgründen* – Vernunft und Kausalität aus Freiheit –, keine

[19] Ebd., S. 49 f. Die Grenze der Toleranz wird extrem weit hinausgeschoben, wenn Kelsen nur das Recht demokratischer Regierungen kennt, „Versuche, sie mit Gewalt zu beseitigen, mit Gewalt zu unterdrücken und durch geeignete Mittel zu verhindern" (ebd., S. 51).

[20] Ebd., S. 50. Diese Friedensgarantie für die Rechtsunterworfenen kann auch in Diktaturen gegeben sein, die nicht offen terroristisch sind.

[21] Kant, *Die Metaphysik der Sitten*, 2. Tl.: ‚Metaphysische Anfangsgründe der Tugendlehre'. In: AA VI, S. 395. (Hervorh. von mir.) In den ‚Metaphysischen Anfangsgründen der Rechtslehre' lautet „das allgemeine Rechtsgesetz: *handle äußerlich so, daß der freie Gebrauch deiner Willkür mit der Freiheit von jedermann nach einem allgemeinen Gesetze zusammen bestehen könne* [...]" (ebd., S. 231).

[22] Kelsen 2000, S. 41.

Rede mehr; Kant argumentiert so: „Der kategorische Imperativ, der überhaupt nur aussagt, was Verbindlichkeit sei, ist: handle nach einer Maxime, welche zugleich als ein allgemeines Gesetz *gelten kann*! – Deine Handlungen mußt du also zuerst nach ihrem subjectiven Grundsatze betrachten: ob aber dieser Grundsatz auch objectiv gültig sei, kannst du nur daran erkennen, daß, weil deine *Vernunft ihn der Probe unterwirft*, durch denselben dich zugleich als allgemein gesetzgebend zu denken, er sich zu einer solchen allgemeinen Gesetzgebung qualificire.“[23]

Die *Reine Rechtslehre* konzentriert sich auf das ‚wirkliche' Recht; hinsichtlich des möglichen und richtigen Rechts ist sie indifferent. Die Begrenzung der Rechtswissenschaft auf eine Analyse positiv-rechtlicher Normen führt zu fragwürdigen Ergebnissen. Die Folgerung, „daß die Ordnung der Sowjetrepublik ganz ebenso als Rechtsordnung begriffen werden soll wie die des faschistischen Italien oder die des demokratisch-kapitalistischen Frankreich“, ist aus der *erkenntnistheoretisch*-transzendentalen Bestimmung der Kategorie des Rechts als ‚formal' nicht abzuleiten.[24] Wenn Kelsen behauptet, „die Tatsache, daß der Inhalt einer wirksamen Zwangsordnung als ungerecht beurteilt werden kann“, sei „jedenfalls kein Grund, die Zwangsordnung nicht als Rechtsordnung gelten zu lassen“[25], dann mag dies unter formalen Gesichtspunkten zutreffend sein; die Folgerung ergibt sich aber nur scheinbar aus Kohärenz-Gründen seiner Theorie. Es liegt nämlich ein Widerspruch zu seiner Qualifizierung des Rechts als einer ‚geistigen Realität' vor: Für sie gilt die – im Neukantianismus bezüglich der *Naturwissenschaften* festgestellte – ‚Werturteilsfreiheit' gerade nicht.

Es liegt also die Frage nahe, warum es für Kelsen nicht „die Aufgabe der Rechtswissenschaft sein kann, irgend etwas zu rechtfertigen. Rechtfertigung bedeutet Wertung; und Wertungen – stets subjektiven Charakters – sind Sache der Ethik und Politik, nicht aber der objektiven Erkenntnis.“ Warum ist es geboten, dass die Rechtswissenschaft rechtspolitischen Entwicklungen „ganz indifferent“ gegenüberstehten muß?[26] Ein Motiv ist bereits genannt: das Veto gegen Ideologisierung und Politisierung; ein zureichender Grund ergibt sich daraus nicht.

Ein anderes Motiv scheint stärker zu sein und als Grund zu wirken: So sehr Kelsen bemüht ist, wegen des Kausalitäts- und Zurechnungsproblems die Rechtswissenschaft in Distanz zur Naturwissenschaft zu bringen, so wenig gelingt es ihm, sich der Faszination des Objektivitätsideals der Naturwissenschaften zu entziehen. Es ist kein Zufall, dass Kelsen 1934 die *Reine Rechtslehre* damit enden lässt, dass er für sie eine Fortschrittsfunktion in Analogie zu den

23 Kant, *Die Metaphysik der Sitten*, 1. Tl.: ‚Metaphysische Anfangsgründe der Rechtslehre'. In: AA VI, S. 225

24 Kelsen 1985 (RR I), S. 64.

25 Kelsen 1992 (RR II), S. 51.

26 Kelsen 1985 (RR I), S. 154.

Naturwissenschaften reklamiert, die, auf nichts als „auf reine Erkenntnis" zielend, „den Fortschritt der Technik" begründen. Man kann sich fragen, ob es diese uneingestandene Orientierung ist, die Kelsen nicht nur die Nähe zum natur–wissenschaftlichen Objektivitätskonzept suchen lässt, sondern ihm auch ein entsprechendes Konzept von Notwendigkeit anbietet. Bereits sein Norm-Begriff überschreitet die transzendental-logische Konstruktion, ist doch ein „Minimum an sogenannter Wirksamkeit [...] eine Bedingung ihrer Geltung."[27] Darüber hinaus kennt Kelsen das Recht nur als Zwangsordnung: „Daß das Recht eine Zwangsordnung ist, besagt, daß seine Normen der Rechtsgemeinschaft zuschreibbare Zwangsakte statuieren."[28]

1.2 Radbruch: Gerechtigkeit als Idee des Rechts und der Relativismus

Radbruch kommt später zu einer Kritik an der rechtspositivistischen Auffassung, die gute Gründe auf ihrer Seite hat: „Der Positivismus hat in der Tat mit seiner Überzeugung ‚Gesetz ist Gesetz' den deutschen Juristenstand wehrlos gemacht gegen Gesetze willkürlichen und verbrecherischen Inhalts. Dabei ist der Positivismus gar nicht in der Lage, aus eigener Kraft die Geltung von Gesetzen zu begründen. Er glaubt, die Geltung eines Gesetzes schon damit erwiesen zu haben, daß es die Macht besessen hat, sich durchzusetzen. Aber auf Macht lässt sich vielleicht ein Müssen, aber niemals ein Sollen und Gelten gründen. Dieses läßt sich vielmehr nur gründen auf einen Wert, der dem Gesetz innewohnt. Freilich: *einen* Wert führt schon jedes positive Gesetz ohne Rücksicht auf seinen Inhalt mit sich: es ist immer noch besser als kein Gesetz, weil es zum mindesten Rechtssicherheit schafft. Aber Rechtssicherheit ist nicht der einzige und nicht der entscheidende Wert, den das Recht zu verwirklichen hat. Neben die Rechtssicherheit treten vielmehr zwei andere Werte: Zweckmäßigkeit und Gerechtigkeit. In der Rangordnung dieser Werte haben wir die Zweckmäßigkeit des Rechts für das Gemeinwohl an die letzte Stelle zu setzen."[29]

27 Kelsen 1992 (RR II), S. 10.

28 Kelsen 1992 (RR II), S. 35.

29 Radbruch 1999, S. 215. Zu einer ähnlichen Beurteilung kommt H. Heller in seiner *Staatslehre* (1934); er kritisiert, für die Rechtfertigung des Staates sei „gar nichts gewonnen damit, daß man bloß rechtstechnisch ein positivrechtliches, also durch die jeweilige Macht angeordnetes Sollen gegenüberstellt dem gesellschaftlichen Sein". (Heller 1983, S. 250; vgl. hierzu auch S. 210 f.) Dies ist der Kern von Hellers Kritik an Kelsens ‚Grundnorm': „Da die Grundnorm bekanntlich ein falsch gemeldeter normloser Staatswille ist, fehlt dem Kelsenschen Recht außer der Positivität auch noch die Normativität." (Ebd., S. 225) Die Grundnorm berge „alle denkbaren Variationen ihres Norminhaltes potentiell" in sich; sie sei auf nicht mehr als „nur auf die sittlich-rechtlich völlig ungebundene Willkür des jeweiligen Gesetzgebers" gestützt. Dies führe „letztlich ebenfalls zur Identifizierung von Recht und Macht und zu der

In der Neubearbeitung seiner *Grundzüge der Rechtsphilosophie* (1914, ²1922), die 1932 unter dem Titel *Rechtsphilosophie* erscheint, nimmt Radbruch hinsichtlich des Rechtsbegriffs eine Kurskorrektur vor: Er räumt „gegenüber der Zweckmäßigkeit der Gerechtigkeit eine selbständigere Bedeutung" ein. Nach wie vor bekennt er sich sowohl zum „Rationalismus" als auch zum „Relativismus", die seine „Denkweise" prägen; er betont nun aber, dem Relativismus „eine noch größere Bedeutung" beizumessen als zuvor: „Denn der Relativismus ist die gedankliche Voraussetzung der Demokratie. [...] Der Relativismus mit seiner Lehre, daß keine politische Auffassung beweisbar, keine widerlegbar ist, ist geeignet, jener bei uns in politischen Kämpfen üblichen Selbstgerechtigkeit entgegenzuwirken, die beim Gegner nur Torheit oder Böswilligkeit sehen will".[30]

Wie aber ist in der Perspektive des Relativismus die Entscheidung für eine bestimmte Rechtsphilosophie und eine Begründung von deren Geltungsansprüchen möglich? Radbruch beantwortet diese Frage völlig anders als Kelsen.[31] Er wählt im Anschluss an Windelband, Rickert und vor allem an Lasks Rechtsphilosophie sein epistemologisches Profil so, dass er kulturtheoretisch für eine „wertbeziehende Haltung" gegenüber dem Recht plädieren kann. Er stellt – ganz und gar neukantianisch, d.h. konstitutionstheoretisch – fest, dass schon das in den Naturwissenschaften „methodisch ausgeübt[e]" „wertblinde Verhalten" keine natur-*ontologischen* Gründe hat; vielmehr schafft „unser *wertblindes* Verhalten aus dem Chaos der Gegebenheit erst das Reich der Natur – denn die Natur ist nichts anderes als die Gegebenheit, wie sie sich gereinigt von verfälschenden Bewertungen darstellt".[32] Dies gilt um so mehr für die Rechtstheorie, deren

Behauptung, jeder Staat sei ein Rechtsstaat". (Ebd., S. 250 f. Zur Kritik an Kelsens Forderung, „die Staatslehre zu ‚entpolitisieren'", vgl. ebd., S. 38 und S. 69; zur Kritik an Kelsens „Staatslehre ohne Staat" vgl. ebd., S. 111) Heller hält Kelsen entgegen: „Die Übereinstimmung eines staatlichen Aktes mit dem Gesetz, des Gesetzes mit der positivrechtlichen oder der ‚normlogisch' vorausgesetzten Verfassung kann immer nur Legalität, niemals rechtfertigende Legitimität begründen." (Ebd., S. 250 f.)

30 Ebd., S. 3 f.

31 Noch einmal anders stellt sich die Problematik bei H. Heller dar. Die „soziale Legitimierung der rechtsichernden Autorität" bietet keine Gewähr für den Rechtscharakter des Staates; er bedarf vielmehr einer „ideellen Rechtfertigung [...] durch sittliche Rechtsgrundsätze". Denn ob „die sozial legitimierte Autorität nicht etwa nur der normalen Rechtssicherheit dient und eine ungerechte Ordnung um der Ordnung willen aufrecht erhält, läßt sich nur durch ein Urteil über die Richtigkeit des gesicherten Rechts entscheiden." (Heller 1983, S. 253) Wie trotz der historisch-sozialen Relativität der das Recht und den Staat begründenden Prinzipien ‚rechtfertigende Legitimität' möglich sein kann, ist Hellers Problem. Er will es mit der Annahme lösen, „daß es in der Tat identische Konstanten des politischen Geschehens gibt, die für die praktische Vernunft der historisch-soziologischen Relativierung entzogen sind." (Ebd., S. 20)

32 Radbruch 1999, S. 8 f.

Gegenstand wertbezogen, also kulturell ist: „Recht kann nur begriffen werden im Rahmen des wertbeziehenden Verhaltens. Recht ist Kulturerscheinung, d.h. wertbezogene Tatsache. Der Rechtsbegriff kann nicht anders bestimmt werden denn als die Gegebenheit, die den Sinn hat, die Rechtsidee zu verwirklichen.“[33]

Rechtsphilosophie ist eine „Rechtswertbetrachtung“ mit einer eigengearteten Methode, die durch zwei „Wesenszüge“ gekennzeichnet ist: „Methodendualismus und Relativismus“.[34] ‚Methodendualismus' besagt, dass „Wertbetrachtung und Seinsbetrachtung“ je in sich geschlossene „Kreise“ darstellen. Radbruch bezieht sich auf die kantische Lehre von der Unmöglichkeit, „aus dem, was *ist,* zu erschließen, was *wertvoll,* was *richtig* ist, was sein *soll*“, und folgert daraus, niemals sei „etwas schon deshalb richtig, weil es ist oder weil es war – oder auch, weil es sein wird“. Jenen Positivismus, der dies nicht sieht, lehnt er ab. Es geht Radbruch, der die kausale Wirkung von Seinstatsachen auf Bewertungsakte nicht leugnet, um das *logische* „Verhältnis von Sein und Wert“. Er kommt zu einer radikal anderen Schlußfolgerung als Kelsen: „Sollenssätze sind nur durch andere Sollenssätze begründbar und beweisbar. Eben deshalb sind die letzten Sollenssätze unbeweisbar, axiomatisch, nicht der Erkenntnis, sondern nur des Bekenntnisses fähig.“[35]

Sätzen, in denen der propositionale Gehalt *p* z.B. ‚*Gerechtigkeit*' ist, geht immer die propositionale Einstellung ‚x *ist überzeugt'* voraus. Dies macht den Kern einer „relativistische[n] Rechtsphilosophie“ aus: „Die hier dargelegte Methode nennt sich *Relativismus*, weil sie die Richtigkeit jedes Werturteils nur in Beziehung zu einem bestimmten obersten Werturteil, nur im Rahmen einer bestimmten Wert- und Weltanschauung, nicht aber die Richtigkeit dieses Werturteils, dieser Wert- und Weltanschauung selbst festzustellen sich zur Aufgabe macht. Der Relativismus gehört aber der theoretischen, nicht der praktischen Vernunft an. Er bedeutet Verzicht auf die wissenschaftliche Begründung letzter Stellungnahmen, nicht Verzicht auf die Stellungnahme selbst.“[36]

Radbruchs eigene Überzeugung und die aus ihr folgende ‚Stellungnahme' bestehen nun im wesentlichen darin, daß „Recht und Rechtsidee“ nicht geschieden werden dürfen; man kann den Rechtsbegriff nicht „ohne jede Bezugnahme auf die Rechtsidee ableiten“: „Der Rechtsbegriff kann nur bestimmt werden als die Wirklichkeit, die zur Rechtsidee hinstrebt. Hinter dieser Auffassung des Rechtsbegriffs steht aber die Grundanschauung, daß [...] mit der bloßen Antithese von Sein und Sollen, von Wirklichkeit und Wert nicht auszukommen ist, daß vielmehr zwischen Wirklichkeitsurteil und Wertbeurteilung der Wertbeziehung, zwi-

33 Ebd., S. 12.
34 Vgl. die Modifikation ebd., S. 31: Radbruch spricht von der auf „Methodentrialismus und Relativismus aufgebauten Rechtsphilosophie“.
35 Ebd., S. 13 ff.
36 Ebd., S. 17 f.

schen Natur und Ideal der Kultur ihr Platz gewahrt werden muß: die Rechtsidee ist Wert, das Recht aber wertbezogene Wirklichkeit, Kulturerscheinung. So wird der Übergang vollzogen von einem Dualismus zu einem Trialismus der Betrachtungsweisen [...]. Dieser Trialismus macht die Rechtsphilosophie zu einer *Kulturphilosophie des Rechts*."[37]

In definitorischer Formulierung lautet Radbruchs ‚Stellungnahme' (‚überzeugt, daß *p*'), das Recht sei eine Wirklichkeit, „die den Sinn hat, einem Wert zu dienen. *Recht ist die Wirklichkeit, die den Sinn hat, dem Rechtswerte, der Rechtsidee zu dienen.* Der Rechtsbegriff ist also ausgerichtet an der Rechtsidee." Was ist der Inhalt der Rechtsidee? „Die Idee des Rechts kann nun keine andere sein als die Gerechtigkeit."[38] Die Rede ist von einer Gerechtigkeit, die nicht „am positiven Recht, sondern an der das positive Recht gemessen wird".[39]

Diese Wiederbelebung naturrechtlicher Grundsätze scheint Radbruch wehrlos zu machen gegenüber berechtigten und auch von ihm selbst erhobenen Einwänden gegen die Funktionalisierung der Natur im Rechtsbegriff. Dies ist aber nicht der Fall. Denn zum einen gibt Radbruch diesen Grundsätzen ein vernunftrechtliches Profil, und zum anderen erhalten sie einen historischen positiv-rechtlichen Zuschnitt. In einem Zeitungsartikel *Fünf Minuten Rechtsphilosophie* macht er 1945 deutlich, dass der Relativismus der Werte und des Rechts zwar diesen Preis hat, der Preis aber nicht so hoch ist, wie ihn klassisches Naturrecht einfordern würde. Der Preis ist die Überzeugung, dass es im Recht vernünftig zugehen *muss;* dies ist das Postulat einer nachmetaphysischen, nicht mehr substanziellen *Vernunft im Recht,* die sich in den positivierten Menschenrechten ausdrückt: Es gibt „Rechtsgrundsätze, die stärker sind als jede rechtliche Satzung, so daß das Gesetz, das ihnen widerspricht, der Geltung bar ist. Man nennt diese Grundsätze das Naturrecht oder das Vernunftrecht. Gewiß sind sie im einzelnen von manchem Zweifel umgeben, aber die Arbeit der Jahrhunderte hat doch einen festen Bestand herausgearbeitet, und in den sogenannten Erklärungen der Menschen- und Bürgerrechte mit so weitreichender Übereinstimmung gesammelt, daß in Hinsicht auf manche von ihnen nur noch gewollte Skepsis den Zweifel aufrechterhalten kann."[40] Der Relativismus wird – so ist zu bilanzieren – durch derartige Rechtsgrundsätze relativiert. Sich mehr an Relativismus zu leisten verbietet die Erfahrung des gesetzlichen staatlichen Terrors.

37 Ebd., S. 31.

38 Zur Antinomie, dass an der Gerechtigkeit zwar der Rechtsbegriff orientiert werden kann, nicht aber die Ableitung des Rechtsinhalts zu gewinnen ist, vgl. ebd., § 9; Zweckmäßigkeit und Rechtssicherheit werden als die zwei weiteren Bestandteile der Rechtsidee eingeführt.

39 Ebd., S. 34 f.

40 Radbruch 1999, S. 210.

Der ‚Radbruchschen Formel' zufolge kann zwar auch ungerechtes positives Recht Gültigkeit beanspruchen, allerdings nur bis zu der Grenze, wo „der Widerspruch des positiven Gesetzes zur Gerechtigkeit ein so unerträgliches Maß erreicht, dass das Gesetz als ‚unrichtiges Recht' der Gerechtigkeit zu weichen hat".[41]

Die Debatte der 1930er und 1940er Jahre zwischen Vertretern des Rechtspositivismus und des Naturrechts ist nicht Vergangenheit; sie ist aktuell. Im Rahmen neuerer Gerechtigkeitstheorien hat vor allem das von John Rawls formulierte ‚Differenzprinzip' für die Definition *sozialer Gerechtigkeit* große Bedeutung erlangt. Es besagt, dass in einer gerechten Gesellschaft soziale und ökonomische Ungleichheiten nur zulässig sind, wenn sie sich zum *größtmöglichen* Vorteil der am wenigsten begünstigten Gesellschaftsmitglieder auswirken.[42] Rawls' Theorie *politischer Gerechtigkeit* setzt auf einen „*overlapping consensus*" konkurrierender ethischer ‚Wahrheiten', und dieser Konsens soll mehr sein als nur ein strategischer ‚*modus vivendi*'.

Die liberale Gerechtigkeitstheorie hat den Widerspruch u.a. von Martha C. Nussbaum provoziert. Sie argumentiert mit Verweis auf Aristoteles, dass im Politischen ein positiver Begriffs vom ‚guten Leben' unverzichtbar sei. Die Menschen hätten Fähigkeiten, „die nach einer bestimmten Tätigkeit streben und sich durch diese verwirklichen wollen".[43] Die fundamentalen menschlichen Fähigkeiten begründen zugleich den moralischen Anspruch auf ihre praktische Verwirklichung. Nussbaum folgert hieraus auch, dass der Staat die Verpflichtung hat, gerechte Bedingungen zu schaffen, unter denen die humanen Potenziale verwirklicht werden können.

2. *Recht*

Es gibt Recht im objektiven und im subjektiven Sinne. Das „objektive Recht – engl. *law* – ist eine *Ordnung menschlichen Handelns, die dem Zusammenleben dient.* [...] Man unterscheidet das materielle Recht der sachlichen Regelung vom Verfahrens- bzw. Prozessrecht der Durchsetzung des materiellen Rechts, das Verfassungsrecht vom einfachen Recht, das zwingende Recht (*ius cogens*) vom dispositiven Recht (*ius dispositivum*), dessen Anwendung von den Vertragsparteien geändert werden kann, schließlich das geltende Recht (*de lege lata*) vom zukünftigen Recht (*de lege ferenda*). [...] Recht im subjektiven Sinne, engl. *right,* ist die im Rahmen einer Ordnung menschlichen Handelns wie Recht, Moral, Politik, Ethik, Naturrecht oder religiöser Offenbarung bestehende Möglichkeit zu handeln [...], d.h. die Möglichkeit etwas zu tun, zu unterlassen, zu haben

[41] Radbruch 1973, S. 345.
[42] Rawls 1971, S 72; Rawls 2001, S. 42 f.
[43] Nussbaum 1999, S. 112.

oder zu verlangen. Die jeweilige Ordnung kann diese Möglichkeit zu handeln anerkennen, gewähren oder selbst erzeugen. Der Begriff des subjektiven Rechts steht in einem Bezug zum Begriff der Pflicht als der nichtkausalen Notwendigkeit zu handeln [...]. Eine spezifische, bis heute gängige Einteilung der subjektiven öffentlichen Rechte wurde von Georg Jellinek vorgeschlagen. Er differenziert vier grundlegende Verhältnisse der Menschen zum Staat: einen passiven Zustand der Herrschaftsunterworfenheit, einen negativen Zustand der Abwehr von Eingriffen in die individuelle Sphäre der Freiheit, einen positiven Zustand des Anspruchs auf Leistung und Anerkennung und einen aktiven Zustand der Fähigkeit, für den Staat tätig zu werden [...] Während der erste Zustand der passiven Herrschaftsunterworfenheit nicht zu subjektiven Rechten führt, erzeugen die letzten drei Zustände die subjektiven Rechte des *status negativus*, *positivus* und *activus*, also *Freiheitsrechte*, *Anspruchs*- bzw. *Leistungsrechte* und *Mitwirkungsrechte*."[44]

Mit diesen knappen Bestimmungen ist eine in unserem Kontext entscheidende Frage noch nicht angesprochen – die der Gründe für die Transformation des moralischen Rechts auf Gerechtigkeit in positives Recht. Die Antwort, die ich hier nur skizzieren kann, hat epistemologische, anthropologische und politische Dimensionen: Menschen verfügen weder über die eine Wahrheit noch sind sie ‚vom Sein selbst' berufene Repräsentanten der einen Wahrheit; dies gilt auch für moralische Wahrheiten. Moralisches Wissen und Verhalten entsteht in Kontexten des Pluralismus der Wissenskulturen und der praktisch-sozialen Einstellungen und Handlungen. Verhaltensnormen werden aus Welt-Versionen abgeleitet, und in deren Kontexten divergieren auch Auffassungen des Guten, der Gerechtigkeit und des gerechten Handelns. Dies hat einen Pluralismus und Relativismus der moralischen Einstellungen und des politischen Verhaltens in Gesellschaft und Staat zur Folge. Unter der Bedingung, dass sich individuelle Freiheit ohne die Garantie der Freiheit und der Gerechtigkeit für alle selbst vernichtet, zwingt der epistemische, moralische und politische Pluralismus zu einer Antwort auf die Frage, wie Gerechtigkeit verwirklicht werden soll.

Mein Vorschlag ist, diese Frage im Kontext einer normativen Theorie des Rechts und des Rechtsstaats zu beantworten. Die praktische Kritik an Ungerechtigkeit und an Deformationen des Rechts- und Sozialstaates wird zur Kritik im Sinne einer normativen Begründung der Funktionen des Rechts und des Rechtsstaats. Was könnte die Grundlage der Kritik sein? Die Ethik? Die Moral? Die Religion? *Eine* Ethik? *Eine* Moral? *Eine* Religion? Eine allgemeine, in der Praxis durchsetzbare Verpflichtung auf *eine* Ethik, Moral oder Religion ist kein Merkmal moderner Gesellschaften. Hieraus folgte für Hans Kelsen „der Verzicht auf die eingewurzelte Gewohnheit, [...] unter Berufung also auf eine objektive Instanz, politische Forderungen zu vertreten, die nur einen höchst subjektiven Cha-

[44] Von der Pfordten 2009.

rakter haben können, auch wenn sie im besten Glauben, als Ideal einer Religion, Nation oder Klasse auftreten".[45] Gegen die Annahme, eine Ethik, Moral oder Religion könnten mit universeller Verbindlichkeit und Wirkung Grundlage einer Kritik der Ungerechtigkeit sein, sprechen gute Gründe, nämlich die Erfahrungen, die wir mit uns selbst machen: Wir sind nicht uneingeschränkt gut und handeln nicht immer nach Maßstäben des Guten und der Gerechtigkeit.

Die aus theoretischen und praktischen Gründen zu ziehende Schlussfolgerung lautet, dass keine private Moral die Grundlage der Gerechtigkeitsnorm und der Kritik an Ungerechtigkeit sein kann. Die Kritik muss im Rahmen des Rechts geleistet werden. Es muss dann allerdings gesagt werden, *von welchem Recht*. Die Rede kann hier nicht von Recht schlechthin sein, sondern vom Recht, das dem Maßstab der Menschenwürde[46], der Gleichheit, Freiheit, Gerechtigkeit und Menschenrechte genügt. Auch für diesen Maßstab sind keine privaten Präferenzen universalisierbar. Deshalb verlangt der Rechtsstaat nach *formalen*, den Weltinterpretationen und individuellen Präferenzen gegenüber *neutralen* Prinzipien der Gerechtigkeit, der Gleichheit und der Allgemeinheit des Rechts.

Die Erfahrungen, die wir mit uns selbst machen und die zur Transformation moralischer Rechte in positives Recht führen, spiegeln sich in der politischen Theorie der Neuzeit, und zwar in der Selbstbindung der Moral an das Recht – z.B. in den Hypothesen eines Gesellschaftsvertrags – und in der Prozeduralisierung der Ethik durch das Recht. In der Philosophie der Aufklärung wurde die Vervollkommnung (*perfectibilité*) der menschlichen Gattung als Ziel gedacht. ‚Fortschritt der Menschheit' war ein kritischer, auf Zukunft gerichteter Begriff. Die Idee zukünftiger Vervollkommnung gründete nicht in philanthropischem Optimismus. Im Gegenteil: Das Menschenbild, das in der Linie von Macchiavelli, Pascal und Hobbes das Geschichts- und Politik-Denken prägte, war pessimistisch. Das Menschenbild in der Linie von Locke zu den amerikanischen *Federalists,* zu Kant, Turgot, Smith u.a. hat die in der Natur des Menschen liegenden Mängel nicht ausgeblendet. In Kants *Idee zu einer allgemeinen Geschichte in weltbürgerlicher Absicht* heißt es: „aus so krummem Holze, als woraus der Mensch gemacht ist, kann nichts ganz Gerades gezimmert werden".[47] Die Lösung des anthropologisch und geschichtsphilosophisch schwierigen Problems wurde vor allem in der überindividuellen Ordnung des Rechts gesucht.

Dies zeigen z.B. die *Federalist Papers*, in denen in der Phase der Gründung der Vereinigten Staaten um deren Organisationsform gerungen wurde; so schrieb etwa J. Madison: „Das persönliche Interesse des einzelnen muss mit den verfassungsmäßigen Rechten [...] verbunden sein. Es mag ein Ausdruck des Mangels

45 Kelsen 1985, S. XI.
46 Vgl. Sandkühler 2007, 2007a, 2009a.
47 Kant, *Idee zu einer allgemeinen Geschichte in weltbürgerlicher Absicht.* In: AA VIII, S. 23.

der menschlichen Natur sein, dass solche Kniffe notwendig sein sollen [...] Aber was ist die Tatsache, dass Menschen eine Regierung brauchen, anders als der deutlichste Ausdruck des Mangels der menschlichen Natur?"[48] Kant sah den „Gang der Menschengattung zur Erreichung ihrer ganzen Bestimmung [...] unaufhörlich unterbrochen und in kontinuierlicher Gefahr [...], in die alte Rohigkeit zurückzufallen".[49] Seine Lösung des Problems lautete: „Die Menschen bedürfen bei ihrer natürlichen Bösartigkeit und in ihrer darum sich unter einander drängenden Lage einer Macht, die jeden größeren Haufen derselben unter dem *Zwange öffentlicher Gesetze* halte und dadurch jedem sein Recht sichere [...] wenn wir auch keine theoretisch hinreichenden Gründe hätten: wenn die Politiker uns ganz andere Mittel anpriesen, so müssen wir doch *so handeln, als ob* das Menschliche Geschlecht immer zum Besseren hinstrebe."[50] In dieser Perspektive ist die *Verrechtlichung* der moralischen Ansprüche auf Gerechtigkeit das Ergebnis einer von moralischen Defiziten des Menschen ausgehenden *kritischen Anthropologie.*

Es gibt einen dritten guten Grund für die Positivierung moralischer Rechte. Er entspringt einer Skepsis gegenüber den Akteuren in Recht und Staat, also gegenüber uns selbst. Von moralischen Überzeugungen zu moralischem Handeln ist ein weiter Weg. Dies ist eine Alltagseinsicht. Und weil wir diese Einsicht haben, präferieren wir ein Recht, das im Rechtsstaat die subjektiven Freiheiten in einer gerechten Ordnung objektiven Rechts schützen soll: Das Recht verschiebt – so Habermas – „die normativen Zumutungen vom moralisch entlasteten Einzelnen auf die Gesetze, die die Kompatibilität der Handlungsfreiheiten sichern".[51] Habermas erläutert: „Das Rechtssystem entzieht den Rechtspersonen in ihrer Adressatenrolle die Definitionsmacht für die Kriterien der Beurteilung von Recht und Unrecht. Unter dem Gesichtspunkt der Komplementarität von Recht und Moral bedeuten das parlamentarische Gesetzgebungsverfahren, die gerichtlich institutionalisierte Entscheidungspraxis und die professionelle Arbeit einer Rechtsdogmatik, die Regeln präzisiert und Entscheidungen systematisiert, für den Einzelnen eine Entlastung von den kognitiven Bürden der eigenen moralischen Urteilsbildung."[52]

48 Hamilton/Madison/Jay 1993, S. 320.

49 Kant, *Mutmaßlicher Anfang der Menschengeschichte*, AA VIII, S. 123, note 2.

50 Kant, *Ein Reinschriftfragment zu Kants „Streit der Fakultäten"* (aus dem Nachlass: bis 1798), Loses Blatt Krakau. In: Kant-Studien 51 (1959/60), pp. 5-8.

51 Habermas 1994, S. 110.

52 Ebd., S. 147.

3. Rechtfertigung

Meine am Anfang formulierte These war, dass alle Sätze über Gerechtigkeit und Recht epistemischer Rechtfertigung[53] bedürfen, weil die Wahrheit der Dinge sich nicht selbst offenbart. ‚Epistemische Rechtfertigung' ist einer der zentralen und kontrovers verhandelten Begriffe der Erkenntnis- und Wissenstheorie. Die heute gängige Standarddefinition von ‚Wissen' lautet: *Wissen ist gerechtfertigte wahre Überzeugung (justified true belief)*. Statt von einer Definition sollte man allerdings eher von einem Problem sprechen. Vertreter eines metaphysischen Realismus, die von einer direkten Referenz unserer Aussagen auf Gegenstände, Ereignisse etc. ausgehen, kommen bezüglich epistemischer Rechtfertigung zu einem anderen Ergebnis als Vertreter eines internen Realismus, Pluralismus und Kontextualismus. Diese akzeptieren die Abhängigkeit des Denkens und Erkennens sowie unserer Sätze von einem semantischen und semiotischen Netzwerk, von Systemen von Zeichen, Symbolen, Beschreibungen und Interpretationen.

Die Überzeugung eines Subjekts *S* über einen Sachverhalt *p* gilt in realistischer Perspektive dann als zulässig, wenn das Subjekt glaubt, dass zu einem bestimmten Zeitpunkt ein hinreichender Grund der Rechtfertigung vorliegt. Vorausgesetzt ist, dass (i) S glaubt, dass p, (ii) p wahr ist und (iii) S seinen Glauben, dass p, rechtfertigen kann. Es ist aber fraglich, ob diese Triade von Voraussetzungen überhaupt vollständig erfüllbar ist. *Falls* ja, wäre von Wissen als gerechtfertigter Überzeugung oder gerechtfertigtem wahren Glauben zu sprechen – *wenn* der Unterschied zwischen Glauben und Wissen eindeutig feststellbar und die Bedeutung von ‚wahr' eindeutig geklärt wäre und *wenn* die Kriterien und Standards von Rechtfertigung unstrittig wären.

Jede Aussage eines Subjekts, dass *p*, ist mit einer propositionalen Einstellung zum propositionalen Gehalt *p* verbunden: *S* glaubt, wünscht, befürchtet, ist überzeugt, dass *p*. Bedingungen für die Zulässigkeit von Überzeugungen werden deshalb geprüft, weil deren Grund in den meisten Fällen nicht auf der Hand liegt. Die propositionalen Einstellungen gründen in Überzeugungen.

Die Befolgung von Regeln konditionaler empirischer Rechtfertigung von Überzeugungen – sei dann überzeugt, ‚dass *p*', *wenn* die Existenz von *p* empirisch gesichert ist – ist nicht die Regel, sondern die Ausnahme. Als Norm für Wissensbegründungen ist sie nicht universalisierbar. Die meisten Überzeugungen werden nicht empirisch gerechtfertigt, sondern ihr unterstelltes Wahrsein

[53] Der Begriff ‚Rechtfertigung" ist eng verknüpft mit den Begriffen ‚Recht" und ‚Gerechtigkeit". Zur Begriffsgeschichte vgl. Mann 1992. Auf die theologische Problematik der Rechtfertigung kann ich hier nicht eingehen; sie hat zwei Voraussetzungen: den Sündenfall des Menschen und die Willensfreiheit des Menschen; Rechtfertigung ist – so Thomas von Aquin – die Wirkung der Gnade Gottes. Zur Epistemischen Rechtfertigung vgl. Goldman 1979, Alston 2005, Matthiessen/Willaschek 2009, Sandkühler 2009.

gründet in individueller und interindividueller pragmatischer *Anerkennung*: Die Aussage ,dass *p*', gilt als wahr, wenn sie von einer Person bzw. einer Gruppe aus guten Gründen (Gründen, die für gut gehalten werden) als wahr anerkannt wird. Was anerkannt ist, *gilt* als gerechtfertigt.

Die Frage, ob wir uns Wissen zuschreiben und deshalb als ,wahr' gerechtfertigte Aussagen über etwas in der Außenwelt machen können, beantwortet der interne Realist nicht mit dem ,Ja' des Vertreters der Korrespondenztheorie und nicht mit dem ,Nein' des Skeptikers; seine kontextualistische Antwort lautet: „Das hängt davon ab". Das Wahrsein des Wissens ist eine Wahrheit$_s$ mit der *S*ignatur des jeweiligen semantischen Kontextes. Bei der Entstehung und in der Dynamik von Wissen sind jeweils besondere Geltungsansprüche und Standards der Rechtfertigung wirksam. Zu ihnen gehören ein bestimmter epistemischer Habitus, bestimmte Evidenzen, Perspektiven und Präsuppositionen, bestimmte Überzeugungen, sprachliche, semiotische und semantische Üblichkeiten, Verhaltensgewohnheiten kulturspezifische Praktiken und Techniken und in diesem Kontext anerkannte Werte, Normen und Regeln.

Eine Überzeugung ist, solange sie aufrecht erhalten wird, eine Gewohnheit, die nicht – zumindest nicht in erster Linie – an Kriterien der Rationalität und/ oder Moralität gemessen wird. Sie erfüllt ihre Funktion als Gewohnheit, indem sie sich als *selbstverständliche* Einstellung dem Wissen und der Kontrolle dessen, der sie vertritt, entzieht. Für Überzeugungen gibt es Kants ,Gerichtshof der Vernunft' nicht. Unsere Überzeugungen stiften durch Stereotypen und Routine Selbst-Identität, Konformität mit Überzeugungsgemeinschaften. Um es mit R. Rorty zu sagen: „Wer Überzeugungen hat [...], wird stets imstande sein, die meisten seiner Überzeugungen zu rechtfertigen, und zwar unter Berufung auf Gründe, die den Forderungen dieser Gemeinschaft entsprechen."[54]

Das mit Überzeugungen und ihrer Rechtfertigung verknüpfte epistemologische Problem besteht nicht darin, dass das Erkennen ,eigentlich' darauf gerichtet wäre, die *Realität* als solche zu repräsentieren. Es besteht nicht darin, dass Überzeugungen propositionale Einstellungen nach sich ziehen und die propositionalen Gehalte infizieren. Überzeugungen über Sachverhalte können unzutreffend sein, weil die Realität keine Überzeugungen erzwingt und es hohe Grade der Freiheit zu möglichen Versionen der Welt gibt. Irren ist menschlich.

Bezogen auf nicht-beobachtbare Entitäten gibt es offensichtlich keinen Unterschied zwischen Überzeugung und Wissen. Das Wissen ist in allen derartigen Fällen eine Form des Glaubens, und die Verifikation kann weder ontologisch noch epistemologisch gesichert werden. Dieser Typus von Überzeugungen ist nicht die Ausnahme, sondern er ist weit verbreiteter und in Wissenskulturen folgenreicher als auf Empirie gestützte Überzeugungen. Im alltäglichen gesell-

[54] Vgl. Rorty 1994, S. 29:

schaftlichen Leben sind *de facto* für die meisten Überzeugungen andere Normen als die Normen empirischer Rechtfertigung anerkannt.

Der Alltagsverstand kann sich aus pragmatischen Gründen durchaus in den Grenzen von Überzeugungen bewegen, ohne eine ontische Gewähr für die mit ihnen verbundenen Propositionen zu verlangen. Dies trifft vor allem auf religiöse und ideologische Überzeugungen und Diskurse zu, in denen die Differenz zwischen ‚existierend' und ‚nichtexistierend' als Grundlage der Bewertung ‚wahr' oder ‚nicht wahr' verschwindet. An die Stelle der Forderung nach der tatsächlichen Gegebenheit von *p* treten Kriterien epistemischer *Anerkennung* dafür, dass *p*. Sie kommen mit weit schwächeren Begründungen aus als epistemische *Rechtfertigungen*. Die Anerkennung eines Sachverhalts setzt nicht voraus, dass es empirische Gründe für seine Rechtfertigung gibt. Anerkennung hat Quellen in Überzeugungen, die in Überzeugungsgemeinschaften geteilt werden. Anerkennung gründet in immer schon bewährten Erfahrungen, in der Glaubhaftigkeit von Autoritäten, in als richtig unterstellten Kriterien von Nutzen und der Erfolg: Ich bin zu meinem Wissen ‚dass *p*' dann berechtigt, wenn die Erfahrung es lehrt, wenn Autoritäten dasselbe glauben bzw. zu wissen behaupten, wenn es für mich oder einzelne Dritte oder das Volk oder die Menschheit nützlich ist bzw. zum gewünschten Erfolg führt.

Derartige Überzeugungen sind *intrinsisch* infallibel. Ihre empirische Falsifizierung bedeutet nicht zwingend die Entwertung ihrer Funktion als etwas, das als Wissen geglaubt werden kann. Denn die als Rechtfertigung verstandene Anerkennung einer Überzeugung ergibt sich aus der (Grund-)Überzeugung, dass ein ganzes Überzeugungssystem kohärent[55] und im Gesamt seiner Evidenzen gerechtfertigt ist.[56]

Deshalb plädiere ich statt der *starken Strategie epistemischer Rechtfertigung* für eine *schwache Strategie der Anerkennung*; diese Strategie ist auf Evidenzen gestützt und ontologisch neutral. Sie begnügt sich mit der Unterstellung von Korrespondenz, erwartet aber *de facto* nicht mehr als Kohärenz; sie ist funktional und pragmatisch begründet und ermöglicht das *Verstehen* von Überzeugungen und entsprechender Aussagen. Sie minimiert normative Wahrheitsansprüche: Das Überzeugungssystem entscheidet darüber, wie der Prädikator ‚wahr' verwandt wird; ‚wahr' muss keine Relation zwischen den zu einem Überzeugungssystem gehörenden Aussagen und Tatsachen in der realen Welt bezeichnen; eine Überzeugung wird als wahr anerkannt, wenn sie evidenziell nicht-widerlegt ist. Diese schwache Strategie akzeptiert das Problem, dass der Pluralismus miteinander konkurrierender, jeweils kohärenter und für wahr gehaltener Überzeugungen

55 BonJour 1985, S. 93f.

56 Von Propositionen, die zu einem kohärenten Überzeugungssystem gehören, ist weder verlangt, dass sie *kausal,* noch dass sie *deduktiv* auseinander abgeleitet und begründet sind.

– etwa zur Frage, wie Gerechtigkeit verstanden werden soll – Relativismus nach sich ziehen kann.

Die Frage ist nicht, ob es diese schwache Strategie gibt, sondern mit welcher Reichweite es sie gibt; es ist offensichtlich, dass Meinungen, Glaubenssätze und Überzeugungen auf diese Weise Anerkennung finden. Das Problem besteht darin, ob diese Strategie auf den Bereich von Jedermann-Meinungen und religiöse, weltanschauliche und ideologische Überzeugungen begrenzt ist. Kann man sie auch in der Philosophie und in den Wissenschaften verteidigen?

Es gehört zum Menschen, wissen zu wollen, wissen zu können und zu glauben, Wissen zu ‚haben'. Es ist menschlich, gute Gründe und Rechtfertigungen des Wissens zu unterstellen. Der radikale Zweifel und ein epistemologischer Relativismus der Beliebigkeit sind trotz verbreiteter relativistischer Einstellungen des Alltagsverstands nicht nur kontraintuitiv, sondern mit Blick auf die Notwendigkeit zu handeln auch kontraproduktiv. In der Philosophie aber muss die Frage erlaubt sein, welche *Gewissheit* welches Wissen wem bieten kann und in welchen Grenzen Wissens- und Wahrheitsansprüche begründet geltend gemacht werden können. Unabgeschlossenheit und Nichtwissen, Ungewissheit und Zweifel gehören zum Wissenkönnen. Als ständige Provokation unauflösbar mit *Wissen nach menschlichem Maß* verbunden, fordert die Frage nach Gewissheit dazu heraus, jedes individuelle ‚Ich weiß' im Horizont der Kritik bescheidener als ‚Ich glaube zu wissen' zu verstehen. Diese Bescheidenheit ermöglicht die *Anerkennung* der Alterität, die *charity* – das Prinzip der wohlwollenden Interpretation – beim Bemühen um Verstehen, *Toleranz* gegenüber Überzeugungen Dritter in den Grenzen moralischer und rechtlicher Vertretbarkeit nach Maßgabe der Menschenrechte und den *sensus communis* als normative Grundlage der Anerkennung von Überzeugungen als Wissen.

Bibliographie

Alston, W.P., 2005, *Beyond ‚Justification'. Dimensions of Epistemic Evaluation*, Ithaca/ London.

Böckenförde, E.-W., ^{2}1992, *Recht, Staat, Freiheit. Studien zur Rechtsphilosophie, Staatstheorie und Verfassungsgeschichte*, Frankfurt/M.

BonJour, L., 1985, *The Structure of Empirical Knowledge*, .Cambridge (MA.)

Goldman, A., 1979, What is justified belief? In: Pappas 1979.

Gosepath, S., 2009, Gerechtigkeit. In: H.J. Sandkühler (Hg.), *Enzyklopädie Philosophie*, 2. Aufl. in 3 Bdn., Bd. 1, Hamburg.

Habermas, J., ^{4}1994 [1992], *Faktizität und Geltung. Beiträge zur Diskurstheorie des Rechts und des demokratischen Rechtsstaats*, Frankfurt/M.

Hamilton, A./ J. Madison/ J. Jay, 1993, *Die Federalist Papers*. Übers., eingel. und mit Anmerkungen versehen v. B. Zehnpfennig, Darmstadt.

Hart, H.L.A., 1971, Der Positivismus und die Trennung von Recht und Moral. In: ders., *Recht und Moral. Drei Aufsätze*, Göttingen.

Heller, H., 1983 [1934], Staatslehre, in d. Bearb. v. G. Niemeyer, 6, revid. Aufl., Tübingen.

Kelsen, H., 1985 [1934], *Reine Rechtslehre. Einleitung in die rechtswissenschaftliche Problematik*, 1. Aufl.. Mit Vorw. zum Neudruck v. S.L. Paulson, Aalen.

Kelsen, H., 1992 [1960], *Reine Rechtslehre*. Zweite, vollst. neu bearb. und erw. Aufl. 1960, Nachdruck, Wien.

Kelsen, H., 2000 [1953], *Was ist Gerechtigkeit?* Nachwort von Robert Walter, Stuttgart.

Mann, W., 1992, Rechtfertigung. In: J. Ritter/ K. Gründer (Hg.), *Historisches Wörterbuch der Philosophie*, Bd. 8, Basel/Stuttgart.

Matthiessen, H.O./ M. Willaschek, 2009, Rechtfertigung, epistemische. In: H.J. Sandkühler (Hg.), *Enzyklopädie Philosophie*, 2. Aufl. in 3 Bdn., Bd. 3, Hamburg.

Meyer, L.H., 2009, Rechte zukünftiger Generationen. In: H.J. Sandkühler (Hg.), *Enzyklopädie Philosophie*, 2. Aufl. in 3 Bdn., Bd. 3, Hamburg.

Pappas, G. (ed.), 1979, *Justification and Knowledge*, Dordrecht.

Radbruch, G., ^{2}1959 [1947], *Vorschule der Rechtsphilosophie*, Göttingen.

Radbruch, G., 1963 [^{3}1932], *Rechtsphilosophie*. Sechste Aufl. Nach dem Tode d. Verf. besorgt v. Erik Wolf, Stuttgart.

Radbruch, G., ^{8}1973, *Rechtsphilosophie*, Stuttgart.

Radbruch, G., 1990, Der Relativismus in der Rechtsphilosophie. In: ders., *Gesamtausgabe, Rechtsphilosophie III*, hg. v. Winfried Hassemer.

Radbruch, G., 1999 [1932], *Rechtsphilosophie. Studienausgabe*. Hg. v. R. Dreier/ S.L. Paulson, Göttingen.

Rawls, J., 1971, *A Theory of Justice*, Cambridge MA.

Rawls, J., 2001, *Justice as Fairness*, Cambridge MA.

Rorty, R., 1994, *Hoffnung statt Erkenntnis. Eine Einführung in die pragmatische Philosophie*. Aus d. Amerik. v. J. Schulte, Wien.

Sandkühler, H.J., 2002, ‚Natur' des Rechts und Relativismus im Recht. Eine Studie zu Gustav Radbruch und Hans Kelsen im Kontext des Neukantianismus. In: *Neukantianismus und Rechtsphilosophie*, hg. v. R. Alexy et al., Baden-Baden 2002.

Sandkühler, H.J., 2004, Pluralism, Cultures of Knowledge, Transculturality, and Fundamental Rights. In: ders./Hong-Bin Lim (eds.), *Transculturality – Epistemology, Ethics, and Politics*, Frankfurt/M. et al.

Sandkühler, H.J. (Hg.), 2007, *Menschenwürde. Philosophische, theologische und juristische Analysen*, Frankfurt/M. et al.

Sandkühler, H.J., 2007a, Menschenwürde und die Transformation moralischer Rechte in positives Recht. In: ders. 2007.

Sandkühler, H.J., 2009, *Kritik der Repräsentation. Einführung in die Theorie der Überzeugungen, der Wissenskulturen und des Wissens*, Frankfurt/M.

Sandkühler, H.J., 2009a, La dignité humaine et la transformation des droits moraux en droit positif – Introduction. In: Jacques Poulain, Hans Jörg Sandkühler, Fathi Triki (Hg.), *La dignité humaine*, Frankfurt/M. et al.

Sandkühler, H.J., 2009b, Menschenrechte. In: ders. (Hg.), *Enzyklopädie Philosophie*, 2. Aufl. in 3 Bdn., Bd. 3,, Hamburg.

Sandkühler, H.J., 2009c, Wissenskulturen. In: ders. (Hg.), Enzyklopädie Philosophie, 2. Aufl. in 3 Bdn., Bd. 3, Hamburg.

Von der Pfordten, D., 2009, Recht/Gesetz. In: H.J. Sandkühler (Hg.), *Enzyklopädie Philosophie*, 2. Aufl. in 3 Bdn., Bd. 3, Hamburg.

Jacques Poulain

Was ist Gerechtigkeit?

1. Das zeitgenössische Ungerechtigkeitsbewusstsein und seine Herausforderung

Die soziopolitischen Fragen, die sich der ehemaligen Demokratischen Deutschen Republik stellten, haben auf einer neuen Weise, bereits während der ersten Jahre des vorigen Jahrzehnts, ein soziales Ungerechtigkeitsbewusstsein geschärft. Sie wurden als betriebswirtschaftliche und als Neuverteilung von Rechten, Pflichten und Gütern betreffende Probleme angegangen und haben der Bevölkerung in den neuen Ländern die Versuchung vor Augen geführt, welche die Erfolge des Liberalismus wie auch die Angst vor der sozialen Ungerechtigkeit auf sie ausübte, die scheinbar hereinzubrechen drohte, sobald der Neoliberalismus freie Anwendung in ihrem Gebiet fände. Weil es außer Betracht stand, das durch das Scheitern eines dem Staatskapitalismus anhaftenden Totalitarismus diskreditiertes Gemeinschaftsgefühl als unfehlbare Instanz der Neuverteilung von sozialen Rollen und Güter neu heraufzubeschwören, sind die Grenzen des Gerechtigkeitskonzepts an sich, das dem modernen Glauben an einen historischen und sozialen Fortschrift zugrunde lag, schlagartig ans Tageslicht getreten. Die Überzeugung, den Menschen unmittelbar und auf eine Weise verändern zu können, die ihn den sozialen Voraussetzungen einer perfekten Verteilung von Rechten, Pflichten und Gütern näher bringen würde, erweist sich als getragen von einer Projektion auf soziale Ideale und Forderungen nach einer Reziprozität, die der Kommunikation und den Zugangsvoraussetzungen zur gemeinschaftlichen Verständigung innewohnt..

Die Rückkehr der Nationalismen und der interethnischen Konflikte im Europa und Afrika der 80er und 90er Jahre, die Ausbrüche von Rassenhass in den Vereinigten Staaten von Amerika und in Afrika, sowie, zeitnäher, der erneuerte Rückfall in religiöse oder politische Fundamentalismen sind nichts anderes als ein irrationaler Versuch, Nation, Rasse, Staat oder Religion zu verabsolutieren, um die Krisen der sozialen und ökonomischen Ungerechtigkeit magisch über einen Konsens zu meistern, der zum Garant des Fortbestandes der Völker gemacht wird. Die juristischen moralischen und politischen, von der Moderne ererbten Organe, erscheinen unfähig, diesen Rückfall in den archaischen Totemismus aufzuhalten. Weil dieser Rückfall die erzwungenen Befriedungspakte zu Papierleichen macht und radikal genug ist, um die den Streitparteien erteilten Ratschläge und Drohungen nichtig zu machen, hebelt er die Vernunft aus, indem er ihr ganzes Selbstvertrauen, sowie ihr Vertrauen darauf, Gerechtigkeit und Freiheit voranzutreiben, zerstört.

Im Gegensatz zu den Erwartungen und der Überzeugung, welche aus der Vorannahme der totalen Kommunikationstransparenz das Nonplusultra des Geschichtsbewusstseins gemacht hatten, sollte sich das konsensuelle Bewusstsein als genauso blind herausstellen wie dasjenige der am Zusammenbruch des Konsenses beteiligten Individuen. Das Ungerechtigkeitsbewusstsein sieht sich genauso wenig in der Lage, bedingungslos seine Rechte geltend zu machen, wie das Gerechtigkeitsbewusstsein, von dem die Legitimierung der Programmierungen sozialer Entwicklung erwartet wurde. Denn eines entpuppte sich als zunehmend verdächtig, und zwar die Richtigkeit selbst dieser kollektiven Faszination, die das Gerechtigkeitsideal ausübt. Hat man der Menschheit nicht die größtmögliche Ungerechtigkeit angetan, die ihr angetan werden könnte, als man ihr Heilsideal säkularisierte und das moralische Urteil in eine Instanz sozialen Glücks verwandelte, d.h. in ein Urteil, das jedem erlauben würde zu erkennen, dass er glücklich ist: glücklich darüber, sein Glücksgefühl mit dem durch die Erfüllung seiner sozialen Pflichten und Rollen verdienten Glück in Harmonie zu sehen ? Es fragt sich indes, ob diese Verkettung von jedem Einzelnen an die Wünsche aller, um sich zu legitimieren, nicht ein kollektives Wissen der Bedürfnisse, der Normen und des Glücks voraussetzt, das zwar ein gemeinschaftlich geteiltes Wissen, nichtsdestoweniger aber ein Wissen ist, von dem keiner behaupten könnte, es für sich zu besitzen ?

Wenn es dieses kollektive Wissen nicht gibt, dann bleibt einem kaum mehr als das allgegenwärtige Ungerechtigkeitsbewusstsein übrig, das man gegenüber der Geschichte empfindet. Es würde sich dann herausstellen, dass diese Verkettung aller an die Handlung seit jeher nur eine kollektive Versklavung war, und zwar eine Versklavung in eine als allgemein angenommene Wahrnehmung, die Wissenschaft genannt wurde, in eine undurchschaubare Verteilung der sozialen Aufgaben und Rollen, sowie in die Suche nach willkürlich festgesetztem privaten oder kollektivem Konsumverhalten.

Die Idee der Gerechtigkeit an sich wäre nur immer gewesen, und würde weiterhin nur ein ideologisches gemeinschaftliches Verkettungsmittel zur Erschaffung eines an sich selbst und durch sich selbst angeketteten Menschen sein. Die Menschheit würde ihren Glauben an die Geschichte mit dem Opfer ihrer Freiheit an dieses Ideal der gemeinschaftlichen Verkettung erbringen: durch eine Heteronomie, die vor der Handlung, vor der Wahrnehmung und dem darin empfundenen Glück, das Denken selbst befallen würde. Diese Heteronomie des Denkens würde folglich jeden zwingen, sein eigenes Urteil den theoretischen und praktischen Vorurteilen der Gemeinschaft und ihrer Konsumgewohnheiten zu unterwerfen.

Nötigen dies massive Scheitern der politischen Vernunft und die Wiederkehr dieser Zivilisationsübel, die man als überholt ansah, dazu, das moderne Bestreben nach einer Rationalisierung der Kräfteverhältnisse, mittels eines die Autonomie der Individuen und Gruppen achtenden Gerechtigkeitsideals, als irrational zu verwerfen? Reicht es aus, die herbeigerufene internationale militärische Gewalt der Nationen-Staaten umsichtig zu organisieren, um jegliche Gewalt zwischen Ethnien oder Gemeinschaften zu neutralisieren und durch juristisch festgelegte Regeln eine friedliche Koexistenz zwischen den Gesellschaftsklassen und Rassen sowie eine Begrenzung des Immigrationsrechts zu erzwingen? Oder laden dieses Scheitern und diese Übel einen jeden dazu ein, seine sozialen Existenzbedingungen anders zu beurteilen und den modernen Traum aufzugeben, sich selbst direkt in ein Wesen verwandeln zu können, das mit seinen rationalen Idealen völlig übereinstimme, so als sei der Mensch ein aus irrationalen und ungerechten Wünschen bestehender Körper, der durch den Geist gezügelt werden könnte ? Ist es so, dass er bereits sich selbst der Feind wäre, den jeder in seinem eigenen Inneren zu bekämpfen hätte? Sollte man dieses Bestreben nach rationaler Macht, ererbt von der modernen Religionsphilosophie der allmächtigen Götter, aufgeben? Bezeugen nicht tatsächlich die nationalistischen, rassistischen und fundamentalistischen Phänomene, dass das moderne Bild des Menschen falsch war, insofern es ihn dem Kampf gegen seine eigenen Begierden und der Suche nach Selbstbeherrschung verschrieb, anstatt die Objektivität dieser Wünsche zu beurteilen ?

Das distributive Gerechtigkeitskonzept, auf dem die nordamerikanischen und europäischen Rechts- und Politorgane beruhen, ist einem Modell der gerechten Retribution im Tausch entliehen, das im Rahmen des Paradigma des Kommunikationsaustausches und am Beispiel des Vertrags zwischen freiwilligen und freien Individuen entworfen wurde. Ausgerechnet in dem Bestreben, das im Vertrag enthaltene Gerechtigkeitsideal zu verwirklichen, wird die Schwäche des Begriffs eines gemeinschaftlichen Engagements offensichtlich, dessen Scheitern den unvermeidbaren und zugleich irrationalen Charakter der Forderungen nach sich zieht. Die Reduzierung der Gerechtigkeitsfragen auf formale Prozedurfragen ist nämlich dem anthropologischen Modell innewohnend, das dem Subjektkonzept zugrunde liegt. Das Subjekt kann sich darin nur als freies Subjekt wieder erkennen, wenn es seine Aneignungsstrategien der Welt, des Selbst und des Anderen in dem Kontext einer gemeinschaftlichen, im Verhältnis der Zustimmung von Rechten und Pflichten währenden Befriedigung, der Billigung von Dritten unterwirft. Dieser Regulierungsversuch der von Individuen und Gruppen angeeigneten Taten und Gütern erscheint eben so willkürlich im Ergebnis, wie der individuelle Wille, den er zu regulieren beabsichtigt. Die Beschwörung des Konsens als eine die Individuen transzendierende Instanz welche die zeitgenössischen Gerechtigkeitstheorien von J. Rawls und J. Habermas preisen, bildet an dieser Stelle keine Ausnahme. Anstatt darin eine Lösung zu sehen, sollte hingenommen werden, dass die kontraktualistischen und konsensualistischen Theorien

Sackgassen im ethisch-politischen Bereich hervorgebracht haben, denen zu entkommen sie zu helfen behaupten.

Es gilt, dem Einsatz, der im Kern dieser kulturellen Katastrophe zu Tage tritt, für das Denken eines dritten Weges Raum zu schaffen, und die Falschheit der Menschenbilder offen zu legen, die eben dieser Gerechtigkeit den Anschein gegeben hatten, der einzige säkularisierte glaubwürdige Heilersatz zu sein. Dabei erweist es sich als notwendig, hinter dem Scheitern der modernen Gerechtigkeitsidee die Ursache dieser Autonomie zu erkennen, nämlich die Urteilsfähigkeit von jedem und allen, um der Autonomie die ganze Triebkraft zurück zu geben, deren Abstumpfen durch die Heuchelei von Staaten, Nationen, Religionen und Völkern so geglückt war. Hat nicht die allgegenwärtige Fähigkeit, über Lebensbedingungen zu urteilen, den öffentlichen Raum der Existenz aller bereits erschaffen? Ist sie es nicht, die auch hier selbst dazu affordert, hinter dieser fundamentalen, dem Gerechtigkeitskonzept selbst innewohnenden Ungerechtigkeit, die im Lichte der ökonomischen Globalisierung offen ausbricht, die reellen Bedingungen von Gerechtigkeit zu erkennen, die es immer ermöglicht haben, die Bedingungen von sozialer und historischer Ungerechtigkeit zu überwinden? Hat sich nicht bereits diese politische Teilung der Urteilskraft als fähig erwiesen, immer die Mängel dieses Gerechtigkeitsideals auszugleichen?

2. *Die zeitgenössische Anwendung des modernen Gerechtigkeitsideals und die Offenbarung seiner Grenzen*

Als Wahrzeichen der neuen Weltunordnung und ebenso der alten, zeigt die Globalisierung, ohne sie verbergen zu können, die Schwierigkeiten einer Umstrukturierung der Gesellschaft auf, die sich um die Achtung der Gerechtigkeit bemüht, um die proportionalen Verteilungsverhältnisse von Aufgaben und Gütern einzig auf der Basis einer Ethik der Solidarität, der Verantwortung und des gemeinschaftlichen Einvernehmens zu regulieren. Das seit 1973 durch J. Rawls verteidigte liberale Modell schien hier auszureichen. Er begnügt sich damit, den Zugang zu einer gerechten Güterverteilung von einem freien Zugang zu sozialen Rollen anhängig zu machen, der allen sozialen, rechtlich ebenbürtigen Mitstreitern gewährt wird. Seine inner- wie zwischenstaatliche Anwendung ist auf jene Ungleichheit der Kompetenzen gestossen, die von vorne herein die Benachteiligten und die meisten Mitstreiter aus den Entwicklungsländern der Effizienz wegen ausschließt, und sie tut es bekanntlich immer noch. Das freie Unternehmen hat, wie es schien, nur eine verheerende Auswirkung auf diejenigen gehabt, die aus den kolonialen „Wohlfahrtsstaaten" kamen, nämlich sie ihrer sozialen Rechte zu berauben. Die Unmöglichkeit, aus dem Nichts die Fonds und Kompetenzen zu vereinen, die für den Aufbau und die Entwicklung des freien Wirtschaftssystems nötig waren, offenbart die Dynamik des Ausschlusses von Benachteiligten, die dem liberalen System inhärent ist, welches sich heutzutage in allen Ländern der Welt durch das Leugnen der sozialen Rechte verrät.

Zwar haben die Menschenrechte in die Konstitution fast aller Länder der Welt tatsächlich Eingang gefunden, und scheinbar stehen sie auch über den politischen Kräfteverhältnissen, doch hat sich die eigentliche Ausübung dieser Rechte zunehmend als von der reellen Fähigkeit der Länder abhängig erwiesen, sich als Schiedsrichter zwischen den politischen Kräften und den Multinationalen zu bewähren. Mit dem zunehmenden Einfluss des internationalen ökonomischen Experimentierens zu Lasten der politischen Regulierung der ökonomischen Beziehungen, ist es den Staaten faktisch unmöglich geworden, die unter dem Rentabilitätskriterium verstärkten oder entstandenen Ungerechtigkeiten zu kompensieren. Indem so viele Bürger wie nur möglich von der sozialen Krankenkasse und von dem Bezug des Arbeitslosengeldes ausgeschlossen werden und indem so vielen Bürgern wie nur möglich die Mittel entzogen werden, sich Bildung und Wohnung verschaffen zu können, hat man so viele Nicht-Bürger wie nur möglich erschaffen, d.h. Menschen, die der reellen Ausübung ihrer privaten und bürgerlichen Rechte beraubt sind. Die wahre kapitalistische Dynamik der Unterwerfung hat demnach das letzte Wort erhalten, allen liberalen Ansprüchen zum Trotz, die Gleichheit von jedem im Respekt seiner Meinungsfreiheit und im Horizont einer brüderlichen Solidarität zu beteuern. Wie kann man aber, unter diesen Umständen, die Basis eines rechtsliberalen Staates errichten und gleichzeitig diese politisch-wirtschaftliche Organisationsform theoretisch als die einzig Fähige rechtfertigen, den Benachteiligten zu dienen, so wie Rawls es sich wünscht? Genügt es, die Dynamik des liberalen Selbstbetruges zu durchschauen, um das Gegengift freizusetzen ? J. Habermas' Alternative zum amerikanischen Sozialmodell ist auf der These errichtet, dass der fortgeschrittene Kapitalismus tatsächlich nur in die Sackgasse führt: zur Verarmung der am meisten benachteiligten Klassen und zur Verstärkung der sozialen Asymmetrie durch den Ausschluss aus der zivilbürgerlichen Gemeinschaft. Um dies zu vermeiden schlägt Habermas vor, die in den ökonomischen Strukturen des Kapitalismus bestehenden Kräfteverhältnisse durch die im Kern der Wirtschaftsmechanismen des Angebots und der Nachfrage bereits existierende Kommunikationsdynamik zu ersetzen, die dort aber ineffizient bleibt aus dem guten Grund, dass ihr soziales Kritikpotential durch die liberale Politik und die Interessensverbände, die sie gedeihen lässt, von vorn herein neutralisiert wird. Eine wirkliche soziale Kommunikationsdynamik würde faktisch nicht nur einen gleichwertigen Zugang zu den sozialen Rollen verlangen, sondern auch, im Sinne des Gesetztes, die Gleichheit aller, die durch die Eröffnung eines öffentlichen Dialogs über Bedürfnisse und Normen gewährleistet werden könnte.

Angesichts des allgemeinen Misstrauens, das politische Gesetze hervorrufen, wäre es geboten, die alten und neuen Normen, in denen sich der zeitgenössische Mensch wieder erkennen kann, neu zu legitimieren und zwar dadurch, dass die

Motivation, ihnen beizustimmen, erneuert wird, aber diesmal auf eine rationelle Weise. Eingebettet in Garantien, die jedem eine vollkommene Befreiung von äußeren belastenden Kommunikationszwängen garantierten, könnte ein Dialog die Leitregel befolgen, sich ausschließlich der Kraft des besten Arguments zu beugen. Nur diese argumentative Kraft wäre in der Lage, den Dialog zu verorten, nämlich oberhalb des Gemenges von privatem oder kollektivem Interesse, und oberhalb von kapitalistischen Kräfteverhältnissen. Sie wäre die einzig Würdige, Gesetzeskraft auszuüben, insofern sie ein faires Verhältnis zwischen Rechten, Aufgaben und dem jedem zugänglichen sozialen wie individuellen Glück wieder herstellen würde.

Denn im Ringen nach universalen Bedürfnissen und allgemeingültigen Normen soll im Dialog die Akzeptanz des besten Arguments davon zeugen, dass es sich sehr wohl um Bedürfnisse und Normen handelt, die alle als objektiv und gemeinsam betrachten, um solche also, die den Menschen wesentlich sind, unabhängig von dem Streben Einiger, sie von Dritten angenommen zu sehen. Die egalitäre Gewährung der autarken Freiheit jedes Einzelnen, alle sozialen und argumentativen Rollen in diesem öffentlichen Dialog besetzen zu können, ist, soweit wie nur möglich, der vermutliche Garant der angezielten Ergebnisse: Sie soll allen die Möglichkeit garantieren, Bedürfnisse und Normen darin zu erkennen, die jedem seine Selbstbestimmung gewähren.

Die bloße Anerkennung, dass diese argumentative Dynamik in den verschiedenen öffentlichen Räumen eingesetzt werden kann, bzw. bereits eingesetzt wird, würde genügen, denn der politische Raum wird in der Tat über die Einrichtungen gespeist, welche die Verfassung eines Landes ermächtigt, die öffentliche Meinung zu bilden, wie Parlamente Gerichtshöfe und Verwaltungen.[1] Man würde sich dann dessen bewusst werden, dass wir bereits in einer beschließenden Demokratie leben, die nur Entscheidungen enwendet, die jene die Machtausübung umgebenden und leitenden Kommunikationsräume treffen.

Kann aber eine solche strukturelle Therapie der wechselseitigen Entfremdung und sozialen Ungerechtigkeit in den weltweit marktwirtschaftlich dominierten Demokratien Erfolg verbuchen? Nur mühsam. Denn, selbst wenn sie die liberale Anfechtung aufheben sollte, die liberale Rechtstheoretiker gegenüber der kapitalistischen Verarmung und sozialen Entfremdung vertreten, beschränkt sich die mimenhafte Argumentation der Kommunikations- und sozialen Orientierungskrisis in den Parlamenten, Gerichtshöfen und Verwaltungen faktisch darauf, die Politisierung des sozialen Lebens in den Verhandlungsraum zu verlagern, in dem bereit die gegenseitige Rechtfertigung der Individuen wirksam ist: in den Ort, wo

1 Vgl. J. Haberman, Recht und Moral (Tanner Lectures 1986). In: ders., *Faktizität und Geltung. Beiträge zur Diskurstheorie des Rechts und des demokratischen Rechtsstaats*, Frankfurt/M. [4]1994, S. 541-599.

über gegenseitige Erwartungen gerichtet wird und wo Normen auf ihre Tauglichkeit dazu, Erwartungen zu genügen, geprüft werden.

So geschieht es, weil das beste Argument nicht verfügbar ist, dass der letzterreichte regulierende Konsens immer als ein kollektiver rhetorischer Gratifikationsakt wahrgenommen wird, der die Überzeugungskraft des besten Arguments magisch transportiert, ohne dass man die Möglichkeit hätte, darin einerseits die Objektivität des kollektiven Urteils, andererseits die im Hintergrund des Dialogs verbliebenen administrativen oder wirtschaftlichen Zwänge zu durchschauen. Die dort erfahrene argumentative Autarkie kann folglich die objektive Gewissheit, um welche es sich auch immer handele, nicht magisch in Bezug auf die so sehnlichst erwünschte Objektivität hervorbringen.

Und die kollektive Autonomie, die dort als öffentliche Entfaltung einer kognitiven Kompetenz gewährt wird, wird immer als Bedrohung für die private individuelle Autonomie wahrgenommen, weil sie durch verborgene kollektive oder individuelle Interessenzwänge bestimmt zu sein scheint. Von dem als ethische bedingungslose Voraussetzung allgemein geltenden Gemeinschaftsgefühl eines kollektiven Einvernehmens – als Sollen, als das über die Kommunikationserfahrung des Selbst und des Anderen bestimmendes kategorisches Imperativ – wird angenommen, dass es über die Objektivität der Rechtsverhältnisse und der sozialen Erfahrungen, die dort objektiviert werden, vertretungsweise für den Einzelnen urteilt und zwar in der Form eines „konstitutionellen Patriotismus", eines „authentischen Rechtsbewusstseins" und faktisch als politischer realexistierender Konsens.

Der zu zahlende Preis ist die Desorientierung des so entstandenen sozialen und politischen Lebens. Weil die politische Anerkennung der Universalisierung von Normen auf der argumentierten Anerkennung der Objektivität von zugelassenen sozialen Bedürfnissen und auf der Legalität der laufenden Rechtsverfahren fundiert, werden logischerweise nur die bezeugten, den innerspezifischen Konsuminstinkten sexueller oder defensiver Art verbundenen Grundbedürfnisse als universell wahrgenommen.

Im Rahmen dieses Experimentierens erscheinen demnach universalisierbar und vonseiten der positiven Gesetze der Rechtssysteme annehmbar nur Normen, welche die Befriedigung dieser primitiven Bedürfnisse betreffen, und dies aus dem einzigen Grund, dass sie vorgegeben sind und *de facto* befolgt werden. So werden alle anderen Bedürfnisse zu Orten der übersteigerten sozialen Ungewissheit. Sobald ein sozialer Partner versucht, ein abgeleitetes Bedürfnis als solches, sei es kulturell gegeben oder geschaffen, anerkennen zu lassen und seine Normierung anstrebt, bleibt es jedem Dritten offen, darin einen Machtanspruch, ein asymmetrisches Kräfteverhältnis, ja sogar einen zwangsläufig privaten Wunsch zu vermuten.

Die Unfähigkeit, das Rechtsmodell der universellen Pragmatik auf den Kontext der Länder zu übertragen, wurde durch die Ignoranz offen gelegt, die in dem vorausgesetzten dualistischen Wissen, das aus dem Menschen „ein Mischwesen aus Geist und Leib“ machte und als Basis der juristischen, moralischen und politischen Rechtssysteme der Modernität fungierte. Dort fand die Verteilung der Rechte, Pflichten und Güter statt, im Respekt der spirituellen Essenz des Menschen und vor dem Horizont der jedem Einzelnen gewährten Vollmacht, sich eigenmächtig, direkt selbst über das angenommene ihm frei verfügbare Wissen zu verwandeln, das er von den notwendigen Verhältnissen zwischen freien Menschen besaß. Als ob er in der Lage wäre, sich diese Freiheit zuzugestehen, ohne über die Objektivität der Lebensbedingungen urteilen zu müssen, die diesen Verhältnisse innewohnen, als ob diese Geistesfreiheit, in diesem Fall das Bewusstsein dieser Verhältnisse, nur die eine Funktion hätte: Die Verpflichtung aller, die bedingungslose Beachtung jener Imperative und Verbote, welche die soziale Ethik der Solidarität mit diesen Rechten, Pflichten und Gütern verbindet, ein für alle Mal zu rechtfertigen. Das Zugeständnis dieser Geistesfreiheit gewährleistete folglich die Möglichkeit, die körperliche, dem Geist feindliche Natur von vornherein zu bezwingen, indem ihr vorab die Fähigkeit verliehen wurde, zwischen den sozialen Partnern die Feindschaft aufzuheben, und die agonistische Natur der „asozialen Soziabilität“ (Kant) des Menschen, die in seinen Verteidigungs- und Aggressionstrieben verwurzelt ist, zu neutralisieren. Es ist dieses, von Hobbes ebenso wie von Kant und Hegel ererbtes anthropologische Modell, das eine vermeintliche Überlegenheit des Geistes gegenüber dem Leib preist und gleichzeitig großzügig übersieht, wie dieser Geist in diesem Leib hat entstehen können. So widerlegt sich das Modell selbst, denn dass es nur in beiden Fällen die Widerlegung seines Gerechtigkeitsideals hervorruft, wird unübersehbar.

Tatsächlich bezwecken diese Modelle die bloße Verwandlung des Menschen in ein gerechtes Tier, das so gründlich abgerichtet wäre, dass es ausreichen würde, die juristische Wahrnehmung der ihm eigenen sozialen Welt mit dem unfehlbaren moralischen Bewusstsein seines Geistes in Beziehung zu bringen, um ihm dazu zu verhelfen, aus sich selbst die vollkommenste Gerechtigkeitsmaschine zu machen, die er zwanghaft zu sein träumt. Dieser Dualismus kann allerdings das moralische Bewusstsein des Einzelnen als unfehlbarer Richter nur auf dem Leugnen der Möglichkeit des Anderen und der Wahrheit seiner Urteile errichten, wie wenn beide die einzigen Hindernisse seien, die den perfekten individuellen und kollektiven Zusammenschluss von Trieben und Gerechtigkeitssinn gefährdeten. Das Habermassche Modell der universellen Pragmatik hat dem liberalen Modell nur eine geringfügige Abwandlung hinzugefügt, die darin besteht, den Dritten als den säkularisierten Gott, als das die öffentliche Meinung bewegendes argumentatives Bewusstsein vom Konsens zu verabsolutieren, um die Vorahnung, die man vom glücklichen Ausgang der sozialen Erprobung des Menschen durch den Konsens haben muss, im theoretischen Diskurs wieder einzusetzen. Zwar greift diese Abwandlung der Verwirklichung eines Gerechtigkeitsideals in der Kommunikationsontologie und in der entworfenen Rechtsaußübung der öffentlichen Meinung vor – indem sie eine allgemeine Achtung der Bedingungen ihrer Autarkie aufzwingt – dennoch ist sie nicht nur unfähig, die wechselseitige Heteronomisierung der Individuen umzukehren und ihre gegenseitige Ablehnung von Existenzbedingungen zu hemmen, sondern genauso wenig aus dem Wechsel zwischen Sender- und Empfängerrolle, die sie eingehalten sehen möchte, ein beliebiges Kriterium abzuleiten, das ein Unterscheiden zwischen reeller Verständigung und Pseudo-Konsens ermöglicht.

Bei der Bewährungsprobe scheinen beide Modelle zwangsläufig dazu zu führen, die Kraft des kritischen Urteils, das beide voranbringen wollen, zu neutralisieren. So erscheinen sie dazu bestimmt, die von ihnen heftig bekämpfte soziale Ungerechtigkeit gegen ihren Willen zu stärken. Sie verwandeln diese Kraft faktisch in eine Ungerechtigkeit im Denken, die Individuen und Gruppen nur dort heimsucht, wo sie glaubten, noch der Entfremdung ihrer materiellen Bedingungen entkommen zu können, nämlich in ihrer Urteilskraft.

Ausschluss der Benachteiligten und Ausblendung der Denkfähigkeit Dritter entstehen tatsächlich beide aus dem doppelten Leugnen, das es dem Bewusstsein des Gerechtigkeitsideals ermöglichte, an diesem Ideal Gefallen zu finden und sich mit diesem Bild des sozialen Glücks, dem eine Kraft der Selbstbeglaubigung und Selbstgratifikation innewohnt, zufrieden zu geben. Bei dem Versuch, das psychische Leben nach dem Modell des griechischen Polytheismus zu erfassen – als einen inneren Konflikt jedes Einzelnen mit seinen Begierden – und das soziale Leben als einen durch den Gesellschaftsvertrag und die juristischen und politischen Konventionen meta-stabilisierten Konflikt zwischen Individuen und Gruppen, nahm man ein allgemein vorhandenes Wissen an, das jeden Einzelnen in die Lage brächte, aus der Summe seiner Begierden die allgemein geteilten heraus zu filtrieren und aus der Summe der Normen diejenigen, die ihn dazu zwangen, alles zu tun was getan werden müsste, um alle in den Genuss einer fairen Verteilung der Güter kommen zu lassen, die den jeweiligen Kompetenzen und Verdiensten entspräche. Diese Verteilung und die Betrachtung eines solchen gerechten Ausgleiches waren, dank der Offenbarung der Gerechtigkeit, die sie errichteten und sicherten, als Geburtshelfer eines sozialen wie privaten Glücks gedacht. So war diese Gerechtigkeit das A und Ω des psychischen wie sozialen Lebens, indem sie das Maß dessen, was es zu wissen und zu tun galt, sowie des erreichbaren ethischen Glücks darstellte. Sie war Ursprung, Mittel und Zweck des menschlichen Lebens selbst.

Das Recht erschien nur als sozialer Inkarnationsort der Gerechtigkeit, indem es jenen notwendigen Beziehungen zwischen freien Menschen Gesetzeskraft verlieh, die als frei in den äußeren und wahrnehmbaren Beziehungen zu den Dingen galten, welche die geistige Prägung des Leibes jener Menschen zu pflegen bestimmte. Auf diese Weise determinierte es die menschlichen Lebensbedingungen über ein moralisches Vorwissen, von dem angenommen wurde, dass es der Mensch, als Wesen, dem es gebührt seine instinkthaften Begierden zu beherrschen und dem Geist unterzuordnen, von sich selber hatte. Der Ausschluss der Benachteiligten und die Beraubung der Macht über Dritte zu richten würde nur jene Leugnung des Selbst als Begierde-Wesen auf den sozialen Plan übertragen, die dieses moralische Konzept des Menschen und eine Leugnung des Urteils des Anderen beinhalten, von dem ebenfalls angenommen wurde, unserer Feind zu sein, der im voraus und gemäß dem sozialen Neodarwinismus des Kapitalismus, mit seiner instinkthaften Begierde gleichgesetzt wird. Das eigentliche politische Organ galt nur als fähig, das Irrationale dem Geist zu unterwerfen, insofern es das Gewaltmonopol besaß und als einzige legitimierte Gewalt dazu ermächtigt war, die „naturgegebene" zwischenmenschliche Gewalt zu bezwingen.

Eine philosophische Distanzierung gegenüber der Anziehungskraft, die ein sich selbst genügendes unabhängig von seiner Anwendung gebilligtes Rechtsideal ausübt, ist nur über die Unterscheidung der Idee der Gerechtigkeit von derjenigen des Rechts zu erreichen, und zwar indem man aus ihm alles das tilgt, was ermöglicht hatte, aus dem Recht diesen *deus ex machina* zu machen, der fähig war, die natürlichen Kräfteverhältnisse magisch in rationale Beziehungen umzuwandeln, der die Gerechtigkeit ins ethisch-politische Leben hineinzwang und es damit unweigerlich verfälschen musste..

Die demokratische Grundlage des Rechtsstaates reicht tatsächlich nicht aus, um zu garantieren, dass sich Gerechtigkeitsideal und öffentliches Wohl für jeden erfüllen. Weil sie ihnen aber ein vermeintlicher Garant ist, gewährleistet der juristische Bürgerstatus einerseits allen sozialen Partnern von vornherein den gleichen Zugang zu einer autarken Freiheit und zur Achtung ihrer Gleichstellung und regt andererseits zur Beschwörung einer brüderlichen Solidarität an, um die faktischen Ungerechtigkeiten zu mindern. Der prinzipielle Zugang zu einer autarken Freiheit muss auch hier wieder mit dem Opfern des individuellen Urteils bezahlt werden, das zum Begierden- und Rechtsträger reduziert wird, sowie zum Vollstrecker von denen zu ihrer eigenen Erfüllung notwendigen Handlungen, ohne dass die eigentliche Verteilung der Rechte, Pflichten und Güter anders als allgemein und prinzipiell beurteilt werden kann, da Individuen und soziales Leben nur Anwendungsorte dieser sozialen und juristischen Verträge sein können, von denen angenommen wird, dass sie bereits das Wissen der notwendigen Beziehungen zwischen freien Menschen beinhalten.

Das Rechtssystem ist nur mittels der Fragestellung, ob es dem Gerechtigkeitsideal entspricht, das es zu erfüllen behauptete, zum Eigentum des modernen zum Rechtsstaat verwandelten Staates geworden. Die Gerechtigkeitsfrage geistert durch das moderne Recht und verlangt für diese Änderungen eine ständige Legitimation, die den Durchbruch des juristischen Positivismus Benthams und Kelsens verhindert und somit die Durchsetzung der reinen formalen Macht einer performativen Selbstlegitimation, die den juristischen Erklärungen eigen ist. Wenn es so ist, dann gehört die Gerechtigkeit nur unter der Bedingung zum Recht, dass die Gesetze der Gerechtigkeitsidee entsprechen. Diese zweckmäßige

Bedingung ist wiederum alles andere als formal, denn sie beruht, wie R. Dworkin betonte, auf jener ethischen Forderung, die den Glauben an eine Rationalität des Rechts nährt. Sie taucht als solche gerade dort auf, wo die mangelnde Legitimität eines juristischen Systems angeprangert wird, ähnlich wie bei einem wissenschaftlichen System, das anhand eines kritischen Falls widerlegt und zum Scheitern gebracht wird. In schwierigen Fällen *(hard cases)* impliziert die Annahme, dass es trotz allem sehr wohl eine juristische Lösung für unlösbare Fälle gibt, einen ethischen Glauben an die Existenz einer gerechten Lösung. Die Rechtssprechung beruht demnach auf einer sehr seltsamen juristischen Ethik: Sie zwingt den Richter dazu, um die Existenz dieser Rechtssystem-gegebenen Lösung zu wissen und sie gleichzeitig zu identifizieren. Diese ethische Vernunft erweist sich aus diesem Grund als handelnde Rechtsvernunft.

Die verfahrensrechtliche Institutionalisierung des zwangslosen Dialogs, die J. Habermas befürwortet, kann nur die Legalisierung der Moral erreichen, sowie die Umwandlung der Forderung nach einem ethischen Wissen um die faire Natur des Rechtes in apriorisches kognitives Eigentum der Rechts-gebenden und –sprechenden Argumentationsgemeinschaft und diese Argumentationsgemeinschaft in einen heiligen Kommunikationsraum verwandeln, ja sogar in eine Vernunftinstanz, die sich in ihrer rechtsgebenden und rechtssprechenden Fähigkeit verkörpert, die juristischen Formen zuverlässig zu erkennen, welche die Gerechtigkeit anzunehmen hat.

All diese aus der ethischen Dogmatik des Rechts entstammenden rechtlichen, ethischen und politischen Schlussforderungen vermehren nur von vorne herein die bereits in diesen Praktiken enthaltene apriorische Rechtfertigung vom Ausschluss der wegen sozialer, technischer und wissenschaftlicher Inkompetenz in Sachen Lebensbedingungen Ausgeschlossener auf der Ebene der Selbstbegründung der juristischen Praktiken und ihrer theoretischen meta-Beschreibungen. So lassen sie nicht diese « Anderen » der liberalen Gesellschaft sprechen und nehmen ihnen, mit dem Segen der juristischen Ethik, alle Rechte zum Ungehorsam: das Recht, die Ungerechtigkeitsdiagnose gegenüber jedem Recht zu vertreten. Denn jedes Rechtssystem schafft es, die Beziehungen, die das Wissen des Anderen berücksichtigen, von vorn herein der Forderung nach juristischen Vertragsverhältnissen zu unterstellen und zwingt damit diese „Anderen" dazu, ihre Urteilskraft durch ihre Produktionsfähigkeit zu ersetzen. Müssen Sie nicht konform werden mit dem, was von ihnen als Produktionskraft erwartet wird, um das Recht zu erlangen, sich selber und den Anderen als konform bzw. nicht-konform mit dem zu beurteilen, was von ihnen erwartet wird und was die demokratische Programmierung des Rechts von ihnen entworfen hat,?

Genau jenes Opfer ihrer bürgerlichen Urteilskraft wird von ihnen abverlangt, damit ihnen das Recht eingeräumt wird, an der demokratischen Gerechtigkeit teilzuhaben. So erlaubt wiederum dieses Opfer, dass man all diejenigen, die in dieser Gerechtigkeit keine gerechten Bedingungen für ihr Leben finden, an eine

Gerechtigkeit opfert, von der angenommen wird, dass sie für die Funktionalität der Verfassung, der gesetzgebenden Macht und des Rechtssystems notwendig ist. Was hier einzig und allein gewiss ist, ist die Tatsache, dass es ungerecht ist, das Ungerechte als inhärent zum Recht anzuerkennen. So erlaubt diese Gewissheit das Opfern von all denjenigen, die nur vom Gegenteil überzeugt sind, den Opfern des pragmatischen Liberalismus.

Dennoch sind sie es, die die Wahrheit über das unabwendbare Schicksal einer vermeintlichen Gerechtigkeit der Rechtssysteme aussprechen. Denn diese Gerechtigkeit ist nur ethisch, solange sie nur diejenigen hervorbringt, die ihre Taten, Wünsche und Wissen dem gebeugt haben, was die Legitimität von Arbeitsverträgen jedem erlaubt zu sein, und auch nur deshalb, weil diese Rechtssysteme selber von vorneherein diejenigen mit Ausschluss bestrafen, die es wagen, sie zu kritisieren. In letzter Analyse erzwingt also dieses Opfern der Urteilskraft nur das Opfern der Gerechtigkeit an den politischen Rechtsbetrieb, der uns das Urteil aufnötigt, dass es, um an der distributiven Gerechtigkeit teilzuhaben, welche in letzter Instanz schliesslich unser Glück entsprechend unseren Verdiensten garantiert, gerecht und ehrbar sei, unsere Produktions- und Urteilskraft zu verkaufen.

3. Die Gerechtigkeit des Urteils oder die politische Teilung der Wahrheit

Vor dieses Opfer und vor dieses Schicksal gestellt, das allen Demokratien beschert zu sein scheint, kann die Resignation nur über das Wagnis überwunden werden, die Demokratie mit dem Übel der absoluten sozialen Gefahr gleichzusetzten, die sie für Plato als Gemisch und Standardisierung aller sozialen Gattungen (Krieger, Handwerker und Händler) war. Denn damit wird der Einsatz offenbart, den sie für einen Staat verkörpert, der jeden einem System von Bedürfnissen, Handlungen und Knechtschaft unterwirft und sich dabei das Monopol vorbehält, seine Verwaltung des sozialen Lebens gegen jede Gewalt zu verteidigen, auch gegen die Gewalt der Urteilskraft der Wahrheit. Die Demokratie offenbart in der Tat das politische Geheimnis des Rechts: dass man sich selbst nur geboren wird und dass man überhaupt nur ist, solange man sich gegenüber diesem System von animalischer Politisierung frei macht. Die öffentliche und politische Dimension des Lebens macht keinen anderen Sinn, als dieser Grundfreiheit Gerechtigkeit widerfahren zu lassen, die aus dem sprechenden Tier das Wesen macht, das sich um das sorgt, was es mit Anderen teilt. Allein das öffentliche Leben macht es allen möglich, das Ausmaß ihrer tatsächlichen Autonomie wahrzunehmen. Denn die soziale Existenz ist den Individuen nur zuerteilt, wenn ihnen das Recht, sich zu äußern, nicht nur der Form halber zugebilligt wird, und nur solange die kritische Bedeutung ihres Urteils im politischen Alltag tatsächlich allgemein als Bürgerrecht anerkannt wird. Das Unrecht des Staates und seiner funktionellen Unterwerfung des politischen Lebens unter die ökonomische Markthegemonie besteht darin, die gegenseitige Anerkennung dieser Autonomie, ihrer Produktion, sowie die daraus entstandene gegenseitige Anerkennung der Gleichheit aller zu verhindern.

Alleine diese öffentliche und gegenseitige Anerkennung ihrer Freiheit macht aus dieser Freiheit das Eigentum aller und gestattet ihnen, ihre Realität in sie hinein zu projizieren. So verleiht sie der transzendentalen Kraft der Sprache ihre politische Verankerung, indem sie aus dieser Freiheit die soziale Realität macht, in der alle sich gegenseitig erkennen. Sie haben es also nicht nötig, sich ihrer ständig zu vergewissern, so wie die Wissenschaftler, die sich ihrer Kenntnisse zu vergewissern versuchen: im ständigen Beurteilen derselben als Knechtschaft oder als Befreiung der Bedürfnisse, Wünsche und Normen, in denen sie sich anerkennen. Denn diese Freiheit ist von vornherein gegeben, so wie die Gabe der Sprache jedem erlaubt, mittels seiner Worte, seines Wissens, seiner Handlungen, seiner Wünsche und seines Glücks, ein eigenständiges Ich zu sein.

Darum ist diese Freiheit nicht für alle das magische Eigentum, das ihnen durch das vollzogene Erkennen der Spezifizität des Politischen und seiner öffentlichen Realität als Bürger von vornherein gesichert wäre, sondern sie ist untrennbar mit den Ereignissen einer Wahrheitsfindung verbunden, die in seiner öffentlichen Realität stattfinden. Auch wenn diese Verteilung des Wahrheitsurteils zwischen den sozialen Partnern alltäglich geschieht benötigt sie Anerkennung, um das Wissen, die Handlungen und die Wünsche aller, sowie die öffentliche Anerkennung dieser eigentlichen Wahrheit für gültig zu erklären. Diese begnügt sich damit, den Folgen eines Wahrheitsbewusstseins die Möglichkeit zum öffentlichen Leben zu geben, ähnlich dem, das die politische Existenz jedem in Freiheit anzunehmen *erlaubt* und gleichzeitig in Freiheit anzunehmen *zwingt*, weil keine andere Erfahrung diese Rolle übernehmen könnte, sei es diejenige der Identifikation mit dem Staat, dem Konsens oder dem Recht.

Dazu müsste diese Wahrheitsübertragung in der Lage sein, bei dem Eintauschen einer Staatspolitik der Macht gegen die Forderungen und das Potential einer Politik des Urteils, sich selbst als Wahrheit zu erscheinen. Man kann sich allerdings nicht ein für alle Mal die Bedingungen der Apperzeption dieser Realität und die Bedingungen der freien Ausübung dieses Erkennens der Urteilswahrheit aneignen, so wie das Staatsrecht versucht, sich letztgültig jegliche historische Voraussetzungen der Begründung und Bewahrung der sozialen Gerechtigkeit anzueignen. Die Rechtsprobleme sind als solche apperzeptiv für die kollektive Beurteilung der gemeinschaftlichen Freude oder des Leides, die jede Teilung begleiten. Sie selbst erhalten nur ihre bestimmende Realität und die Macht, diese Realität eines Austausches als Gerechtigkeit oder Ungerechtigkeit, als Verknechtung oder Befreiung zu bestimmen, indem sie diese Apperzeption des gemeinsamen Leids als Ungerechtigkeit in ein Erkennen der sozialen und öffentlichen Beziehungen verwandeln, die es ermöglichen, an die Stelle dieses Ungerechtigkeits*empfindens* die Identifizierung jener reellen sozialen Beziehungen zu setzen, die das öffentlichen Leben und den reellen Genuss der individuellen und kollektiven Freiheit bestimmen. Demnach erweist es sich, wie D. Howard unterstreicht, als nötig, die Politik der sozialen Kontrolle und der Verehrung einer Gerechtigkeitsidee, welche die allgemeine Unfähigkeit aufzeigt, sich der juristischen und staatlichen Gleichgültigkeit sowie der gegenseitige Apathie zu unterwerfen, unmissverständlich durch eine Politik des Urteils zu ersetzten, die den politischen und faktischen Anspruch hätte, eine Politik der Teilung der Wahrheit und dazu geeignet zu sein, die kopernikanische Revolution im Rahmen der Handlung und des Wunsches zu vollziehen, die Kant in den physischen Wissenschaften der „sichtbaren Natur" bereits umgesetzt sah. Denn bereits in jedem Kommunikationswechsel ist die retributive Gerechtigkeit der Wahrheit anwesend – wie es auch gewöhnlich in der Theorie erkannt wird – und sie bedingt als solche nicht nur einen wahren Gerechtigkeitsbegriff, sondern auch die Teilung sowie die Anwendung dieses Begriffs.

Nur zu diesem Preis wird es gelingen, an die Stelle einer emotionalen Solidarität und einer von neoliberalen Interessen diktierten Knechtschaft eine intellektuelle Urteilssolidarität zu setzen, die nicht mehr auf einer asymmetrischen Trennung in körperliche und intellektuelle Arbeit beruht, sondern jedem die Ergebnisse dieser Wahrheitsurteile zukommen lässt, die es ihm möglich machen, seine politische Mitbestimmung am sozialen Leben vor dem Horizont seiner theoretischen Autonomie zu verantworten, die Urteilsautonomie der sozialen Partner anzuerkennen und gleichzeitig bereitwillig die Wahrheit ihrer Urteile politisch zu teilen.

Aus dem Französischen übersetzt von Catherine Garcia-Szczesny

Fathi Triki

Rechtfertigung und Gewalt

1. Was bedeutet ‚Rechtfertigung'?

Das Rechtfertigungsproblem steht zweifellos auf der Tagesordnung. Im Zuge der Entwicklung praktischer Ethiken und im Gefolge von J. Rawls' Theorie der Gerechtigkeit wurden Systeme der Rechtfertigung erarbeitet, die zum einen wiederherzustellen suchten, was Rawls als *Reflective Equilibrium* zwischen Theorie und Praxis bezeichnet, und die zum anderen vorschlagen, sich immer auf ein Ensemble moralischer Urteile und Prinzipien zu beziehen, die sowohl das Handeln als auch die Theorie explizieren und diese weithin akzeptabel machen.

In diesem Beitrag soll es darum gehen, Weisen der Rechtfertigung der Gewalt im Allgemeinen und des Krieges im Besonderen zu untersuchen und Rechtfertigungssysteme einer Kritik zu unterziehen, die vom richtigen Weg abzuweichen und zu einer Waffe gegen die menschliche Würde zu werden geeignet sind. Zunächst aber sei an einige für die Analyse wichtige Unterscheidungen in der Bedeutung von ‚Rechtfertigung' erinnert. Was bedeutet ‚Rechtfertigung'?

Vom lateinischen, von *justus* herkommenden *justitia* abgeleitet, bezeichnet ‚Rechtfertigung' mit dem Recht (*jus*) konforme Handlungen oder Prozesse. Etymologischer gesehen heißt etwas rechtfertigen etwas ‚recht/richtig/gerecht machen'. Schnell hat der Begriff, der zunächst nur die Bedeutung hatte, etwas entsprechend einer Norm oder einer moralischen Regel zu tun, die Bedeutung angenommen, die auf etwas Unrechtes/Ungerechtes, gegen die Norm bzw. die Regel Verstoßendes zielt.

Hinsichtlich der menschlichen Gerechtigkeit gibt es die Übereinkunft, den Schuldigen zu beschuldigen und den Unschuldigen zu rechtfertigen. Dies ist die erste Bedeutung von ‚Rechtsprechung'. Hier bezieht sich die Bedeutung von ‚Rechtfertigung' auf die praktische Durchsetzung der von allen akzeptierten Gerechtigkeitsnormen. Gott zum Beispiel ist gerecht aufgrund seiner Gnade. In der christlichen Religion zeigt das Prinzip der Rechtfertigung: Die Verfehlung kann insofern etwas Positives sein, als man in ihr indirekt eine Stärkung der Prinzipien der menschlichen Werte sehen kann. Luther hat betont, dass der Mensch ungeachtet unverzeihlicher Sünde allein durch die Gnade Gottes gerettet werden kann, und zwar aufgrund des Glaubens; dies bedeutet, dass die Gerechtigkeit Gottes das völlige Gegenteil eines Systems der Belohnung ist, das entsprechend Verdiensten belohnt oder bestraft und innerhalb dessen der Mensch ‚etwas tun kann', um sein Heil zu gewinnen. Es ist also Gott, der rechtfertigt. Weil er gerecht ist und seine Versprechen hält, erklärt er, dass der Sünder nicht radikal und definitiv schuldig ist; durch diesen Akt der Rechtfertigung stellt er dessen Würde wieder her: In gewisser Weise ist der Sünder wieder ‚berichtigt', gerechtfertigt durch eine richtige Beziehung zu Gott. Dies ist der der Beziehung der Liebe zugeschriebene Sinn, die Gott seinen seinen Geschöpfen erweist.

‚Rechtfertigen' bedeutet also von Anbeginn ‚für gerechtfertigt erklären', d.h. vor Gericht (hier: dem Gottes) anerkennen, dass der Beklagte keiner Verfehlung schuldig, keiner Sanktion zu unterziehen und zum Genuss aller Privilegien berechtigt ist, die denen zustehen, die das Gesetz achten. Die Rechtfertigung ist dem zufolge die Entscheidung eines Richters, der keine Verurteilung ausspricht, sondern auf Freispruch entscheidet.

‚Rechtfertigen' hat allerdings nicht allein diese Bedeutung. In der aktuellen Philosophie bezeichnet das Wort vor allem die Prinzipien und Referenzwerte, auf die man sich beruft, wenn man eine politische oder moralische Position verteidigen will. Eine Handlung rechtfertigen heißt sie erklären und mit logischen und argumentativen Mitteln ausstatten, um ihre Akzeptanz zu erreichen und sie auf die allgemein anerkannten moralischen, sozialen und religiösen Werte zu beziehen.

2. Rechtfertigung, Legitimierung, Legalisierung

‚Rechtfertigen' ist gewiss nicht gleichzusetzen mit ‚erklären'. Es ist möglich, eine Handlung zu erklären, ohne sie zu rechtfertigen, d.h. für gerechtfertigt zu erklären. Für ein Verbrechen eine Erklärung zu geben ist z.B. in einem juridischen Prozess notwendig, aber dies verpflichtet den Richter nicht, sie zu rechtfertigen. Andererseits kann die Erklärung eine Bedingung für die Handlungsrechtfertigung sein. Um einen Tatbestand für gerechtfertigt zu erklären, ist man oft darauf verwiesen, seine Herkunft, sein Zustandekommen und seine Funktionsweise zu bedenken.

Rechtfertigen ist auch nicht mit argumentieren gleichzusetzen, denn man kann gegen eine Handlung argumentieren und sie verneinen. Aber auch hier ist das Argumentieren das beste Mittel, zu einer positiven, nicht der beabsichtigten Wirkung ermangelnden Rechtfertigung zu gelangen.

Schließlich ist eine Handlung zu rechtfertigen nicht damit gleichzusetzen, sie zu legalisieren, denn es ist immer möglich, einen illegalen Akt zu rechtfertigen, zeigt doch schon die oben erwähnte Etymologie, dass Rechtfertigung sich auf einen Verstoß gegen eine Norm oder moralische Regel, auf etwas Ungerechtfertigtes beziehen kann.

Ein aktuelles Beispiel ist die Rechtfertigung zivilen Ungehorsams – eines wichtigen politischen Aktes, der unter Bedingungen demokratischer Herrschaft nicht notwendigerweise darauf abzielt, die Legitimität der herrschenden Mehrheit in Frage zu stellen. Er ist von politischen *Prinzipien* und einer *Ethik* geleitet und durch diese gerechtfertigt, die implizit immer jegliches demokratische Regime gestützt haben, d.h. letztlich durch Gerechtigkeitsprinzipien, welche die Institutionen der Gesellschaft leiten. Um zivilen Ungehorsam zu rechtfertigen, rekurriert man auf eine gemeinsame Gerechtigkeitskonzeption, welche die politische Ordnung aufrecht erhält. Man kann sich aber auch auf die die Menschenwürde einfordernde und garantierende Ethik des Zusammen-lebens beziehen. Die andauernde, sich von Gerechtigkeitsprinzipien bzw. von dieser Ethik der Würde lösende Gewalt lädt entweder zu Unterwerfung oder zu Widerstand ein. Mittels des zivilen Ungehorsams zwingt eine Minderheit die Mehrheit zu größerer Konformität mit den Gerechtigkeitsprinzipien und mit der Ethik der Zivilität.

Unter dem Gesichtspunkt bloßer Legalität ist Ungehorsam ein nicht hinzunehmender Akt, weil er die Grundregel des demokratischen Regimes zur Disposition stellt, d.h. dass die Macht immer der durch freie Volkswahl legitimierten Mehrheit zusteht. Und doch kann er durch ein anderes – auf eine Moral des Zusammen-lebens statt auf politische Prinzipien gegründetes – Prinzip gerechtfertigt werden.

Dieses Beispiel führt zu einer lange Zeit von politischen Philosophen gebrauchten Unterscheidung zurück – der zwischen *Legalität* und *Legitimität.* Es wäre sinnvoll zu fragen, ob ‚Rechtfertigung' letztlich nicht zumindest dann einfach die Bedeutung von ‚Legitimation' hat, wenn es um die Rechtfertigung politischen Handelns geht. Legitimität ist hier als gegenüber dem legalen politischen Regime höherwertiges Prinzip verstanden, d.h. als fundamentale Norm des Rechts, die in gewisser Weise einem gesellschaftlichen, historischen und zivilisatorischen Projekt entspricht.

Zu präzisieren ist: Hier handelt es sich um eine Idee jüngeren Datums. Sie ergibt sich aus einer komplexen und nicht unproblematischen Konstruktion von Werten, die „eine effektive, wirksame Macht" stützen und einer „Autoritätsanerkennung zwischen den Nationen" Raum geben, „einer Anerkennung von – durch die für legitim gehaltene Autorität etablierten – Prinzipien und Zwecken durch die nationale öffentliche Meinung."[1] Zu betonen ist, dass Legitimation ein vielschichtiges Verfahren ist, das, an öffentliche interne und externe Anerkennung appellierend, einem politischen Regime durch moralische und soziale Fundamente Halt geben soll. Legalisierung der Macht allein ist nicht hinreichend, um deren Wirksamkeit zu sichern. Sie kann Legitimität auf keinen Fall ersetzen. Eine Regierung läuft Gefahr, legal zu sein, ohne legitim zu sein, und umgekehrt. Im Übrigen versuchen alle illegitimen politischen Regime (Diktaturen, fiktive Demokratien, Militärregime etc.), sich durch populistische Ideologien oder Aktionen zu legitimieren.

1 R. Polin, Analyse philosophique de l'idée de légitimité. In: *L'idée de légitimité*, Paris 1967, S. 28.

Es ist offensichtlich, dass man im Interesse der Legitimation auf Thesen des Naturrechts zurückgreifen und die Existenz absoluter Gerechtigkeitskriterien an die Existenz eines immer gerechten Gottes zurückbinden kann. Göttliches Recht hat lange Zeit für eine viele Dynastien in Europa begründende Legitimität sorgen müssen, um Stabilität zu sichern und ‚revolutionäres' Chaos zu verhindern. Heute spielt es eine bestimmende Rolle in mehreren islamistischen Regimen, wie z.B. im Iran. Doch mit der Etablierung des allgemeinen Wahlrechts im Westen ist Legitimation eine Operation der Rechtfertigung der Gesetzesanwendung geworden, die sich generell auf zwei Kriterien stützt: Freiheit und Achtung des Rechts. Was sich radikal geändert hat, ist, dass die Arten und Weisen der Rechtfertigung demokratischer Legitimität immer wieder zu überprüfen, zu verifizieren, zu diskutieren, zu aktualisieren sind, kurz: zu erklären und durch Argumente zu stützen, während die monarchische Legitimität angesichts eines immer gerechten Gottes als unwandelbar galt.

Auch wenn es eine offensichtliche Verwandtschaft zwischen Legitimierung und Rechtfertigung gibt, ist doch festzustellen, dass die Legitimation oft einen politischen Bereich oder Akt betrifft, während die Rechtfertigung eine Denkoperation ist, die sich auf jegliche menschliche Aktivität beziehen kann. Darüber hinaus beruft sich der von mehreren Theoretikern – von Max Weber bis Raymond Aron, von Hans Kelsen bis Carl Schmitt Weber – thematisierte Legitimismus auf ein Ideal, auf einen Konsens über die bestmögliche Regierung, während die Rechtfertigung ein Mittel zur Überprüfung ist, ob diese oder jene Handlung mit einer bestimmten Gerechtigkeitsidee konform ist, für die argumentiert wird und die einen Konsens auf sich vereinigt.

Wenn es nun so ist, dass ‚legalisieren' nicht identisch ist mit ‚legitimieren' und eine Theorie politischer Legitimität möglich bleibt, kann man dann die Unterscheidung zwischen ‚argumentieren' und ‚rechtfertigen' auf dieselbe Weise begründen? Anders gesagt: Wenn ‚argumentieren' bedeutet, sich auf die im Medium der Diskussion von allen zugestandenen Denkgesetze zu beziehen, warum soll man dann auf das Konzept ‚Rechtfertigung' zurückgreifen, das denselben Sinn hat und auch darauf abzielt, etwas zu justieren, richtig zu stellen, für richtig bzw. gerechtfertigt zu erklären? Ist nicht eine Dekonstruktion dieses Begriffs notwendig, um zu sehen, was seiner Verwendung zu Grunde liegt? Ist er nicht ein Zeichen dafür, dass die Argumentation – der Rekurs auf den Korpus der jegliche Diskussion beherrschenden Gesetze und Regeln – in sich unzureichend ist?

In Wirklichkeit sucht man in jeder Rechtfertigungsoperation die bloße Anforderung einer Konformität mit Gesetzen und ethischen bzw. moralischen Werten zu überschreiten, um aus einer Handlung, die als ungerecht erscheint, eine legitime und für die öffentliche Meinung akzeptable Handlung zu machen. Dies ist vielleicht das besondere Merkmal der Rechtfertigung, das sie von der Legitimierung abgrenzt, denn sie ist immer durch eine Abweichung vom Richtigen bzw.

der Gerechtigkeit definiert und erklärt. Eine gerechte Handlung bedarf wahrlich so wenig einer Rechtfertigung wie eine in einer Druckerei gerade gesetzte Zeile.

3. Die Rechtfertigung des Krieges

Nehmen wir den Krieg als Beispiel. Er wurde oft genau als diese Abweichung gerechtfertigt. Der Krieg kann seinem Wesen nach weder gerecht noch ungerecht sein. Er hat seine Realität in der Negation seiner Möglichkeit. Es ist bekannt, dass es in der Geschichte mehrere Mechanismen der Rechtfertigung des Krieges gegeben hat. Den Krieg zu denken ist immer eine Weise, einen Unterschied zwischen gerechten und ungerechten Kriegen zu machen.[2] Dabei können die Unterscheidungs- und Rechtfertigungskriterien differieren; sie können religiöser oder politischer Art sein. Mehr noch: Die Rechtfertigung des Krieges kann in dem Sinne verabsolutiert werden, dass er ungeachtet seiner Brutalität, seiner Ziele und Wirkungen als gerecht erscheint. So wurden z.B. die Kreuzzüge gerechtfertigt.

Versuchen wir, die Mechanismen aufzuzeigen, welche diese Entlastung von Schuld ermöglicht haben. Zu zeigen ist auch, dass einige Intellektuelle im Westen aufgrund eines vergleichbaren Mechanismus Aggressionskriege (so etwa gegen den Irak oder Palästina) gerechtfertigt haben und noch immer rechtfertigen.

Villehardouin[3] (um 1160-ca. 1213), Chronist des Mittelalters, beschreibt den Verlauf des vierten Kreuzzuges. Joinville[4] (1225-1317) berichtet in seiner Biografie Ludwig des Heiligen über dessen Aktionen und vor allem über dessen Kriege. Froissart (um 1337-ca. 1405) ist ein *Historiker*, für den Geschichte in der Sammlung der Ereignisse einer erlebten historischen Periode – der ersten Hälfte des Hundertjährigen Krieges – besteht. Diese Chronisten, die unfähig sind, sich ‚zu allgemeinen Ideen zu erheben', wie Clausewitz sagen würde[5], unfähig auch zur Reflexion über die Ereignisse, haben nur einen Gegenstand: von den Heldentaten und gelungenen Aktionen der Menschen zu schwärmen, die den Krieg organisieren.

2 Vgl. Sun Tsu, *Über die Kriegskunst*, übers. v. K. Leibnitz, Karlsruhe 1989. [Anm. d. Übers.: Der chinesische General lebte zwischen ca. 534-453 v. Chr.]

3 Vgl. G. de Villehardouin, *Die Eroberung von Konstantinopel durch die Kreuzfahrer im Jahre 1204* (1207-1213), Leipzig 1915.

4 Vgl. J. de Joinville, *Histoire de saint Louis par Jehan, sire de Joinville; les Annales de son règne par Guillaume de Nangis; sa vie et ses miracles par le Confesseur de la Reine Marguerite. Le tout publié d'après les manuscrits de la Bibliothèque du Roi et accompagné d'un glossaire*, éd. A. Melot/ C. Sallier/ J. Capperonnier, Paris 1761. *Chroniques*. In: *Les chroniqueurs français*, Paris 1972. Deutsch: Das Leben des heiligen Ludwig. Übers. v. E. Mayser. Hg. u. eingel. v. E. Kock Düsseldorf 1969.

5 Vgl. *Vom Kriege*. Hinterlassenes Werk des Generals Carl von Clausewitz, Bd. 1 – 3, Berlin 1832-1834, hg. v. M. v. Clausewitz.

Der Chronist beschreibt die Schlacht und den Verlauf des Krieges und legt den Akzent auf das Genie der Strategen. Im Hintergrund dieser Position und Beschreibung steht der Wille, den Krieg mit seinen Siegen und Niederlagen im göttlichen Willen zu verorten. Villehardouin hat versucht, das Scheitern des vierten, 1198 von Papst Innozenz III. ausgerufenen Kreuzzuges zu rechtfertigen. Diese Rechtfertigung ist nicht allein ökonomischer Art, sondern der grundlegende Bezug ist der auf Gott. Folgt man ihm, dann war es das Ziel dieses Kreuzzuges, ‚Christus zu rächen und Jerusalem zu erobern'. Die Taktik bestand zu Beginn darin, die entscheidende Schlacht ins Herz des Feindes – nach Kairo – zu tragen, um Jerusalem zu befreien. Auf Ersuchen Venedigs wurde die ganze Taktik geändert. Die Kreuzfahrer bemächtigten sich zunächst Zaras[6] (1202) zugunsten des Dogen von Venedig, dann Konstantinopels (1204), ohne Jerusalem je befreien zu können. Villehardouin zufolge war es notwendig, Zara vor der Befreiung Jerusalems einzunehmen.[7] Es handelte sich für ihn – entgegen der Auffassung mancher Strategen und Kritiker – um eine gerechte, gute und notwendige Aktion. Seine ganze Chronik ist um diese Rechtfertigung herum konstruiert. Man kann diese Rechtfertigung knapp um drei Kontenpunkte herum verorten:

(i) Die Ökonomie

Die in Venedig versammelte und eingeschiffte Armee war klein an Zahl. Die Kreuzfahrer hatten nicht genug Geld, um sich von Venedig unabhängig zu machen. Um Wort zu halten, waren sie gezwungen, die Autoritäten Venedigs zu befriedigen, indem sie ihnen das dalmatische, damals vom ungarischen König regierte Zara auslieferten.

(ii) Die Politik

Für Villehardouin war diese Aktion gerechtfertigt, weil sie die politische Unterstützung Venedigs eintrug. In seiner Chronik abstrahiert er aber von den letztlich politischen Gründen der Planabweichung; auf Grund dessen wurde er häufig von den Parteigängern der venezianischen Politik kritisiert, und sein Diskurs wurde auf die bloße Rechtfertigung dieser Politik zurück geführt; er wurde vor allem verwandt, um die Größe dieser Politik anzuzeigen, die sich mit Venedig manifestierte.

6 [Anm. d. Übers.: Das heutige kroatische Zadar.]

7 Vgl. G. de Villehardouin, Chroniques. In: *Les chroniqueurs français*, Paris 1972, S. 44. Vgl. *Memoirs or Chronicle of The Fourth Crusade and The Conquest of Constantinople*, http://www.fordham.edu/halsall/basis/villehardouin.html.

(iii) Das Göttliche

Einer der markanten Züge der Chronik scheint die ständige Berufung auf den göttlichen Willen zu sein, um ein begrenztes Kriegsereignis zu begründen und zu rechtfertigen: Die Schlacht hängt in ihrer Struktur wie auch in ihrem Verlauf weitgehend von der Einwilligung Gottes ab. Der Sieg ist nur das positive Zeichen. Zara wäre nicht einnehmbar gewesen, wäre Gott nicht der Ursprung dieser gerechten Aktion gewesen. Diese Chronik gipfelt also in der Beschreibung des göttlichen Eingreifens in den Krieg. Den Krieg durch diesen übernatürlichen Willlen zu rechtfertigen, heißt nichts anderes, als zu zeigen, in welchem Maße er als notwendig, positiv und gerechtfertigt zu verstehen ist. In den Augen Villehardouins ist deshalb die Einnahme Zaras in Übereinstimmung mit den Interessen der Gerechtigkeit, das Papsttums, des Kreuzzuges und der Tempelritter. In jedem Moment des Kreuzzuges hat Gott neue Zeichen zugunsten dieser Aktion gegeben. Er hat die Tempelritter von Konstantinopel ständig beschützt, und der Papst hat ihnen seine Absolution gegeben, weil der im April 1201 zwischen den Franzosen und Venezianern geschlossene Pakt sozusagen seinen Segen hatte.

Ein Problem besteht indes darin, dass Villehardouin diesen spalterischen Krieg (von Christen gegen Christen) rechtfertigt und entschuldigt, während man im Westen einen politischen und religiösen Befriedungsprozess einleitet. Man kann feststellen, dass Villehardouin nicht die vom Papst für die Eroberung Zaras gestellten Bedingungen in Rechnung stellt. Tatsächlich schärft Innozenz III. im Kontext des Abkommens über den ‚Gottesfrieden' den Tempelrittern ein, sie dürften Christen nur im Notfall und unter der Bedingung angreifen, dass diese den Vormarsch behinderten, z.B. durch Wegeblockade. Villehardouin gibt keine Auskunft über den aufgrund dieses Abkommens vor dem Aufbruch der Tempelritter provozierten kategorischen Einspruch des Papstes; er notiert diese Uneinigkeit erst im Moment des Einzugs der Kreuzfahrerarmee in Zara.

Historiker und Kritiker haben die Wahrheit über die ‚Absolution' seitens des Papstes aufdecken können. Man weiß jetzt, dass er gegen diese die Christen schwächende Aktion protestiert hat, bevor er seine Verzeihung erklären konnte. Bekannt ist auch, dass er die Venezianer exkommuniziert hat. Es gab also gute Gründe, die Villehardouin veranlasst haben, sich über die Ereignisse und die Argumente seiner Gegner auszuschweigen. Der Hauptgrund dürfte der Wunsch gewesen sein, diesen Krieg im Göttlichen zu verorten, um ihn in taktischer und strategischer Hinsicht zu rechtfertigen.

Das Feudalsystem hat also mit einer die westliche Welt umfassenden sozialen Krise begonnen, einer Krise, die Krieg und Plünderung legitimieren konnte. Doch eine um das Jahr 1000 eingetretene Wende, deren Ursprung eine breite Autonomiebewegung und technische, agrarische und städtische Entwicklungen waren, hatte die Konstruktion der Ideologie des ‚Gottesfriedens' zur Folge. Diese Ideologie sollte wieder Frieden zwischen den Christen stiften und dazu beitragen, die ökonomische und politische Lage der westlichen Welt zu verbessern. ‚Gottesfrieden' hieß:

> Gott hat die gesalbten Könige mit der Mission der Aufrechterhaltung von Frieden und Gerechtigkeit beauftragt; die Könige sind hierzu nicht mehr fähig; Gott nimmt deshalb die Ordnungsmacht wieder in eigene Hände und lässt sie durch seine Diener, die Bischöfe, mit Unterstützung der örtlichen Fürsten sichern.[8]

Diese Ideologie hat paradoxer Weise für solidere Strukturen des Krieges gesorgt. In der Tat wurde zur gleichen Zeit und aufgrund derselben Bewegung in Begleitung jeder militärischen Praxis eine spezifische kohärente Moral eingefordert. Darüber hinaus hat es die göttliche Befriedung des Westens ermöglicht, den Feind außerhalb der christlichen Welt zu verorten: Er findet sich nun im Orient. Auf dieser Grundlage wurden eine neue Militärstrategie und eine neue, auf die Vereinigung der zuvor zersplitterten Armeen gestützte Kriegskonzeption entwickelt.

Dieser Moralisierung[9] folgt ein Trennstrich in der neuen Kriegskonzeption: Als Werk des Teufels schwächt der ungerechte, gegen Christen gerichtete Krieg die Religion Gottes; als Werk Gottes stärkt der gerechte Krieg mit den Ungläubigen als Zielscheibe diese Religion und stellt die Gerechtigkeit in der Welt wieder her. Der Krieg ist allein dann göttlich, wenn er dem Willen Gottes unterworfen ist; er ist dann ‚Sache der Kirche'. Der Papst hat das Privileg, ihn zu erklären.

4. *Aktuelle ideologische Rechtfertigungen des Krieges*

Dieses Verfahren der Rechtfertigung, welches das Inakzeptable durch ideologische Standpunkte, täuschende Argumentationen, Lügen und Verschweigen akzeptabel macht, findet man gegenwärtig bei bestimmten Intellektuellen – Leuten der Feder, die den Worten Ibn Khaldouns zufolge immer die Schwertträger begleiten, Korporale der Feder in der Art des Chronisten Bernard-Henry Lévy. Dieser – so Maurice Machino – ‚neue Reaktionär', dieser, wie Daniel Bensaïd sagt, ‚neue Theologe' hat bezüglich aller Kriege immer die herrschenden Rechtfertigungsthesen geteilt, so auch hinsichtlich der Massaker und unmenschlichen Gräuel des israelischen Regimes gegen das palästinensische Territorium. Er verquickt, wie Bensaïd zutreffend präzisiert hat, in seinem Denken verschiedenste Momente mit dem Ziel, den Kapitalismus und Imperialismus zu rechtfertigen – ein Denken, das sich für links hält oder, mit Bensaïd, „ein Kran, aus dem das laue Wasser einer schlaffen linken Mitte fließt, die sich Fragen der Gerechtigkeit

8 G. Duby, *Guerres et paysans*, Paris 1971, S. 185.

9 Vgl. J. Le Goff, *La civilisation de l'Occident médiéval*, Paris 1964, S. 88. (Dt. *Kultur des europäischen Mittelalters*, München 1970).

und Gleichheit nicht mehr stellen will".[10] Villehardouin und Bernard-Henry Lévy verwenden das gleiche Rechtfertigungsverfahren, operieren mit Verkehrungen von Argumenten, radieren Ereignisse aus, verwandeln sich im Dienste des Krieges in Soldaten der Feder, kurz: rechtfertigen das nicht zu Rechtfertigende. Ersterer hat den Sinn der Ideologie seiner Epoche verkehrt, d.h. den Gottesfrieden, letzterer stützt sich, wie derzeit bei manchen üblich, auf das Humanitäre, das Rechtfertigungsalibi für militärische Interventionen und die Auslösung mörderischer Kriege. Der Gottesfriede und das Humanitäre sind zwei *per se* geadelte Maßnahmen, und niemand kann ihre soziale und universelle Nützlichkeit bestreiten. Wie sie eingesetzt werden, ist von beispielloser Gewalt. Die durch den ‚Gottesfrieden' gerechtfertigten Kreuzzüge und der als ‚humanitär' gerechtfertigte Krieg gegen den Irak sind Markierungen der Kriegsgeschichte von unerträglicher Grausamkeit.

Es gibt weit mehr Beispiele bezüglich der Verfahren der Rechtfertigung von Gewalt, Kriegsgräueln und ‚wissenschaftlichen' und ‚rationalen' Mitteln, die in den Dienst derartiger Rechtfertigungen gestellt werden. Das jüdische Volk hat die schlimmsten Folgen während des Zweiten Weltkrieges zu spüren bekommen. Das palästinensche Volk spürt gegenwärtig die mörderischen Wirkungen. Die Medien befassen sich damit – vor allem im Westen – auf bemerkenswerte Weise: Sie desinformieren, ersetzen Ereignisse durch andere, liefern falsche Bilder, manipulieren, setzen Gerüchte in Anführungsstriche – und dies alles, um ein Ereignis, einen Krieg, eine Aggression und selbst ein Verbrechen zu rechtfertigen.

Erinnern wir uns an die israelische Aggression gegen Gaza oder die letzte Intervention gegen den Libanon (August 2006). Wenn ein Krieg ausbricht zwischen einem mit modernster Luftwaffe ausgestatteten Alliierten der U.S.A. und einem wehrlosen, für seine Unabhängigkeit kämpfenden und Methoden der Guerilla anwendenen Volk setzen die mit der starken Armee verbündeten Medien sophistische Rechtfertigungsmittel ein: Sie müssen einerseits den Dickhäuter vermenschlichen und die Herde vergessen machen, die ihn umgibt. Sie müssen andererseits den Schwächsten verteufeln, und dies ist noch betrügerischer. Das Spiel ist gelaufen: Man muss die israelische Armee vermenschlichen, indem man ihr z.B. den abstrakten Namen *Tzahal* gibt, einen affektiv besetzten Namen (deutsch: *Israelische Verteidigungsstreitkräfte*), und schon kann man Informationen beliebig manipulieren. Wenn z.B. die Hisbollah mit *rockets* – so der wissenschaftliche Name für diese Waffe – schießt, schreibt Bernard-Henry Lévy sofort in der Zeitung *Le Monde*:

> Warum nicht sagen ‚Granate' oder ‚Rakete'? Warum nicht, indem man das korrekte Wort verwendet, die ganze Dimension barbarischer Gewalt dieses

[10] Vgl. D. Bensaïd, *Un nouveau théologien. Bernard-Henry Lévy. Fragments Mécréants 2*, Paris 2005.

von den Iranosauriern der Hisbollah – und nur von ihnen – gewollten Krieges ansprechen?[11]

Dieselbe Tageszeitung informiert uns: „Die israelischen Schläge auf den Libanon häufen sich, die Hisbollah bombardiert Tiberias".[12] Israel schlägt, die Hisbollah bombardiert. Kein Kommentar.

Man muss sagen, dass seit dem ersten Irakkrieg die Strategen, welche die unterschiedlichen möglichen Schlachtschemata und die vielfältigen praktischen Szenarien für die Bewegungen der Armee ausarbeiten, zugleich die verschiedenen Rechtfertigungsverfahren für jede Aktion fabrizieren und so weit gehen, diese auch den Medien und den intellektuellen Soldaten der Feder anzudienen. Die Bezeichnung dieses Krieges als ‚chirurgischer Krieg' gehört dazu. Während des Gaza-Krieges hat Israel einen Spezialisten für Internationales Recht zum Armeesprecher gemacht. Dies alles geschieht, um für die bei Massakern immer sensibler reagierende öffentliche Meinung auch die mörderischsten Aktionen so akzeptabel zu machen, dass ein von Israelis Getöteter leicht zu rechtfertigen und zu akzeptieren ist. Alain Badiou[13] hat dargelegt, dass für die Amerikaner tausend getötete Iraker nicht ins Gewicht fallen. Ein getöteter amerikanischer Soldat hingegen kann die strategischen Gegebenheiten erschüttern.

Um zu bilanzieren: Jeder Krieg bedarf der Rechtfertigung. Die Soldaten der Feder leisten dies mit allen noch so sophistischen Mitteln. Ohne Rechtfertigung, der ein Verstoß gegen die Gerechtigkeit und die Wahrheit voraus geht, kann er nicht stattfinden, denn die Wahrheit des Krieges ist seine Negation.

Um den Frieden zu retten, muss man diese Rechtfertigungsverfahren der Kritik unterziehen, der Vernunft ihre Würde und Wirksamkeit zurückgeben und sie nicht der List der Rechtfertigung überantworten.

Besteht man auf ihrer ersten Bedeutung als Verstoß und Abweichung, erlaubt die Dekonstruktion der Rechtfertigung eine bessere, rational legitimierte Kenntnis des Anderen, die das ursprünglich gewaltsame Zusammentreffen weitgehend in reflektierte Gastfreundschaft überführen kann. Das zwischenmenschliche Verstehen, das seinen Ausdruck in verschiedenen von der zeitgenössischen Philosophie entwickelten Begrifflichkeiten haben kann – wie etwa kommunikatives Handeln, Vernünftigkeit, Interkulturalität –, trägt dazu bei, die Rechtfertigung zu dekonstruieren und die Gewalt in den zwischenmenschlichen Beziehungen zu begrenzen.

Um praktische Ethiken besser zu begründen, ist es deshalb sinnvoller, anstelle von Rechtfertigungssystemen, die den von uns aufgezeigten Verstößen Raum geben, Mittel der Harmonisierung rationaler Argumentation und der ethischen und

11 Le Monde, 27. 7. 2006.

12 Le Monde, 15. 7. 2006.

13 Vgl. A. Badiou, *Circonstances 2 : Irak, foulard, Allemagne/France*, Paris 2004.

moralischen Anforderungen zu entwickeln, damit jedes Handeln und jede Theorie zum Feld des Akzeptablen gehört. Vernünftigkeit ist als grundlegendes Band zwischen der logischen Notwendigkeit der Argumentation und der moralischen Anforderung an das Handeln das beste Mittel, unser Tun und unser Denken gemäß der Norm der Menschenwürde zu legitimieren.

Aus dem Französischen übersetzt von Hans Jörg Sandkühler

Cyrille B. Koné

Versöhnung, Recht und Gerechtigkeit

1. Zur Entwicklung des Begriffs ‚Versöhnung'

Um in Gesellschaft zu leben und dem Elend des Naturzustands zu entkommen, organisieren die Menschen ihr Leben, indem sie Institutionen mit der Funktion etablieren, das individuelle Verhalten und die zwischenmenschlichen Beziehungen zu regeln. Die Regeln und Normen, deren Respektierung den sozialen Zusammenhalt bewirken, entsprechen der Natur (*physis*), ohne allerdings das Resultat spontaner Erzeugung zu sein. Im Allgemeinen kommen sie auf zweifache Weise zustande. (i) Gemäß der protagoräischen Vision sind sie das Ergebnis eines Konsenses, gemeinsamer Delibaration und der Zustimmung der Menschen. Sie stabilisieren die Gesellschaft, indem sie das Allgemeininteresse sichern. Der dieser Lage entsprechende soziale Zustand ist jener einer demokratischen Herrschaft, in der das gesellschaftliche Leben auf gerechtes Recht gegründet ist. (ii) Gemäß der Schule des Kalikles sind die Regeln und Normen Ausdruck des Willens des Strärksten, der mächtigsten Gruppe. Auch wenn die Gesetze eine Form des sozialen Lebens ermöglichen, ist doch festzuhalten, dass sie vorrangig partikuläre Interessen sichern. Die Beziehungen zwischen den Individuen sind permanente Gewaltbeziehungen, um den Anderen zu beherrschen und ihm ungerechte Regeln aufzuerlegen. Die Gewalt liegt auf der Lauer. Eskalation ist möglich, weil die Regeln ignoriert werden können, wenn die Mächtigen es wollen. Die Gesetze haben eine nur scheinbare Verbindlichkeit. Wie eine Glasur dienen sie hier als Verschönerung, als bloßes Ornament.

Wenn Heraklit zufolge der Kampf (*agon*) der ‚Vater aller Dinge' und ein konstitutives Element der *Polis* ist, kann unter bestimmten sozialen, kulturellen und politischen Bedingungen der Konflikt die vernünftigerweise akzeptablen Grenzen überschreiten. Der Konflikt zwischen den Individuen, Interessen und Gruppen ist nie weit davon entfernt, zu degenerieren, und Stabilität ist nicht gegeben, weil – so Jean-Jacques Rousseau in Kap. VI von *Du contrat social* – auch ‚der Stärkste nie stark genug ist, Herr zu sein, wenn er seine Kraft nicht in Recht verwandelt'. Die Verschärfung der Widersprüche und des Konflikts sowie die Zunahme der Ungerechtigkeit erzeugen auf fatale Weise die Gewalt, die jegliche Möglichkeit des Dialogs in Frage stellen kann. Die meisten Länder kennen in ihrer älteren oder jüngeren Geschichte das plötzliche Auftreten mehr oder weniger schwerwiegender interner oder externer Konflikte – Anlässe zu Leiden, Massakern, systematischen Verletzungen der Menschenrechte.

Um die Tragödie zu beherrschen und der Verwicklung in Gewalt zu entgehen, kann man versuchen, sich zu organisieren, indem man eine die Interessen und Bedürfnisse des sozialen Ganzen besser respektierende Struktur einführt. Sobald die Gesellschaft sich mit dem Problem der Ungerechtigkeit, des Mangels an Recht und mit dem Unmut der Bürger konfrontiert sieht, muss man zu handeln wissen, um die Konstruktion der die Entfaltung aller gewährleistenden Zivilgesellschaft nicht zu beschädigen. Kurz – muss man gemäß der berühmten Formulierung Plutarchs ‚den Hass um seine Ewigkeit bringen'. Genau hier stellt sich die Frage der Versöhnung auf der Ebene von Gemeinschaften und Nationen.

Dem *Dictionnaire Latin Français* von F. Gaffiot[1] zufolge bedeutet *reconciliatio* (i) Wiederherstellung (*retablissment*) und (ii) Versöhnung (*réconciliation* bzw. *raccomodement*). Eine Person, die zerbrochene Bande wieder herstellt, versöhnt in dem Sinne, dass sie die Parteien wieder zusammenführt; sie agiert als *reconciliator. Reconciliare* bezieht sich auf eine Handlung, die einen Ursprungszustand wieder herstellt. Insofern könnte man nicht ernsthaft davon sprechen, gute freundschaftliche Beziehungen zwischen Ländern oder Individuen seien wiederhergestellt, wenn sie nicht zuvor problematisch gewesen wären.

Der Ausdruck ‚Versöhnung' wird in vielerlei Bedeutungen verwendet – wie z.B. Frieden schließen, das Gemeinwesen sichern, in Eintracht zusammenleben, gute Beziehungen mit einem Bruder, einem Freund oder einer Gruppe wieder aufnehmen, in Harmonie mit sich selbst sein. Dies ist nur in gegenseitigem Einvernehmen und mit einem Gefühl der Freundschaft möglich. Philippe-Joseph Salazar beschreibt in einer seiner jüngeren Schriften die Szene der Versöhnung als einen transformierenden Eingriff, als eine qualitative Änderung einer Situation, die von Hass zu Freundschaft führt.[2] Versöhnung setzt die Wiederherstellung des Friedens voraus. Dies kann darin bestehen, jemanden in seine Wohnung oder gar in die Gesellschaft zurückzuführen.[3] *Reconciliare* kann auch bedeuten, das Verhältnis zwischen Vater und Sohn oder zwischen Feinden zu verbessern oder diese wieder zu einem herzlichen Umgang miteinander zu bewegen. *Reconciliare* kann weiterhin bedeuten, eine soziale Gruppe dem Willen der kommunalen oder staatlichen Autorität anzunähern und eine zuvor umstrittene

1 F. Gaffiot, *Dictionnaire Latin Français*, Paris 1934; vgl. auch F. Martin, *Les mots latins*, Paris 1976.

2 Vgl. bei P.-J. Salazar den *L'amitié après la haine* betitelten Abschnitt in ‚L'antidote au mal politique'. In: *Littérature* N° 149 – Mars 2008, S. 30.

3 Plutarch, Kap. 128; vgl. die südafrikanische Philosophie des *ubuntu*, die der Gemeinschaft vorrangige Bedeutung einräumt. *Ubuntu* wird mit *fellowship*, *Brüderlichkeit*, *Gemeinschaft* und *gemeinschaftliche Staatsbürgerschaft* übersetzt. Vgl. hierzu auch D. Tutu, *Keine Zukunft ohne Versöhnung,* Düsseldorf 2001; vgl. auch J. Derrida, Versöhnung, ubuntu, pardon, quel genre? In: B. Cassin/ O. Cayla/ P.-J. Salazar (Hg.), *Vérité, réconciliation, Réparation*, Paris 2004, S. 111-156.

Autorität anzuerkennen oder Aufständische wieder auf seine Seite zu bringen. Versöhnung ist eine Politik der Worte, der Verhandlungen und/oder beiderseitiger Eingeständnisse, die zu Eintracht führen und zur Befriedung beitragen kann, indem zwei verfeindete Parteien versöhnt werden, wie es gegenwärtig in manchen Ländern geschieht, die von Aufruhr erschüttert werden oder für ihre Selbstbestimmung kämpfen.

„Das Wort der Versöhnung ist" – so Hegel – „der daseiende Geist, der das reine Wissen seiner selbst als allgemeinen Wesens in seinem Gegenteile, in dem reinen Wissen seiner als der absolut in sich seienden Einzelnheit anschaut, – ein gegenseitiges Anerkennen, welches der absolute Geist ist."[4] Hegel zufolge setzt der Geist den Prozess der Versöhnung in Gang. Er ist – so J. Derrida – Ansprache des Anderen[5] und erlaubt die Überwindung von Spaltung und Widerstreit, die vor der Versöhnung herrschen. Der Geist zeigt sich also im Wort der Versöhnung. Durch ein Wort der Versöhnung, das man an den Anderen richtet, erschließt sich der Sinn des Geistes. In der Tat vereint die Versöhnung die Gegensätze, eint die gespaltenen Parteien und wendet der Gewalt den Rücken zu, um Gemeinschaft zu begründen.

Hieraus ergibt sich die Bedeutung der Reflexion über das Recht, über die Wahrheit und über die Gerechtigkeit im Kontext der Versöhnung, die oft Mängel behebt, auch wenn die Gleichheit der Bürger vor dem Gesetz noch eine Zukunftsforderung ist. Sollte man deshalb die Versöhnung als eine Strategie zur Unterhöhlung der Demokratie und als Verteidigung der herrschenden politischen Ordnung verstehen? Wie könnte man über Rechtsverletzungen hinwegsehen, ohne dem Missbrauch, dem öffentlichen Skandal und der Immoralität Vorschub zu leisten? Gemäß welchen Modalitäten kann die Versöhnung die Quelle sozialer Dynamik und Strukturierung sein? Ich versuche im Folgenden diese Fragen zu beantworten.

2. *Anerkennung als Vektor der Versöhnung*

Auch wenn die Achtung des Rechts der Individuen und die Wahrheit die Versöhnung der Protagonisten eines Konflikts befördern können, kann man doch nicht ernsthaft behaupten, dass die Versöhnung der Demokratie das Wochenbett bereitet, indem sie immer von einer auf Rechtsgleichheit und Gerechtigkeit gegründeten Gesellschaft entbindet.

4 G.W.F. Hegel, *Phänomenologie des Geistes*, hg. v. H.F. Wessels et al., Hamburg 1988, S. 441; vgl. R. Legros, Hegel et les pensées de la réconciliation terrestre. In: *Les Études Philosophiques*, n° 3/1984.

5 Vgl. J. Derrida, *Versöhnung, ubuntu, pardon, quel genre?* In: B. Cassin/ O. Cayla/ P.-J. Salazar, *Vérité, réconciliation, Réparation*, Paris 2004, S. 111.

In der jüngeren Geschichte haben viele Prozesse nicht zu Regierungen geführt, die das Gesetz achten. Ich werde mich insbesondere auf das Beispiel Burkina Faso beziehen, und zwar nicht nur, weil es das aufschlussreichste und mir am Nächsten stehende ist und eine vertiefte Analyse anderer Fälle (Südafrika, Algerien, Argentinien, Chile, Süd- vs. Nordkorea, Kongo, Elfenbeinküste, Israel vs. Palästina, Marokko etc.) mehr an Zeit und Raum verlangten, als hier zur Verfügung stehen.

Um den Versöhnungsprozess in Burkina Faso zu verstehen, ist es notwendig, an den 15. Oktober 1987 zu erinnern, d.h. das Datum der Ermordung von Capitaine Thomas Sankara, des Präsidenten von Faso.

Als der militärische Staatsstreich der Volksfront (*Front Populaire,* F.P.) verübt, der Capitaine Blaise Compaoré an die Präsidentschaft gebracht und die Macht der Volksfront gefestigt war, haben die Speichellecker des neuen Regimes die eingetretene Veränderung als ‚Berichtigung' der Politik des Nationalrats der Revolution (*Conseil National de la Révolution*) ausgegeben. Das Wort ‚Berichtigung' wurde von der neuen Regierung gewählt, um ihr Handeln zu rechtfertigen und als Hauptaufgabe die Korrektur der Exzesse der Demokratischen Volksrevolution (*Révolution Démocratique et Populaire*, R.D.P.) zu benennen, die im Verlauf von vier Jahren die Bewohner Burkinas tyrannisiert und gegeneinander aufgebracht hatte. Der *Front Populaire* wollte – so die Programmatik – Missstände beheben und das Volk um Recht und Gerechtigkeit scharen. In diesem Sinne verkündete seit dem 31. Dezember 1987 die neue Führungsgruppe die Perspektive einer ‚Rückkehr zum normalen verfassungsmäßigen Leben'. Deshalb wurde entschieden, eine ‚Verfassungskommission' einzusetzen – als Grundlage der Rückkehr zum zivilen Leben, das im November 1980 durch den Putsch des *Comité Militaire de Redressement pour le Progrès National* (CMRPN) brutal beendet worden war.

Als die Verfassungskommission zusammengesetzt und etabliert war, wurden Stimmen laut, die nach der Opportunität eines vor der Organisation einer Souveränen Nationalkonferenz zu verabschiedenden ‚Grundgesetzes' für das Land fragten. Einige wünschten – ein für allemal – eine Klärung der politischen Debatte und forderten insbesondere, man solle mit dem Ziel der Verwirklichung der Versöhnung aus der langen Periode des Unrechts Lehren ziehen. Die nachdrücklich eingeforderte Souveräne Nationalkonferenz fand aus Gründen politischer Opportunität nicht statt.

In diesem Kontext lieferte die Verfassungskommission ihre Arbeitsergebnisse. Am 2. Juni 1991 wurde die neue Verfassung der Vierten Republik mit großer Stimmenmehrheit angenommen. Seitdem taucht regelmäßig die Rhetorik der nationalen Versöhnung auf – wie auch die Themen ‚sozio-politische Neubegründung' und ‚Demokratie'. Die Verfassung erkennt mit den wesentlichen Grundrechten die Prinzipien des modernen Staates, d.h. Meinungs- und Ausdrucksfreiheit, Eigentum und Rechtsgleichheit als das einzige legale Regime von Burkina

Faso an; sie stützt sich auf die Allgemeine Erklärung der Menschenrechte von 1948 und die Afrikanische Charta der Rechte der Menschen und Völker von 1981. Ihre Originalität ergibt sich aus Art. 167, der ein Recht auf ‚zivilen Ungehorsam' garantiert und dem souveränen Volk so das Recht zuerkennt, jegliche aus einem Gewaltstreich hervorgegangene Macht zurückzuweisen.[6] Während sich die Verfassung u.a. auch auf die Nationalversammlung und die Präsidentschaft von Faso als Institutionen der Lösung sozialer Konflikte bezieht, hat die Versöhnung – anders als im Fall Südafrikas, wo der Wille zum Zusammenleben im versöhnten Land proklamiert ist[7] – keinen Verfassungsrang.

In Burkina Faso ist das Grundgesetz vage; es schweigt sich über die Verfahrensweisen zur Herstellung der nationalen Einheit aus. Dies erklärt vielleicht die Polemiken um die Organisierung eines Auswegs aus der Krise wie auch das Zögern des Regimes anlässlich der schweren sozialpolitischen Unruhen, die das Land drei Jahre lang nach der Ermordung des Journalisten Norbert Zongo und dreier seiner Mitarbeiter am 13. Dezember 1998 in Sapouy erschüttert haben. Dem Bericht der Internationalen Enquetekommission (CEI) zufolge wurde der Journalist, der zum Tod des Chauffeurs des Bruders des Präsidenten recherchierte, von ‚Elementen der Präsidentengarde' getötet; die Mitarbeiter seien ermordet worden, um keine Zeugen überleben zu lassen, und die vier Leichen verbrannt,

6 Art. 167 der Verfassung Burkina Fasos lautet: „Die Quelle aller Legitimität entspringt aus der vorliegenden Verfassung. Alle nicht aus der Verfassung hervorgehende Macht, insbesondere die aus einem Staatsstreich oder einem Putsch, ist illegal. In diesem Fall ist allen Bürgern das Recht auf zivilen Ungehorsam zuerkannt."

7 Vgl. die Präambel der provisorischen Verfassung vom 17. November 1993 „Nationale Einheit und Versöhnung" in: Cassin/ Cayla/ Salazar, op. cit., S. 72: „Die vorliegende Verfassung sorgt für eine Brücke zwischen der Vergangenheit einer tief gespaltenen, durch Kampf, Konflikt, unsagbares Leiden und Ungerechtigkeit gekennzeichnete Gesellschaft und einer Zukunft, gegründet auf Achtung der Menschenrechte, Demokratie und friedliches Zusammenleben sowie auf Entwicklungschancen für alle Südafrikaner, ohne Berücksichtigung von Rasse, Klasse, Glauben und Geschlecht. Die Suche nach nationaler Einheit, Wohlergehen aller Südafrikaner und Frieden verlangt nach einer Versöhnung des Volkes von Südafrika und nach Rekonstruktion der Gesellschaft. Die Annahme dieser Verfassung bietet den festen Grund, auf dem das Volk von Südafrika seine Spaltung und die Kämpfe der Vergangenheit überwinden wird, die schwerwiegende Verletzungen der Menschenrechte, die Überschreitung der Prinzipien der Menschlichkeit während der gewaltsamen Konflikte, eine Erbschaft des Hasses, der Angst, der Schuldhaftigkeit und der Rache mit sich gebracht haben. Wir können uns dem jetzt stellen – auf der Grundlage eines Bedürfnisses nach Verständigung und nicht nach Rache, nach Wiedergutmachung und nicht nach Repressalien, nach *Ubuntu* und nicht nach Verletzung. Um diese Versöhnung und diese Rekonstruktion zu fördern, wird eine Amnestie für alle mit politischen Zielsetzungen verbundenen und im Verlauf der Konflikte der Vergangenheit begangenen Handlungen, Unterlassungen und Rechtsbrüche eingeräumt."

um das Verbrechen als einfachen, von Banditen verursachten Autounfall erscheinen zu lassen.

Angesichts der Vervielfältigung der Unruhen im Land entschied die Macht am 21. Mai 1999 durch präsidiales Dekret die Einrichtung eines Kollegs der Weisen (*Collège des Sages*), und zwar mit der Aufgabe, „über die gegenwärtige Periode hinaus alle Fälle von Verletzungen der Rechte der menschlichen Person unter allen seit der Gewinnung der internationalen Souveränität des Landes registrierten Formen zu untersuchen“. Der zwei Monate später erfolgende Bericht enthüllte die Verantwortung der Machthaber für die tragische Lage des Landes und benannte Wege und Mittel des Ausgangs aus der Krise, die sich auf drei Momente konzentrierten: „Wahrheit, Gerechtigkeit und Versöhnung“. Vom Bericht der Weisen übernahmen die Machthaber aber nur die Vorschläge, welche die Opposition in die Ausübung der Macht einbeziehen sollte. Man beeilte sich, die Begrenzung des Präsidentenmandats auf fünf Jahre – bei einmaliger Wiederwahl – zu bestätigen, der Opposition und der Zivilgesellschaft einige Ministerposten zuzuweisen und ein Denkmal zum Ruhme der Märtyrer zu errichten. Die Reform des Wahlrechts begünstigte im Mai 2002 die Wahl von 54 aus Oppositionsparteien stammenden Abgeordneten in die 110 Sitze umfassende Nationalversammlung. Doch die von den Machthabern berücksichtigten Vorschläge des Kollegs der Weisen hatten keine nennenswerten Folgen, denn sie hatten keine Gesetzeskraft und konnten den Mangel an politischem Willen zur Verwirklichung einer neuen demokratischen Gesellschaft nicht ausgleichen.

Die weiteren Vorschläge blieben mit einer Ausnahme bloßes Papier – des emblematischen Vorschlags, einen Nationalen Tag der Vergebung (*Journée Nationale du Pardon*, J.N.P.) zu organisieren, um die zerstörten sozio-politischen Bindungen und die von den Machthabern für gültig erklärte Staatsbürgerschaft wiederherzustellen. Der Nationale Tag der Vergebung wurde am 30. März 2001 im größten Stadion der Hauptstadt Ouagadougou durchgeführt. Damit wurde die politische Lage ein wenig beruhigt.

Auf sozialer Ebene steht die Versöhnung aber noch immer aus. Die im Kollektiv der Massenorganisationen organisierten Assoziationen der Zivilgesellschaft (Gewerkschaften, Menschenrechtsgruppen etc.) und einige politische Parteien weisen die Parodie der Versöhnung zurück, die das Recht und die Gerechtigkeit auf dem Altar individueller Interessen opfert und die Verfassung verletzt. Für diese Assoziationen ist der Weg, der zur Versöhnung führen soll, noch immer mit „Wahrheit, Gerechtigkeit und Versöhnung“ gebahnt. Doch für die Machthaber gibt es keine derartige Vorbedingung, muss in ihren Augen doch die gefährdete nationale Einheit gerettet werden. Deshalb geht es für sie darum, ohne zeitraubendes Warten auf die Verwirklichung von Vorbedingungen die *Burkinaber* zu versöhnen. Und dies bedeutet, Vergebung gegenüber dem Staat zu akzeptieren, d.h. die Fehler und Verletzungen des Grundgesetzes zu vergeben, um den als Fundament des sozialen Lebens verstandenen Frieden zu wahren.

Das Stabilitätsversprechen hat freilich bestimmte Opfer und die Assoziationen der Zivilgesellschaft nicht davon überzeugen können, unmittelbar zur Versöhnung überzugehen. Während der Wunsch nach Vergebung seitens des Staates von einem Teil der Opfer politischer Gewalt angenommen wurde, verweigern sich die Familien von Opfern, die zu Sinnbildern geworden sind (Norbert Zongo, Thomas Sankara), dem Verzeihen. Sie bleiben bei ihrer Forderung nach Wahrheit und Gerechtigkeit als Grundlagen der Versöhnung, denn nur Aufklärung und Anerkennung der Verantwortlichkeit können das Aufeinanderzugehen der Bürger fördern. Das Fehlen eines Konsenses hinsichtlich der Versöhnung erlaubt freilich keine abwartende Haltung gegenüber dem wesentlichen Ziel – der Erneuerung des Gesellschaftsvertrags, der Wiederbegründung des Staates durch Normen und Prinzipien der Gesellschaft, der die Missachtung des Rechts und die Straflosigkeit, diese Totengräber der Demokratie, verpönt sind.

Der Fehlschlag des Prozesses der Versöhnung ist der Tatsache zuzuschreiben, dass sich die Akteure nicht vertraut haben. Die Regierung wird der Parteilichkeit und der Komplizenschaft mit den Kriminellen verdächtigt. Man wirft ihr vor, weder an Wahrheit noch Gerechtigkeit interessiert zu sein und die mutmaßlich Schuldigen entschuldigen zu wollen. Die Machthaber halten ihrerseits die Mitglieder des Kollektivs der Massenorganisationen für machtgierig und bereit, Desinformationen zu verbreiten. In den Zirkeln der Macht hält man die ‚Wahrheit und Gerechtigkeit' skandierenden Demonstranten für verbitterte Hetzer und Manipulatoren, während in den Milieus der Zivilgesellschaft die Machthaber als Verantwortliche für schwere Verbrechen gebrandmarkt werden. Für die Opfer und Menschenrechtsgruppen geht es in erster Linie darum, der Wahrheit und Gerechtigkeit zum Durchbruch zu verhelfen, denn nur diese können die Gemeinschaft festigen. Und der Staat soll den Bürger zu seiner Verwirklichung führen, d.h., gemäß der Formulierung des Aristoteles, zum „besten aller Lebewesen".[8] Dies bedeutet Konformität mit dem Guten und mit dem Recht sowie die Demokratie begründenden Prinzipien zu achten bzw. für deren Achtung zu sorgen.

In der Tat verlangen die Personen, die sich zu einer Koalition zusammengeschlossen haben, dass man die Menschlichkeit der Opfer achtet und anerkennt, also ihr Menschsein. Was die Zivilgesellschaft und die Opfer erwarten, ist – um es mit Worten I. Berlins zu sagen –, „nicht ignoriert und mit Herablassung, mit Misstrauen oder Indifferenz behandelt, kurz, anerkannt zu werden [...], nicht wie Nummern ohne identifizierbare Eigenschaften und eigene Zwecke behandelt zu werden".[9] Die Machthaber aber haben im Ausgang aus der Krise ihren Teil an Verantwortlichkeit gegenüber den Opfern des Mordes in Sapouy nicht eingestanden. Sie haben sich ihrer Verantwortung entzogen, indem sie sich in eine Bitte

8 Aristoteles, *Politik,* I, 2, 1253 a 31-37.

9 I. Berlin, *Éloge de la liberté* (Four Essays on Liberty, London 1969), übers. v. J. Carnaud/ J. Lahana, Paris 1990, S. 203 (hier aus dem Franz. übers., H.J. Sa.).

um Vergebung geflüchtet haben, die alle Verfehlungen und Verbrechen des Staates seit der Unabhängigkeit – also von der I. bis zur IV. Republik – einschließen sollte. Für die Organisationen der Zivilgesellschaft war der Versuch, Vergebung auf alle seit 1960 ausgeübten Gewalttaten auszudehnen, enthüllend: Der Staat suchte der Konfrontation mit den Opfern des vierfachen Mordes von Sapouy auszuweichen. Die Opfer und diejenigen, die ihre Rechte vertreten, fühlen sich als solche nicht anerkannt. Sie erklären, dass die Machthaber ihnen misstrauen anstatt Mittel und Wege zu finden, dem Anderen in seiner Trauer Achtung zu bezeugen.[10] Die Leugnung der Identität und des Status als Opfer wird als Form von Unterdrückung erlebt: „Der Mangel an Anerkennung verrät nicht nur das Vergessen von Achtung und geschuldeter Gerechtigkeit. Er fügt eine schreckliche Wunde zu, indem er die Opfer mit paralysierendem Selbsthass belastet. Anerkennung ist nicht einfach eine Höflichkeit gegenüber den Menschen: Sie ist ein vitales Bedürfnis."[11] Jemanden anzuerkennen setzt voraus, ihn zu akzeptieren, menschlich zu behandeln und seine Rechte anzuerkennen.

Die Machtstrategie, die darin besteht, für Versöhnung *ohne* deren Verbindung mit Wahrheit und Gerechtigkeit zu plädieren, bringt zum Ausdruck, dass die Versöhnung Teil der politischen Ordnung ist, pragmatisch das Zusammenleben betrifft und mit Moral nichts zu tun hat. Dies bedeutet: Die Unterscheidung zwischen Gut und Böse interessiert nicht. Wie soll man diese Position bewerten, die sich in einer Aufforderung zur Überwindung des aufgestauten Grolls erschöpft, ohne sich zuvor um Bedingungen der Verwirklichung von Versöhnung zu bemühen? Eine derartige Sichtweise ist zu kritisieren, weil in ihr Recht, Wahrheit und Gerechtigkeit als für das Funktionieren der Gesellschaft nicht notwendig erscheinen; mehr noch: diese Werte werden für die Beschädigung der sozialen Bindungen verantwortlich gemacht, weil sie auf die Aufdeckung der Tatsachenwahrheit drängen. Es ist merkwürdig, dass der Staat, der – im Prinzip – im Interesse der Aufrechterhaltung der Ordnung über die Achtung der Gesetze zu wachen hat, die Wahl eines Weges zum Frieden trifft, ohne sich um die Gerechtigkeit zu kümmern, die den Frieden befördert.

Es kommt – im Gegensatz zu Begriff und Methode der Versöhnung – hinzu, dass die von den Machthabern beschlossene Behebung des Unrechts nur partiell, weil ausschließlich materieller Natur ist. Nicht garantiert wird die moralische Wiedergutmachung, die noch wichtiger ist, weil sie aus dem Opfer, dessen Leiden und Erwartungen sie berücksichtigt, einen Akteur der Versöhnung macht. Für die Gruppen der Zivilgesellschaft und die Angehörigen der Opfer, die auf

10 Anerkennung ist fundamental. Darüber hinaus, dass die individuelle bzw. kollektive Identität von ihr abhängt, kann sie den Opfern helfen, zu gesunden und/oder ihre Traumatisierung zu verstehen.

11 Vgl. C. Taylor, *Multiculturalisme, Différence et démocratie*, übers. v. D.-A. Canal, Paris 1992, S. 68 (hier aus dem Franz. übers., H.J. Sa.).

den modernen Staat als Motor des Friedens, der Gleichheit, der Gerechtigkeit etc. setzen, ist aber mit Blick auf die Versöhnung gerade die moralische Wiedergutmachung wesentlich.

Demgegenüber ist festzustellen, dass sich die Auffassung der Machthaber wieder dem traditionellen System der Krisenbewältigung annähert.[12] Sie ist vom politischen Modell *moaaga* inspiriert, das auf soziale Kohäsion gerichtet ist, auf die Einheit der Gruppe, und zwar so, dass man auf Wahrheit und Gerechtigkeit verzichten kann, wenn sie den Frieden gefährden.[13] Dies erklärt wohl auch die große Bedeutung der traditionellen, den alten Sitten entsprechenden und religiösen Rolle der ‚Chefs' anlässlich der *Journée Nationale du Pardon* am 30. März 2001 und deren entscheidenden Beitrag zur Entspannung der Lage.

Versöhnung bei gleichzeitigem Misstrauen gegenüber Recht, Wahrheit und Gerechtigkeit kann das Eis zwischen Opfern und Tätern nicht zum Schmelzen bringen. Wie sollten sich die Protagonisten näher kommen, wenn eine der beiden Parteien nicht identifizierbar ist? Muss man nicht zunächst die Opfer kennen, um sie als Gleiche anerkennen zu können? Durch sein Verbrechen stellt sich der Verbrecher außerhalb seiner Herkunftsgemeinschaft. Er zerbricht die Bindung, welche die anderen Mitglieder eint, und verliert zugleich deren Wertschätzung. Man begnügt sich nicht damit, seine Tat zu missbilligen; er wird ins Abseits der Gesellschaft gestellt. Er kann nur auf Anerkennung rechnen und seine Ehre wieder herstellen, wenn er öffentlich Abbitte leistet.

Der Bau der geeinten Polis kann nicht wirklich auf Absolution für Verbrechen und Verletzungen gründen. Die Moral und der Geist des Rechts erfordern, die Verantwortlichen zur Rechenschaft zu ziehen und sie zu bestrafen, will man neuer Unordnung oder Rückfällen zuvorkommen und das Bestehen der Gemeinschaft im Sinne des gemeinsamen Ideals der Gerechtigkeit und des Friedens zu sichern. „*Versöhnlichkeit* (*placabilitas*) [ist] Menschenpflicht; womit doch die *schlaffe Duldsamkeit* der Beleidigungen (*ignava iniuriarum patientia*) nicht verwechselt werden muss, als Verzichtsleistung auf harte (*rigorosa*) Mittel, um der fortgesetzten Beleidigung anderer vorzubeugen; denn das wäre Wegwerfung

[12] Hier stellt sich die Frage nach der Natur des Staates in Afrika; sie macht es erforderlich, dass man sich über den Typus der zu errichtenden Gesellschaft verständigt, um eine Orientierung für den Gang der öffentlichen Angelegenheiten zu gewinnen. Man kann sich nicht darauf beschränken, beliebig zwischen den lokalen politischen Kulturen und den Werten des modernen Lebens zu navigieren, denn sie sind unterschiedlicher Natur und nicht immer miteinander verträglich. Es ist vielmehr notwendig, eine synthetische, kohärente politische Konzeption zu entwickeln. Theoretische Arbeit ist wichtig, um die politischen afrikanischen Traditionen zu inventarisieren, zu analysieren und diejenigen zu markieren, die auf der Höhe der Geschichte sein können.

[13] Man findet eine derartige Konzeption auch in dem erhabenen Trugbild Platons. Es korrespondiert einer Vision des Zusammenlebens.

seiner Rechte unter die Füße anderer und Verletzung der Pflicht des Menschen gegen sich selbst."[14]

Für Kant kann die Vergebung nicht als Mittel aufgefasst werden, das Recht und die Notwendigkeit der Achtung des Gesetzes zu unterlaufen, dessen Existenz die Freiheit, die Gerechtigkeit und die Gesellschaft sichert; zu vergeben wäre – so gesehen – unverantwortlich und würde ohne jeden Grund die der menschlichen Person innewohnenden Rechte opfern. Der Mensch muss als vernünftiges und moralisches Wesen geachtet werden: „Ein jeder Mensch hat rechtmäßigen Anspruch auf Achtung von seinen Nebenmenschen, und *wechselseitig* ist er dazu auch gegen jeden anderen verbunden."[15]

Dies bedeutet, dass der Mensch Rücksichtnahme verdient; er darf nicht Gegenstand unmenschlicher Behandlung sein. Man muss ihm einen irreduziblen Wert zuerkennen, „der keinen Preis hat, kein Äquivalent"[16], kein Tauschobjekt ist. Deshalb muss jeder Mensch als Repräsentant der Menschheit geachtet werden. Kants Idee eines Freiheit und Gerechtigkeit garantierenden Gesetzes ist von großer Bedeutung, denn auf Rechtsgleichheit und gleicher Würde gründet die Anerkennung[17] als Vektor der Versöhnung.

Das Recht, das moralische Gesetz und die Ethik gebieten dem Menschen Rücksicht auf den Anderen, im Verhältnis zum Anderen Grenzen vorzuschreiben und ihn so als solchen anzuerkennen. „Bei der Anerkennung gibt es eine Koinzidenz mit sich selbst und eine Genugtuung, die sich nicht aus der Eliminierung des Anderen ergibt, sondern aufgrund der Solidarität mit ihm. Anerkennung lässt den Anderen er selbst sein und frei. Dies ermöglicht es dem Anderen, die Anerkennung zu akzeptieren oder aber auszuschlagen."[18] Eine auf Gleichheit und Achtung der Alterität gegründete Anerkennung befördert die interindividuelle Begegnung, weil sie die Rechte jeder Person berücksichtigt.

14 I. Kant, *Metaphysik der Sitten* (, Tl. 2, Tugendlehre), § 36.

15 Ebd., § 38.

16 Ebd., § 37.

17 Vgl. hierzu A. Honneth, *Kampf um Anerkennung. Zur moralischen Grammatik sozialer Konflikte*, Frankfurt/M. 1994; G. Jarczyk/ P.-J. Labarrière, *La lutte pour la reconnaissance. Grammaire morale des conflits sociaux*, Paris 2000; P. Ricœur, *Wege der Anerkennung. Erkennen, Wiedererkennen, Anerkanntsein*, Frankfurt/M. 2006.

18 Th. de Koninck/ G. Larochelle (Hg.), *La dignité humaine Philosophie, droit, politique, économie, médecine*, Paris 2005, S. 34.

3. Ein Fazit

Man soll die menschliche Würde[19] nicht verletzen. Indem man sie schützt, bestätigt man die Besonderheit des Menschen, der fähig ist, seinesgleichen anzuerkennen. „Ich [kann] selbst dem Lasterhaften als Menschen nicht alle Achtung versagen, die ihm wenigstens in der Qualität eines Menschen nicht entzogen werden kann; ob er zwar durch seine Tat sich derselben unwürdig macht. So kann es schimpfliche, die Menschheit selbst entehrende Strafen geben (wie das Vierteilen, von Hunden zerreißen lassen, Nasen und Ohren abschneiden), die nicht bloß dem Ehrliebenden (der auf Achtung anderer Anspruch macht, was ein jeder tun muss) schmerzhafter sind als der Verlust der Güter und des Lebens, sondern auch dem Zuschauer Schamröte abjagen, zu einer Gattung zu gehören, mit der man so verfahren darf."[20] Das Individuum verdient auch als Täter trotz seiner Handlungen gegen die Moralität geachtet zu werden, und zwar allein aufgrund seiner Qualität als Mensch. Folglich muss man davon absehen, es unmenschlicher Behandlung zu unterziehen, die in seiner Person die Menschheit erniedrigte.

Dies ermächtigt allerdings in keiner Weise zu jenem *laisser-faire* und zu jener Ungerechtigkeit, die Unordnung erzeugen. Die Respektierung der Regeln, die für die den Menschen schützende Rechtsgleichheit sorgen, erweist sich für das zivile Leben als unverzichtbar. Zusammengefasst: Wenn das Regime der juridischen Gleichheit der Grund der wechselseitigen Anerkennung der Individuen in der Gesellschaft sein soll, dann ist die Aussage nicht gewagt, dass allein die Demokratie ihren Horizont in Versöhnung hat.

Aus dem Französischen übersetzt von Hans Jörg Sandkühler

19 Vgl. H. J. Sandkühler (Hg.), *Menschenwürde. Philosophische, theologische und juristische Analysen*, Frankfurt/M. et al. 2007.

20 I. Kant, *Metaphysik der Sitten* (Tl. 2, Tugendlehre), § 39.

Mounira Hachana Ben Mustapha

Anerkennung und Rechtfertigung

1. Einleitung

In der folgenden Studie geht es darum, nach der komplexen und mehrdeutigen Beziehung zwischen zwei für jede zeitgenössische normative Reflexion unumgänglichen Konzepten zu fragen: *Rechtfertigung* und *Anerkennung*. Der Ausgangspunkt ist das zweifache Anliegen, (i) die Konzepte zu schärfen und die philosophischen bzw. außerphilosophischen Evidenzen zu überdenken, und (ii) zu einer Kritik überzugehen, und zwar ausgehend vom Paradox des zu Rechtfertigenden und des nicht zu Rechtfertigenden, von der Verstrickung des Rechtfertigungsaktes selbst mit einer strategischen und instrumentellen Komponente, die dem Anspruch auf eine rationale, humane und universell gültige Rechtfertigung widerspricht und ihn falsifiziert.

Es sind die Kriege und Gewalttaten, die das 20. Jahrhundert gekennzeichnet markiert haben und noch immer viele Zivilpersonen in der ganzen Welt plagen. Die Völkermorde, die durch den ‚verschmutzten' politischen Diskurs verursachte Vergewaltigung der Gewissen, der Verlust der menschlichen Würde durch ein Zur-Ware-Werden, das die Menschen unterdrückt und auf einfache Räder in der teuflischen Maschinerie des Profits reduziert – es sind alle diese pathologischen Erscheinungen, welche die gegenwärtige axiologische Reflexion dazu herausfordern, über die Kluft zwischen Theorie und Wirklichkeit, zwischen dem Gegebenen und dem Wünschenswerten, nachzudenken. Diese Kluft ist gewiss die Herausforderung schlechthin für die Philosophie, die sich der Kapitulation vor dem blinden Zufall bzw. vor der Behauptung einer trügerischen Notwendigkeit verweigert und sich in der Perspektive einer neuen Kritik der praktischen Vernunft der Verpflichtung auf eine rationale Rekonstruktion der Normen stellt.

Die Menschheit ist heute hin- und hergeworfen zwischen zwei sie entfremdenden und für sie schädlichen Tendenzen – einerseits der Flut der globalisierten Ökonomie und andererseits der archaischen Strömung des religiösen Fundamentalismus –, zwischen Tendenzen, die sich wechselseitig ‚rechtfertigen' und bei der hegemonialen Instrumentalisierung sowie beim Scheitern jeglichen authentischen rationalen Anspruchs zusammenspielen.

2. *Praktische Vernunft und Rechtfertigung*

Meine erste Hypothese zielt auf die Kritik aller Formen des Reduktionismus, der den Gebrauch der praktischen Vernunft auf ein rein technisches Niveau begrenzt, d.h. die Anpassung der Mittel angesichts eines Ziels. Es wäre notwendig, an die Wurzeln dieser instrumentellen Konzeption zu erinnern, etwa an die Bedingungen der Verbreitung des Skeptizismus im Westen seit dem 16. Jahrhundert, an Montaignes *Essais*, insbesondere an das 12., ‚Apologie de Raimond Sebond' betitelte Kapitel, in dem der Pyrrhonismus wieder auflebt. Im Gefolge Montaignes hat Pascal ähnliche Argumente verwendet, um die Unfähigkeit unserer Vernunft aufzuzeigen, die Natur des Höchsten Guten und die wahre Gerechtigkeit zu erfassen. Die cartesianischen und spinozistischen Momente in dieser Entwicklung stellen den Versuch einer Reform unserer Erkenntnismethoden dar, halten aber am Unterschied zwischen Evidenz und rationaler Moral fest.

Später sollte Hume in *A Treatise of Human Nature* ganz offen seinen Werte-Skeptizimus aussprechen: Die Vernunft, schrieb er, dient der Entdeckung von Wahrheit oder Irrtum. Die Wahrheit und der Irrtum bestehen in der Übereinstimmung bzw. Nicht-Übereinstimmung sei es mit den tatsächlichen Beziehungen der Ideen, sei es mit der realen Existenz und den realen Tatsachen. Das, wofür Übereinstimmung bzw. Nicht-Übereinstimmung nicht zutreffen, kann weder wahr noch falsch und niemals Gegenstand unserer Vernunft sein.

Die historische Erinnerung sollte kurz auf die Entwicklung hinweisen, die zur Eliminierung der Metaphysik und zur Leugnung der praktischen Rolle der Vernunft geführt hat, indem sie sich auf die Erfahrung und auf den regelkonformen Kalkül fixiert hat. Kant bedeutet in dieser Hinsicht eine radikale Innovation, in der das Denken seiner Zeit wieder seine normativen Ressourcen ausschöpft; mit Kant erhält die Theorie der Urteilskraft ihren Adelsbrief, und zwar mit der berühmten Kausalität aus Freiheit bzw. der Bestimmung des Willens durch die reine praktische Vernunft:

> Praktische *Grundsätze* sind Sätze, welche eine allgemeine Bestimmung des Willens enthalten, die mehrere praktische Regeln unter sich hat. Sie sind subjectiv oder *Maximen*, wenn die Bedingung nur als für den Willen des Subjects gültig von ihm angesehen wird; objectiv aber oder praktische *Gesetze*, wenn jene als objectiv, d.i. für den Willen jedes vernünftigen Wesens gültig, erkannt wird.[1]

Meine Hypothese betrifft also die Analyse der Beziehung zwischen praktischer Vernunft und Rechtfertigung, deren Wurzeln auf Kant zurückgehen und in denen keimhaft auch die Elemente der derzeitigen Debatte über die Werte und über das Thema ‚Gerechtigkeit, Recht und Rechtfertigung' enthalten sind. Dieses Thema

[1] Kant, *Kritik der praktischen Vernunft*, AA V, S. 19.

stellt mehr denn je und in den unterschiedlichsten kulturellen Kontexten eine Herausforderung dar, denn es bildet den Horizont des heutigen axiologischen Denkens, dessen Imperativ die Verteidigung der Rationalität der Werte gegen reduktionistische Bestrebungen ist.

Es gilt zunächst diese Erbschaft, diese von Kant zur gegenwärtigen Rechtsphilosophie führende Entwicklung auszuschöpfen, um in ihr nach Möglichkeit die Elemente einer nicht strategischen, nicht instrumentellen Annäherung an das Recht und an die Rechtfertigung zu finden. Denn will man zwischen rational akzeptabler Rechtfertigung bzw. ‚normativer Richtigkeit' und gewaltsamer, zynischer ‚Rechtfertigung' unterscheiden, dann ist eine Neubewertung der Rechtfertigung in ihrer praktisch-rationalen Akzeptierbarkeit notwendig, die drei Elemente umfasst: das argumentative, das kritische und das reflexive bzw. selbstreflexive Element. Die angelsächsische Rechtsphilosophie hat die Frage nach der Natur des ethischen, politischen bzw. juridischen Urteils – nach ihrem Zusammenhang oder ihrem Widerstreit – wieder aufgeworfen. R. Dworkin versucht mit seiner Theorie der ‚narrativen Kohärenz' Fragen zu beantworten, die sich zum Status des Rechts, zur richterlichen Funktion und zur Interpretation der Rechtsregeln sowie zu juridischen Prinzipien stellen. Auch J. Habermas stellt sich mit seiner Philosophie derselben Herausforderung; er erkennt den Beitrag der Kantischen Urteilstheorie an, und zwar mit dem Ziel, eine – um von Normen geregeltes Handeln und um expressives sowie evaluatives Handeln erweiterte – Theorie der Rationalität auszuarbeiten. Er benennt für diese Theorie drei wichtige Beiträge: die Rekonstruktion des aristotelischen Praxis-Konzepts für die politische Theorie, die Einführung eines husserlschen Konzepts der Lebenswelt in die Sozialtheorie und die Wiederentdeckung der kantischen Analyse der Urteilskraft bzw. des Urteils für eine Theorie der Rationalität.[2]

Das Interesse gilt im Folgenden der Entzerrung des Knotens des Instrumentellen und des Kommunikativen, des Rationalen und des Strategischen, um das Paradox der Rechtfertigung ein wenig besser sichtbar zu machen, d.h. um zu zeigen, was das zu Rechtfertigende und das nicht zu Rechtfertigende unterscheidet; diese Arbeit bedürfte vielleicht eines Rückgangs auf die Frage der Sophistik und Dialektik, den ich allerdings den Spezialisten der antiken Philosophie überlasse, um mich der Aufgabe des ‚Wahr-Sagens' zuzuwenden, die dem heutigen Philosophen obliegt und die nach einer Lösung des Problems der Unterscheidung zwischen dem zu Rechtfertigenden und dem nicht zu Rechtfertigenden verlangt.

Keine andere Instanz als die Philosophie kann sich dieser Aufgabe angemessen stellen, denn jede mit Kalkül und Interesse in den Zirkel der Rechtfertigung eintretende Partei kann die Grenzen des in der praktischen Politik zu Rechtferti-

2 Vgl. J. Habermas, Vom pragmatischen, ethischen und moralischen Gebrauch der praktischen Vernunft. In: ders.: *Erläuterungen zur Diskursethik*, Frankfurt/M. 1991, S. 100-118.

genden und nicht zu Rechtfertigenden nur vernebeln, um ihre Macht um so besser zu sichern und das nicht zu Rechtfertigende aufrecht zu erhalten und zu legitimieren. Die bei Politikern beliebte Vertuschung, deren desaströse Folgen – wie die zahlreichen Genozide, unter denen das Massaker in Gaza im Januar 2009, das paradoxer Weise einen Krieg bzw. Konflikt der Rechtfertigungen ausgelöst hat, besonders schrecklich und am wenigsten zu rechtfertigen ist – immer wieder beklagt wurden, ist für eine philosophische Problemnäherung, die sich der Aufgabe der Reflexion der Gegenwart und der normativen Situation der Menschhheit stellt, die vorrangige Herausforderung. Im Folgenden soll deshalb in einem ersten Schritt das Konzept der Rechtfertigung in seiner Komplexität und mit den in ihm enthaltenen Paradoxien erläutert werden, um dann die notwendige Verbindung zwischen Rechtfertigung und Anerkennung darzustellen.

3. Rechtfertigung und Argumentation

Man muss wohl auf Kant zurückgehen, um noch einmal zu betonen, dass die Rationalität eines praktischen Gesetzes keine Notwendigkeits- oder Wahrheitsbeziehung betrifft, sondern ein objektives, für den Willen aller vernünftigen Wesen geltendes Prinzip. Wenn die Reduktion des Feldes der Rationalität auf Evidenz – im Sinne von Erkenntniswahrheit – den axiologischen Bereich dem Krieg der Götter überlässt, dann ist es geboten, die rationale Rechtfertigung in einem weiteren Rahmen zu verteidigen, d.h. im Feld der Anwendung der praktisch-moralischen Rationalität: Rationalität beschränkt sich nicht auf die Fähigkeit zu Aussagen bzw. auf die Anerkennung notwendiger Urteile; sie ist auch die Fähigkeit, praktische Urteilen auszusprechen.

Eine der Formen des Reduktionismus ist die Reduktion der Rechtfertigung auf *Erklärung*. Doch selbst wenn die Erklärung zur Aufdeckung von ‚Ursachen' fähig ist, kann sie diese nicht rechtfertigen. Die Ursachensuche kann uns auf einen instrumentellen Gesichtspunkt orientieren, aber sie kann uns keine ‚Gründe' bieten. Deshalb kann die in verschiedenen Formen mögliche Verbindung der praktischen Vernunft mit der Rechtfertigung eine Alternative zu der axiologischen Sackgasse eröffnen, die bereits von den Positivisten, den Heideggerianern und anderen gesehen gesehen worden ist. Denn die Rechtfertigung betrifft zum einen Handlungen und zum anderen die handlungsleitenden Normen, die Habermas Geltungsansprüche nennt.

Die Rechtfertigungbeziehung betrifft keine beweisbaren und zu rechtfertigenden Sätze, wie es sie in der Wissenschaft gibt, sondern kritisierbare bzw. zu rechtfertigende Handlungen. Rechtfertigung ist also immer auf Handlung bezogen, und die in den Akt der Rechtfertigung eingeschriebene praktische Urteilskraft beschränkt sich nicht auf die Unterscheidung zwischen wahr und falsch, sondern zielt auf Abwägung, Kritik und, wenn nötig, auf Widerlegung. Rationale Rechtfertigung und Argumentation sind deshalb die zwei Seiten derselben Medaille, d.h. der tätigen praktischen Rationalität. ‚Rechtfertigung' ist also ein zur Rechtswissenschaft und Moral gehörender Begriff; diese Frage hat der Neukanntianismus wieder aufgenommen.

Der am weitesten ausgearbeitete Versuch, normative Rechtfertigung zu denken, dürfte J. Habermas' *Wahrheit und Rechtfertigung* (1999) sein, v.a. der dritte Teil über Wahrheit in der Kommunikation und in der Lebenswelt. Im sechsten, der Richtigkeit oder Wahrheit und der deontologischen Gültigkeit von Urteilen und Normen gewidmeten Kapitel, führt er aus, dass die Objektivität der Erkenntnis sich nicht mehr nach privater Gewissheit bemesse, sondern nach der öffentlichen Praxis der Rechtfertigung. ‚Wahrheit' sei in ein Geltungskonzept mit drei Dimensionen transformiert: Die Geltung von prinzipiell falliblen Aussagen erweise sich als etwas, das mit Bezug auf Öffentlichkeit zu rechtfertigen sei. Wie im Rahmen des linguistischen Paradigmas gelangten wir zu Wahrheit nur unter dem Titel des rational Akzeptablen. Es stelle sich die Frage, wie die Wahrheit einer Aussage noch vom Kontext ihrer Rechtfertigung isoliert werden kann.

Die philosophische Bedeutung der Rechtfertigung zeigt sich insbesondere dort, wo Werte vielfältig und miteinander konkurrierend sind. Das Interesse an Rechtfertigung erweist sich, so Habermas, dialektisch – im aristotelischen Sinne – als Fähigkeit, innerhalb eines offenen Systems bzw. einer erweiterten Öffentlichkeit Einwände zu formulieren, zu kritisieren und zu rechtfertigen.

Habermas verteidigt das innere Band zwischen Rechtfertigung und Wahrheit und zeigt, dass kontextualistische Theorieansätze in einen ‚performativen Widerspruch' verfallen; der Kulturrelativismus schließe aber die Möglichkeit rationaler Normenrechtfertigung nicht aus: Auch wenn Wahrheit nicht auf Kohärenz oder gerechtfertigte Behauptbarkeit reduziert werden kann, muss es doch ein Band zwischen Wahrheit und Rechtfertigung geben.

Habermas stützt sich auf die Beziehung zwischen Aussagen und semantischen, Wahrheitsbedingungen darstellenden Regeln und zeigt, dass Rechtfertigung nicht darin besteht, die Realität in einer Fundamental-Optik zu transzendieren; es sei unmöglich, einen Basissatz zu finden, der seine Wahrheitsgarantie in sich selbst habe. Die Kette der Rechtfertigung ist nicht gradlinig; sie ist an die Praxis von Sprache und Argumentation gebunden und hat drei wesentliche Bedingungen: universelle Inklusion, Teilhabe an Rechtsgleichheit und Abwesenheit jeglicher Repression – mit anderen Worten: Orientierung auf Verständigung.

Es gilt diese Voraussetzungen der Argumentation zu verteidigen, was auch immer ihre ethnischen, zeitlichen oder örtlichen Begrenzungen sein mögen, soll die Praxis nicht in irrationales Handeln zurückfallen oder von äußeren Mächten versklavt und instrumentalisiert werden. In dieser Hinsicht ist es von Bedeutung, an Habermas' Unterscheidung zwischen Wahrheit und rationaler Azeptierbarkeit zu erinnern; sie hat eine universalistische und kritische Tragweite; sie verweist auf die Begrenztheit des Ethnozentrismus und auf den falliblen Charakter jeweils – mit welcher rationalen Motivation auch immer – erreichter Übereinstimmung;

anders gesagt: sie gemahnt an eine so weit wie möglich gehende Dezentrierung in Bezug auf unsere jeweilige Rechtfertigungsgemeinschaft.

Gewiss kann die ontologische Grenze der Zeit die richtige Sicht der Dinge und Ereignisse verhindern; die Dringlichkeit des gegenwärtigen Moments kann zukünftige Situationen und Normenentwicklungen verhüllen; aber dies mindert nicht den Wert der rationalen Rechtfertigung, sondern relativiert nur ihre Ansprüche. Deshalb kann sich ein auf Aktion bezogenes Handlungsdenken, dessen Ziel die Koexistenz und die Anerkennung freier und zugleich vernünftiger Wesen ist, eine tief greifende Analyse des Typus praktischer Urteilskraft nicht ersparen.

Das juridische Urteil gründet in einem normativen System, aber es birgt auch ein unausweichliches hermeneutisches Moment in sich; um es klarer zu sagen: das juridische Urteil kann nicht auf ein bestimmtes Urteil reduziert werden. Die Unangemessenheit des Rechtspositivismus rührt daher, dass er sich über das juridische Urteil keine Rechenschaft ablegt. Demgegenüber ist die Habermassche Interpretation in diesem Rahmen von Interesse, weil sie auf die Bedeutung der ethischen Dimension verweist, welche die juridische Rationalität durchzieht, und weil sie die funktionalistische Analyse einer Kritik unterzieht, die diese moralische Dimension nicht hinreichend berücksichtigt; mit anderen Worten: die juridische Argumentation verpflichtet notwendiger Weise zu ethischen Wertungen. Es geht Habermas nicht um eine Rückkehr zu vernunftbegründeten Werten, sondern darum, mittels einer Ethik und eines prozeduralen Rechtsparadigmas einen rationalen Konsens über das Richtige zu begründen, um einen praktischen Diskurs, der auf die Richtigkeit der Normen zielt.

In diesem Kontext dient die kantische Philosophie als Ausgangspunkt der Positivismuskritik:

> Ist das Allgemeine (die Regel, das Princip, das Gesetz) gegeben, so ist die Urtheilskraft, welche das Besondere darunter subsumirt, (auch wenn sie als transscendentale Urtheilskraft *a priori* die Bedingungen angiebt, welchen gemäß allein unter jenem Allgemeinen subsumirt werden kann) bestimmend. Ist aber nur das Besondere gegeben, wozu sie das Allgemeine finden soll, so ist die Urtheilskraft bloß reflectirend.[3]

Im ersten Fall ist das Allgemeine gegeben, und man wendet es auf den besonderen Fall an; im zweiten Fall verfügt man über kein apriorisches allgemeines Gesetz, sondern lediglich über die Verschiedenheit von Gegebenem, und man sucht nach dem Allgemeinen, das mit ihm zusammenstimmen könnte. Die Übereinstimmung zwischen dem Besonderen und dem Allgemeinen ist dann kontingent; sie entspricht einer Erwartung oder einem Hoffen. Dieses Urteil kann sein Prin-

3 Kant, *Kritik der Urteilskraft*, B XXVI.

zip weder aus der Erfahrung noch aus etwas Äußerem entlehnen; es kann sich selbst – so Habermas – nur ein solches transzendentales Prinzip als Gesetz geben, ohne es sich anderweitig zu besorgen, weil es sonst ein bestimmtes Urteil wäre.

Diese Überlegungen legen es, wenn sie in ein auf die wechselseitige Durchdringung von Sprache und Wirklichkeit gestütztes Denken überführt werden, Habermas zufolge nahe, sich um ein anti-fundamentalistisches Erkenntnis- und ein holistisches Rechtfertigungskonzept zu bemühen.

Wegen der Unmöglichkeit von Basis-Sätzen ist eine fundamentalistische Begründung unmöglich, und es gibt unendliche Möglichkeiten des Rechtfertigens. Die wichtigsten Argumente zugunsten dieser Auffassung lassen sich so zusammenfassen: (i) die Existenz einer von unseren Überzeugungen unabhängigen Wahrheit; (ii) Rechtfertigung führt unausweichlich zur Stärkung bestimmter Überzeugungen durch andere Überzeugungen. In diesem minimalen Sinne handelt es sich um Kohärenz; doch worum es geht, ist für Habermas nicht die korrekte Repräsentation der Realität, sondern eine Praxis, die nicht zusammenbrechen darf.

So kommt man zur Bedeutung der Unterscheidung zwischen Wahrheit und rationaler Akzeptierbarkeit: Idealisierte Argumentationsbedingungen wie Allgemeinheit, Teilhabe an Rechtsgleichheit, Abwesenheit jeglicher Repression und Orientierung auf Verständigung drängen auf ‚Dezentrierung' in Bezug auf jeweilige Rechtfertigungsgemeinschaften und darauf, die Begrenztheit kultureller Zugehörigkeit und die ontologischen Grenzen der Zeit zu überwinden – Diskussionen sind, denkt man an die Zukunft, provinziell. Diese Grenzen stellen die beiden wichtigsten Herausforderungen an jede rationale Rechtfertigungspraxis dar, die sich die Suche nach einer bestimmten Form der rationalen Akzeptierbarkeit von Normen zur Aufgabe macht. Und hier verbinden sich Rechtfertigung und Anerkennung.

4. Rechtfertigung und Anerkennung: das Erfordernis ihrer Komplementarität

Ohne sich lange bei der Bestimmung des Menschen als politisches und soziales Wesen aufzuhalten, kann man sagen, dass seit Hegel das Konzept ‚Anerkennung' eine paradigmatische Rolle spielt. Gewiss kann man seinen Ursprung bereits in Fichtes *Grundlagen des Naturrechts nach Prinzipien der Wissenschaftslehre* (1796/97) finden; Fichte hat gezeigt, dass die Selbstbestimmung des Subjekts auf einem Prozess wechselseitiger Anerkennung beruht: Ein einzelnes Individuum kann sich nur als durch sich selbst bestimmt verstehen, wenn es andere Individuen als auf dieselbe Weise selbstbestimmt versteht. Selbstbestimmung kann nur im Prozess wechselseitiger Anerkennung verwirklicht werden.

Hegel radikalisiert diese Idee im vierten, dem Selbstbewusstsein und der Dialektik von Herrschaft und Knechtschaft gewidmeten Kapitel seiner *Phänomeno-*

logie des Geistes (1807): Selbstbewusstsein kann es nur da geben, wo intersubjektive Beziehungen authentischer Anerkennung bestehen. Anerkennung besteht nicht darin, anderen die Fähigkeit der Selbstbestimmung zu oktroyieren; die Konstruktion des Selbstbewusstseins setzt vielmehr selbst intersubjektive Beziehungen authentischer Anerkennung voraus. Anerkennung wird, wie Axel Honneth an den frühen Schriften Hegels herausgearbeitet hat[4], zum Konstitutionsprinzip des Sozialen, sei es im privaten Bereich (Liebe), im Recht (Achtung) oder im Zusammenleben (Solidarität).[5]

Der interessante Aspekt in der Entwicklung des Anerkennungskonzepts ist, dass sie bei Honneth in Anerkennung als *kritischem* Konzept gipfelt: Anerkennung, die verweigert wird, kann verstanden werden als Form der Desintegration, der Exklusion und der Privation. Es gibt zwar diese Argumentationslinie, der zufolge die Anerkennungsverweigerung der Lage widerspricht, in der sich intelligente geistige Wesen befinden – so in Levinas' Appell des Anderen –, aber dies zeigt doch, dass Anerkennung eine umstrittene Norm sozialer Beziehungen und zugleich ein regulatives Ideal unseres Handelns ist, ein konkretes Handlungsprinzip. Nehmen wir als Beispiel die kolonialen und postkolonialen Situationen, die verschiedenen Formen von Konflikten und Kämpfen um Anerkennung. Wird es mit der Frage der Gerechtigkeit verbunden, dann kann das Anerkennungskonzept als normatives Basiskonzept verstanden werden. Die derzeitige Konjunktur des Begriffs belegt die Heftigkeit des Kampfes um Anerkennung, der nicht in einem engen Sinne als Kampf um Partizipation aufgefasst werden sollte, sondern in einem erweiterten Sinne als Kampf um die gerechte Verteilung von Gütern.

Den Akzent wie Honneth auf den Aspekt der Konfliktgeladenheit von Anerkennung zu legen ist angemessen, denn der konsensuelle, befriedende, idealisierte Aspekt kann alle Formen von Gewalt und Nichtanerkennung verschleiern. Jacques Rancière unterstreicht: „Eine rationale Gesprächspraxis ist eine Praxis, die das Paradox der Vernunft berücksichtigt; das Paradox ist einfach zu beschreiben: die Vernunft ist unvernünftig mit Blick auf die Ordnung, die immer schon den Sprechenden ihren Platz angewiesen hat. Die schlichte Folge des Einvernehmens zwischen der gemeinsamen Sprache und der vernünftigen Gemeinschaft ist immer sekundär. Sie muss immer von der Ordnung, die ihr widerspricht, wieder eingefangen werden. Jede Theorie der vernünftigen Gemeinschaft und demokra-

4 Vgl. A. Honneth, *Kampf um Anerkennung. Zur moralischen Grammatik sozialer Konflikte*, Frankfurt/M. 1992.

5 Seit seiner Antrittsvorlesung am Otto Suhr-Institut der Freien Universität Berlin im November 1993 widmet sich A. Honneth der Rekonstruktion des Anerkennungskonzepts im Zusammenhang mit dem der Kritik. Vgl. ders., Die soziale Dynamik von Missachtung. Zur Ortsbestimmung einer kritischen Gesellschaftstheorie. In: *Leviathan*, 22. Jg., 1994.

tischer Diskussion muss dieses Paradox integrieren – und zwar bei Strafe des Rückfalls in die Logik des Konsenses, d.h. der Inklusion, die ausschließt."[6]

Axel Honneth repräsentiert den am besten ausgearbeiteten Ansatz einer Theorie der Anerkennung, welche die Erbschaft der ‚kritischen Theorie' antritt und auf die Arbeiten Horkheimers und Adornos zurückgeht, auf deren Kritik der technischen Moderne und auf die Enttäuschung bezüglich des marxistischen Optimismus. Er hat, ausgehend vom Anerkennungskonzept, einen Versuch zur Rekonstruktion der Theorie der Gerechtigkeit entwickelt, der Unzufriedenheit mit dem liberalen, das Gute dem Richtigen unterordnenden Prozeduralismus erkennen lässt.

Das Thema ‚Anerkennung' drängt sich heute auf, weil es neue normative Erfordernisse gibt, auf welche die einschlägigen Ansätze von John Rawls und Jürgen Habermas nicht angemessen antworten können. In dieser Hinsicht ist Honneths Theorie plausibler, und sie leistet viel für die arabische Welt und deren der Erwartungen und vitales Sehnen. Sie kann uns Elemente einer kritischen Theorie und einer Erneuerung des Denkens über die Moderne, die Rationalität und die Kritik der Verdinglichungsformen sowie über die Entfremdungsprozesse liefern, unter denen der öffentliche Raum bei uns leidet.

Gewiss ist der Beitrag von Habermas nicht minder wertvoll, und ich möchte persönlich sagen, dass sich das, was er in Europa geleistet hat, mit den Kämpfen um Anerkennung in anderen Gegenden und unter anderen Himmeln verbinden muss. Der planetarische öffentliche Raum beibt noch zu rekonstruieren und er bedarf vor allem eines wahrhaftigen intellektuellen Nord-Süd-Dialogs. Habermas und Honneth haben beide in dem Sinne an ihren Modellen weiter gearbeitet, als sie konkrete Bedingungen des Handelns und der Güterverteilung berücksichtigen. Die Aufmerksamkeit jedoch, die Honneth auf das nicht zu Tolerierende, auf Missachtung und Demütigung richtet, und der Nachdruck, den er auf das Negative, auf die von den Individuen als Beschädigung ihrer Identität erlebte Ungerechtigkeit, legt, rüttelt uns in der Verletzung unserer Identität auf; es genügt, die vielfältigen Formen von Genozid im Irak und jüngst in Gaza anzusprechen.

Die Kraft des Anerkennungskonzepts gründet darin, dass es sich auf drei Formen des Mit-Seins bezieht: affektive Beziehungen, Rechtsbeziehungen und soziale Bande – in hegelscher Terminologie: auf die persönliche Sphäre der Liebe, auf die des Rechts und der Achtung und schließlich auf soziale Wertschätzung. Diese Kraft ergibt sich auch bei Honneth aus dem Bemühen, klassische Konzepte wie das der ‚Verdinglichung' wieder zur Geltung zu bringen, um die Beziehung zwischen Anerkennungsverweigerung und Ungerechtigkeit bei der Verteilung der Reichtümer aufzuzeigen. Die Rekonstruktion eines den sozialen Konflikten immanenten Gerechtigkeitsideals geht von diesen – negativ Anerkennungsverweigerung ausgedrückenden – Ansprüchen aus, und dies erlaubt es, die

6 J. Rancière, *La mésentente, politique et philosophie*, Paris 1995, S. 45.

Klippe der Abstraktion und die damit verbundene Unterminierung der Idee der Menschenrechte zu vermeiden.

Das Ideal der Anerkennung schließt so ein, was Honneth ‚moralische Verletzungen' nennt, sowohl die Formen symbolischer Verweigerung als auch Ungerechtigkeit. Das Anerkennungskonzept fordert dazu heraus, das nicht zu Rechtfertigende, das in Gerechtigkeitstheorien Ungesagte und die aus der politischen Sphäre ausgeschlossenen Erfahrungen zu denken. Die Selbstachtung ist – so Honneth – sozusagen nur unter der Form des Negativen wahrnehmbar, d.h. wenn die Subjekte sichtbar unter ihrer Abwesenheit leiden.

Folglich verändert sich die Rolle der Theorie; der Philosoph versucht nicht mehr, seine Normen der Wirklichkeit zu diktieren; er ändert seine Haltung; er geht vom praktischen Leben der Menschen aus, um in der Theorie die konkreten Entwürdigungen zu berücksichtigen, die – wie Honneth in *Die soziale Dynamik von Missachtung* schreibt – eine ‚innerweltliche Transzendenz', die Präsenz des Sollens im Sein, manifest machen.

Honneth definiert Anerkennung so: „Sie ist die Bestätigung der Idee, die ein Individuum von seinem eigenen Wert hat, durch andere."[7] Der rote Faden, der Honneths Ansatz mit dem Hegels verbindet, ist die Nicht-Reduzierbarkeit menschlicher Beziehungen auf Machtverhältnisse, also die Tatsache, dass die intersubjektiven Beziehungen normative Erwartungen in sich bergen und von Rechtfertigungsdiskursen durchzogen sind. „Nur wenn wir verstanden haben, dass Liebe, Rechtsgleichheit und das Prinzip der Performanz normative Prinzipien konstituieren, bei deren Berücksichtigung wir in in der jeweiligen Sphäre spezifische Ansprüche auf Gleichbehandlung geltend machen können, haben wir die Grundlagen der Geltung unserer Gesellschaften eingesehen. Und nur dann können wir verstehen, welche unglaubliche moralische Dynamik diese Gesellschaften haben, denn sie erlauben es uns, für Rechtfertigungen geeignete Ansprüche geltend zu machen, indem wir uns auf ganz unterschiedliche Aspekte des Gleichheitsprinzips beziehen."[8]

Auf diese Weise kann Honneth die zweifache Erbschaft der ersten Kritischen Theorie und der von Habermas entwickelten zweiten Version antreten. Für Habermas stellt das Recht das Medium dar, das es erlaubt – bei Anerkennung der Spannung zwischen den beiden Momenten – normative Geltung und soziale Faktizität miteinander zu verbinden; denn eines der wesentlichen Merkmale der Moderne ist die Positivität der Gesetze: Ihre Legitimierung kann nur auf kommunikativer Freiheit beruhen und nur gemäß der Logik des Diskurses funktionieren. Diese Form der Legitimierung schließt drei sich wechselseitig bedingende Prinzipien ein: (i) die Anerkennung der subjektiven Grundrechte (Privatautonomie, Menschenrechte), (ii) die konkreten institutionellen Prozesse, in denen die Indi-

7 A. Honneth in: *Dictionnaire d'éthique et de philosophie morale*, tome 2, Paris 1996.
8 A. Honneth, Entretien avec Guillaume Leblanc. In: *Esprit*, Juillet 2008.

viduen von ihrer Autonomie Gebrauch machen (Volkssouveränität) und (iii) demokratische Prozeduren.

Unter dieser Voraussetzung ist – zumindest teilweise – die Komplementarität dieser drei Prinzipien garantiert: Das normative System des Rechts verlangt nach einem Staat, der selbst den normativen Prinzipien unterworfen sein muss und es auch ist und der verpflichtet ist, Gesetz und Rechte gegen Verstöße zu verteidigen. In diesem Punkt stimmt Habermas' Theorie mit der Honneths überein; letzterer teilt die Sicht der durch das Schwinden religiöser und metaphysischer Legitimation gekennzeichneten Moderne als ‚post-traditionell'. Die juridische Anerkennung der subjektiven Freiheit und die Anerkennung des Prinzips der politischen Gleichheit gehen so zusammen. Es dürfte interessant sein, aus diesen postmetaphysischen Ansätzen zu schöpfen, um ein normatives arabisches Denken zu erneuern, das aus den Lektionen der Geschichte zu lernen fähig ist, und diesen bemerkenswerten Beitrag der Moderne – die Normativität und Positivität des Rechts – angemessen zu bewerten. Was mit einem derartigen kritischen und rekonstruktiven Versuch auf dem Spiel steht, ist beachtlich, denn er bedeutet die entscheidende Grantie unseres ‚Interesses an Emanzipation', das ständig durch äußere Faktoren gehemmt wird: durch unterschiedlichste Blockaden seitens der politischen, sozialen und religiösen Ordnungen, durch die unbewussten Blockaden, unter denen unser durch das Gewicht der Tradition erstickendes arabisches Bewusstsein leidet – einer Tradition, die, zum Teil aus Interesse oder aufgrund dogmatischer Überzeugungen, Innvovationen und einer rationalen Öffnung feindlich entgegensteht.

Ziehen wir eine Bilanz: Wir sehen, dass im Norden die Reaktualisierung des Anerkennungskonzepts einer Enttäuschung bezüglich des liberalen Optimismus entspricht, während für Denken mit südlicher Herkunft das Problem viel schwerwiegender ist, denn der ‚*citoyen*' leidet hier nicht nur unter ökonomischer und sozialer Ungerechtigkeit; ihm wird oft selbst seine Staatsbürgerlichkeit bestritten. Auf der einen Seite ist der Liberalismus darin gescheitert, Freiheit und Gerechtigkeit miteinander zu versöhnen; wird auf der anderen Seite der schon alte Satz Kants, „daß die Rechtsverletzung an *einem* Platz der Erde an *allen* gefühlt wird"[9], in die gegenwärtige Welt übersetzt, dann gibt es Hoffnung auf Universalität und Anerkennung der unveräußerlichen Rechte, die jeder zeitgenössische Denker um den Preis des Untergangs im Chaos zu bewahren gehalten ist. Wenn ‚leben' dem authentischen Sinne des Wortes entsprechend bedeutet, ans Werk zu gehen und sich nicht von einem erstarrten *status quo* Grenzen setzen zu lassen, dann wäre wechselseitige Anerkennung ein schöpferischer Akt, der die Identität der Subjekte durch Entwicklung neuer Normen in Bewegung bringt.

Aus dem Französischen übersetzt von Hans Jörg Sandkühler

[9] I. Kant: *Zum ewigen Frieden*, AA VIII 360.

Raúl Fornet-Betancourt

Gerechtigkeit und Anerkennung des Anderen. Zur Kritik der Kategorie der Anerkennung

1. Vorbemerkung

Die folgenden Überlegungen verstehen sich als Beitrag zur kritischen Erörterung der heute so verbreiteten und gerne benutzten Kategorie der Anerkennung. Wie noch im Laufe der Argumentation zu zeigen sein wird, gehen wir von einer Auffassung der Anerkennung aus, bei der gerade der folgende Aspekt unterstrichen wird: Anerkennung ist nicht nur ein kognitiver Prozess, aus dem dann rechtstheoretische Konsequenzen gezogen werden, sondern auch, und vielleicht vor allem, ein praktischer Prozess; ein Prozess, der sich eigentlich in der Komplexität des Alltagslebens abspielt und der viele Dimensionen des Lebens umfasst, von der personalen über die soziale, politische und ökonomische bis hin zur religiösen Dimension. Anerkennung verstehen wir in diesem Zusammenhang also als eine herausfordernde Aufgabe, die zwar auch kognitiv bewältigt und deshalb auf dieser Ebene durch verschiedene Theorien erklärt werden kann, die aber die Entwicklung einer lebenspraktischen Haltung fordert, über deren reale Verwirklichung oder deren Scheitern allerdings im Alltagsleben entschieden wird.

Mit anderen Worten: Anerkennung verstehen wir hier im Sinne eines das ganze Leben umfassenden Prozesses, der gerade auf Grund seiner Komplexität als eine offene und zugleich unsichere Entwicklung aufgefasst werden soll. Die ‚Errungenschaften' im Bereich der Anerkennung sind nie als endgültig gesicherte Fortschritte zu betrachten. Denn sie stehen doch in der Spannung des historisch immer wiederkehrenden Widerspruchs zwischen den Prinzipien der Theorie, die in vielen Staatsverfassungen und internationalen Erklärungen bejaht werden, und der realpolitischen Praxis, die die konkrete Ausländerpolitik vieler Gesellschaften heute *de facto* an den Tag legen. Zudem muss man auch an Widersprüche denken, die im Inneren einer Person selbst aufbrechen und die die Praxis der Anerkennung gefährden können, wie zum Beispiel der Widerspruch zwischen der kognitiven Anerkennung der menschlichen Würde des Anderen und seiner emotionalen Ablehnung als Nachbar, weil er ein Schwarzer ist, etc.

Vielleicht sollte man deshalb nicht einfach von Anerkennung, sondern vielmehr von einer Dialektik der Anerkennung sprechen. Entscheidend aber für das Verständnis der Hauptthese, die wir mit diesen Überlegungen zur Diskussion stellen möchten, ist die Ansicht, dass es sich dabei um eine Dialektik handelt, die in einem konfliktiven Kontext entfaltet wird. Mehr noch, es ist eine Dialektik der

Konflikte. Zum einen, weil – wie nicht nur seit Hegels berühmter Beschreibung des Kampfes um Anerkennung zwischen Herr und Knecht bekannt ist[1] – die Geschichte der Anerkennung eine Geschichte der Konflikte ist. Und zum anderen, weil heute unsere Gegenwart durch den Kampf von Völkern und Menschen geprägt wird, der überdeutlich zeigt, dass, wenn heute Anerkennung eingeklagt wird, gleichzeitig der Skandal der sozialen, politischen, kulturellen, religiösen, ökonomischen, u.s.w. Spaltung der Menschheit zur Sprache gebracht wird; eine Spaltung, die eben dazu führt, dass Gleiche ungleich werden und einige Menschen mehr ‚zählen' als andere.

Wer von der Frage der Anerkennung spricht, der spricht vom Problem der Ungleichheit; und wer von Ungleichheit spricht, redet von Exklusion und Ungerechtigkeit. Das ist, sehr knapp zusammengefasst, die Geschichte, die sich bei der Frage der Anerkennung bis heute fortsetzt.

Wenn sich aber diese konfliktive Geschichte bis heute fortsetzt, dann wohl deshalb, weil die Anerkennung zwar eine notwendige, jedoch unzureichende Bedingung für die reale Überwindung von Verhältnissen ist, unter denen Menschen sich anmaßen, anderen Menschen ihre Menschlichkeit und die dazu gehörende ‚Weltteilhabe' strittig zu machen bzw. zu verwehren. Und gegen die entsprechenden Auswirkungen einer herrschenden Ideologie, die die Machtasymmetrien weg zu reden versucht und die Vertrag mit Anerkennung verwechselt, wäre in pädagogisch-kritischer Absicht in diesem Zusammenhang noch die provokative Frage zu stellen, ob auf Grund der Geschichte, mit der die Anerkennung verbunden ist, und der anthropologischen Voraussetzungen, die sie impliziert, die Anerkennung doch weniger die Antwort als vielmehr ein Teil des Problems darstellt, das sich mit ihr stellt. Wir werden noch darauf zurückkommen.

2. *Zur Geschichte der Frage nach der Anerkennung*

Als ethisch-anthropologische Forderung, den Anderen anzuerkennen, kann man die Anerkennung in ihrer allgemeinen Bedeutung als die *humane* Antwort auf das fundamentale Bedürfnis eines jeden Menschen, in seiner Menschlichkeit anerkannt zu werden, verstehen. In diesem Sinne stellt jedoch die Anerkennung – eben als die humane Antwort, die man der Humanität eines jeden anderen Menschen *schuldet* – alles andere als eine spektakuläre Entdeckung dar. Wenn dies stimmt: Warum wird dann so oft von der Anerkennung als von einem substantiellen Fortschritt im Bereich des menschlichen Zusammenlebens in den heutigen Gesellschaften geredet?

Unsere Vermutung ist einfach. Spektakulär bei der Anerkennung ist nicht das Prinzip, sondern vielmehr das Problem, auf das man mit dem Prinzip der Aner-

1 Vgl. G.W.F. Hegel, *Phänomenologie des Geistes*, Frankfurt/M. 1970, insbes. S. 113 ff.

kennung und dessen Praxis antworten will. Der Skandal der Geschichte der Negation der Humanität und der damit verbundenen Rechte des Anderen, vor allem aber die Tatsache, dass wir Teil einer Geschichte sind, die diesen Skandal nicht als eine ‚zufällige' Episode oder ‚Anomalie', sondern eben als eine Grundreferenz bei der Bestimmung der Normalität des Menschlichen verzeichnet, ist es, was uns also die Forderungen der Anerkennungstheorien heute als einen spektakulären Fortschritt erscheinen lassen. Die Pathologien einer Sozial- und Kulturgeschichte, die die Negation und Unterdrückung des Anderen als Bestandteil des ‚normalen' Laufs der Geschichte erklärt und so als ‚Unauffälligkeiten' maskiert hat, wären also genau das, worüber geredet werden sollte. Diese Geschichte ist unseres Erachtens der Hintergrund, vor dem die Möglichkeiten und Grenzen jeder Theorie und Politik der Anerkennung überprüft werden sollte, um herauszufinden, ob die Antworten, die aus der Sicht des Anerkennungsparadigmas versucht werden, den komplexen Strategien dieser langen Geschichte der Verkennung des Anderen doch noch Tribut zahlen.

Im Rahmen der hier vorgelegten Überlegungen können wir keine Rekonstruktion dieser Geschichte, die den konfliktiven Wirklichkeitshintergrund der Anerkennungstheorie darstellt und aus der sie ihre Bedeutung schöpft, vornehmen. Daher müssen wir uns darauf beschränken, nur einige wenige Momente kurz zu erwähnen, die uns jedoch für die Verdeutlichung der Logik der systematischen Verkleinerung des *humanum* in der angesprochenen Geschichte besonders aufschlussreich erscheinen oder, anders ausgedrückt, für die Handlungslogik derer, die die menschliche Würde auf ein Vorrecht der Eliten reduzieren wollten, besonders repräsentativ sind. Es sind folgende Momente:

Die Entstehung und Verbreitung einer politischen Philosophie, die mit Aristoteles die Spaltung der Menschheit in (freie) Menschen (Bürger) und Sklaven akzeptiert. Behauptet wird damit zugleich die (von der Natur her erklärbare!) Exklusion eines Teils der Menschheit aus dem Bereich der (freien) politischen Öffentlichkeit, das heiβt eben jenem Bereich, in dem Menschen die Bedingung der Möglichkeit der gegenseitigen Anerkennung als Gleiche finden können.

Die im Mittelalter erfolgte Ausbreitung eines nach der Vorstellung einer imperialen Christenheit organisierten Christentums, das die mit dem christlichen Bild des Menschen als ‚imago Dei' verbundene Vorstellung einer ökumenischen Katholizität preisgibt und die Menschheit auf dem Bereich der *‚ordo christianus'* reduziert. Mit dieser Halbierung der Menschheit reproduziert die imperiale Christenheit – allerdings mit einer anderen Begrifflichkeit – die in der Antike sanktionierte Spaltung der Menschheit, wie unter anderem die berühmte Debatte zwischen Bartolomé de Las Casas und Ginés de Sepúlveda im Kontext der Kolonialisierung Amerikas zeigt.[2]

2 Zur Bedeutung dieser Debatte vgl. neuerdings: Immanuel Wallerstein, *Die Barbarei der Anderen*, Berlin 2007.

Das Auftauchen und die Konsolierung einer kapitalistischen Moderne, die am Leitfaden der Logik des Geldes und der Ware die ‚sozialen Verhältnisse' so verändert, dass sie für die Entwicklung und Förderung von *menschlichen* Beziehungen keinen Raum mehr bieten. In diesem Sinne – so unsere Meinung – ist Karl Marx recht zu geben, wenn er feststellt, dass im Zentrum der kapitalistischen Moderne nicht der Mensch, sondern der Markt steht. Diese Entwicklung fasst Marx so zusammen: „Die Waren können nicht selbst zu Markte gehn und sich nicht selbst austauschen. Wir müssen uns also nach ihren Hütern umsehn, den Warenbesitzern. Diese Waren sind Dinge [...] Um diese Dinge als Waren aufeinander zu beziehen, müssen die Warenhüter sich zueinander als Personen verhalten, deren Willen in Dingen haust [...] Sie müssen sich daher wechselseitig als Privateigentümer anerkennen. Das Rechtsverhältnis, dessen Form der Vertrag ist, ob nun legal entwickelt oder nicht, ist ein Willensverhältnis, worin sich das ökonomische Verhältnis widerspiegelt. Der Inhalt dieses Rechts- oder Willlensverhältnisses ist durch das ökonomische Verhältnis selbst gegeben. Die Personen existieren hier nur füreinander als Repräsentanten von Ware und daher als Warenbesitzer".[3] Und zu betonen ist noch der Aspekt, dass diese Entwicklung gerade deshalb möglich geworden ist, weil die kapitalistische Moderne „die persönliche Würde in den Tauschwert aufgelöst [hat]".[4] Für unsere Fragestellung folgt daraus der Gedanke, dass die Konsolidierung der kapitalistischen Moderne eine radikale Veränderung der Bedingungen, unter denen Menschen ihre Subjektwerdung verwirklichen, bedeutet. Da es keine Gemeinschaft mehr gibt und da folglich die Auffassung, ein Gut, das kein ‚bonum commune' ist, eigentlich kein Gut ist, aus der Dynamik des sozialen Fortschritts verdrängt wird, werden der egozentrische Selbstbezug sowie der private Besitz von Dingen zu Grundreferenzen bei der Konstitution des Menschen als Subjekt, d.h., als ein Wesen, das sich selbst bestimmen und Verträge mit anderen eingehen kann.

Dieser hier ganz knapp umrissene sozialgeschichtliche Kontext ist für uns der Horizont, vor dem die politische Philosophie des Liberalismus und insbesondere die verschiedenen Anerkennungstheorien der Moderne gesehen werden sollten.

Die imperialistische Expansion des europäischen Kolonialismus, der im Namen der neuen Zivilisation des (westlichen) Fortschritts nicht nur die Naturreichtümer anderer Völker ausbeutet, sondern darüber hinaus den Widerspruch ‚Zivilisation-Barbarei' neu definiert, indem im Spiegel des neuen Entwicklungsparadigmas die Kulturen der Anderen als unterentwickelt betrachtet werden. Die realpolitische Konsequenz daraus ist die, dass für die Vertreter der Zivilisation das Recht auf Intervention im Leben der Anderen selbstverständlich wird. Auf der anderen Seite aber steht:

3 Karl Marx, *Das Kapital*, Band 1. In: *MEW*, Bd. 23, Berlin 1971, S. 99 f.
4 Karl Marx /Friedrich Engels, *Manifest der Kommunistischen Partei*. In: *MEW*, Bd. 4, Berlin 1972, S. 465.

Der Ausbruch des politischen und kulturellen Widerstands der kolonialisierten Völker, die mit ihren Befreiungsbewegungen die Heuchelei des bürgerlichen Humanismus entlarven; ein Humanismus, der – wie Jean-Paul Sartre überzeugend gezeigt hat – von der Auferlegung des *numerus clausus* auf das Menschengeschlecht lebte.[5]

Mit dieser Überwindung der Grenzen des bürgerlichen Humanismus werden neue theoretische und praktische Bedingungen für das menschliche Zusammenleben geschaffen. Denn man darf nicht übersehen, dass mit ihren Forderungen die Befreiungsbewegungen der sogenannten ‚Dritten Welt' Anerkennung in einem neuen Sinn umfassender, realer Gerechtigkeit einklagen, der über den Horizont der Integration in die internationale Völkergemeinschaft unter den noch geltenden Bedingungen weit hinausgeht. Wie die neueren Entwicklungen dieser Bewegungen in Lateinamerika mit der ‚Alternativa Bolivariana para América Latina y El Caribe', ALBA, oder mit den neuen Verfassungen in Bolivien und Ekuador zeigen, geht es um die Forderung einer ‚Anerkennung', deren Erfüllung eine neue Grundlegung der Beziehung zum Anderen und so auch die Errichtung einer neuen sozialen Ordnung impliziert.

3. *Zur Dialektik der Anerkennung als Möglichkeit, den liberalen Horizont durch die Anerkennung des Anderen zu überwinden*

Vor dem Hintergrund der angeführten historischen Hinweise wird allerdings auch deutlich, dass die Anerkennungstheorie – trotz der Kritik, die man gegen sie berechtigterweise vorbringen mag – als die Antwort verstanden wird, mit der man das chronische Problem einer Geschichte der Unmenschlichkeit lösen will, deren Lauf heute die Missachtung des Anderen zu beschleunigen scheint.[6] Die Anerkennung ist in der Tat eine *humane* Antwort auf ein Problem, das als Ergebnis einer vom Rassismus, Imperialismus und Kolonialismus geprägten Geschichte wahrgenommen wird, zu der zweifellos auch die ideologische Geschichte gehört, die unter anderem auch Philosophen und Theologen mitgeschrieben haben, indem sie Theorien zur Rechtfertigung der Aufrechterhaltung des von Sartre monierten *numerus clausus* entwickelt haben. Damit haben sie auch zur ideologischen Legitimierung der unmenschlichen Politik beigetragen, die als ‚notwendig' erschien, um die Herrschaft über den Anderen (in seinem eigenen Territorium!) zu festigen.

5 Vgl. Jean-Paul Sartre, *Situations, V*, Paris 1964, S. 175, wo es heißt: „Nos soldats, outremer, repoussant l'universalisme métropolitain, appliquent au genre humain le *numerus clausus* …".

6 Vgl. Franz Hinkelammert, *Sacrificios humanos y sociedad occidental*, San José (Costa Rica) 1991; und ders., *Das Subjekt und das Gesetz. Die Wiederkehr des verdrängten Subjekts*, Münster 2007.

Diese Theorien der Anerkennung sowie die Politik, die sich an ihren Ansätzen orientiert, stellen also – wie bereits angedeutet – eine Errungenschaft dar, die man zudem als einen Mahnruf verstehen kann. Sie sind doch Ausdruck des kritischen Bewusstseins des Menschen und zugleich ein Appell an das Gewissen der Menschheit, damit diese ihre „memoire d'humanité"[7] aktiviert und der Geschichte der Negation des Anderen ein Ende setzt. In diesem Sinne sind hier die Verdienste von Jürgen Habermas[8], Paul Ricoeur[9], Charles Taylor[10] oder Luis Villoro[11] besonders hervorzuheben.

Halten wir also fest: Die Anerkennungstheorie stellt einen beachtlichen Beitrag dar, an dem viele der politischen und rechtlichen Defizite der westlichen Gesellschaften offenkundig werden, und zwar gerade deshalb, weil die Perspektive der Anerkennung neue Wege für die Verbesserung der Bedingungen des Zusammenlebens zwischen Menschen unterschiedlicher kultureller Herkunft eröffnet.

Andererseits jedoch zeigt gerade diese Geschichte des unmenschlichen Umgangs mit dem Anderen, genauer gesagt, die Dimension des anthropologischen, politischen, sozialen und kulturellen Schadens, den man dem Anderen zugefügt hat, die Defizite der liberalen Theorien der Anerkennung im Hinblick auf die Gewährleistung der historischen Gerechtigkeit, die man dem Anderen schuldet, auf. Unzulänglich erscheinen sie außerdem für die Entwicklung der neuen Perspektive, auf die wir eigentlich mit der Erwähnung einiger Beispiele für den Ausbruch des historischen Protagonismus der ‚Verkannten' hinweisen wollten. Dieser stellt klar, dass der Andere keine ‚Anwälte' braucht, die für ihn reden, geht es doch im Grunde darum, dass die ‚Richter' und die Spielregeln neu bestimmt werden.

Ohne jeden Anspruch auf Vollständigkeit sollen nun einige Aspekte angeführt werden, die unseres Erachtens die angesprochenen Defizite verdeutlichen und die daher zugleich wichtige Elemente für die Kritik der liberalen Theorien der Anerkennung enthalten. Es sind folgende:

- Auf der anthropologischen Ebene: Die Verallgemeinerung einer Anthropologie bzw. von Subjektivitätstheorien, die vor dem Hintergrund der

7 Paul Ricoeur, *Histoire et vérité*, Paris 1964, S. 84.

8 Vgl. Jürgen Habermas, *Faktizität und Geltung*, Frankfurt/M. 1992; und ders., *Die Einbeziehung des Anderen*, Frankfurt/M. 1996.

9 Vgl. Paul Ricoeur, *Soi-même comme un autre*, Paris 1990; und ders., *Parcours de la reconnaissance*, Paris 2004.

10 Vgl. Charles Taylor, *Multikulturalismus und die Politik der Anerkennung*, Frankfurt/M. 1992; und ders., *Quellen des Selbst. Die Entstehung der neuzeitlichen Identität*, Frankfurt/M. 1996.

11 Vgl. Luis Villoro, *El poder y el valor. Fundamentos de una ética política*, Mexiko 1997; ders., *Estado plural, pluralidad de culturas*, México 1998; und ders., *Los retos de la sociedad por venir*, Mexiko 2007.

Verbreitung des Kapitalismus und der damit verbundenen Verabsolutierung des ‚bürgerlichen Menschentypus' als Prototyp der Menschheit entwickelt wurden. Die Konstruktion possessiver Individualität und kontraktualistischer Bürgerschaft werden so paradigmatische Bezugspunkte für die Beurteilung des ‚Fortschritts' an Humanität bei allen Menschen.

- Auf der sozialen Ebene (und wohl als Folge der oben angesprochenen anthropologischen Reduktion): Ersetzung des konkreten Menschen aus Fleisch und Blut durch den rechtlichen Begriff des ‚Bürgers', des ‚Eigentümers', des ‚Rechtssubjekts' (wobei vor allem formale Rechte gemeint sind), etc.; ein Begriff, der die Menschen nicht nur ‚vertretbar' macht, sondern darüber hinaus dazu führt, die reale konfliktive Sozialität hinter einer legalen Struktur von Diskursen über Rechte und Pflichten angeblich gleichberechtigter Bürger zu verdecken. Diese Ersetzung des lebendigen Menschen durch das abstrakte Rechtssubjekt impliziert zumindest zwei wichtige Konsequenzen, die die These der Auflösung des Sozialen in der Diskursivität verdeutlichen. Die erste lässt sich als die Tendenz beschreiben, bei den Verhandlungen um die Anerkennung des Anderen das wirkliche Gewicht, das die bestehenden, den realen Verhältnissen der Diskurse prägenden Machtasymmetrien in Wirtschaft, Politik und Militärbereich haben, zu minimieren oder gar zu verkennen. Und die zweite Konsequenz besteht darin, dass die ‚materielle' Frage der Grundsicherung und Gewährleistung der Lebensbedingungen des konkreten Menschen (und all das, was damit verbunden ist) als zweitrangig betrachtet wird.
- Auf der politischen Ebene: Die gewisse Ausschließlichkeit mit der behauptet wird, das Modell der diskursiven Vertragsgesellschaft mit den ihr eigenen ‚Verhandlungsinstitutionen' sei doch *die moderne* politische Form schlechthin, das Problem der Anerkennung des Anderen zu lösen.
- Auf ökonomischer Ebene: Die schwache Bereitschaft, um die Forderung nach Anerkennung des Anderen im Sinne einer klaren Kritik der Globalisierungsstrategien des neoliberalen Systems als Bedrohung für die Lebensgrundlagen und den Erhalt des Lebens des Anderen zu konkretisieren.
- Auf kultureller Ebene (und im Zusammenhang mit der vorherigen Anmerkung): Die offenkundige Inkohärenz, die darin besteht, dass der Kampf um die Anerkennung der (kulturellen) Identität des Anderen mit dem Kampf um soziale, politische und ökonomische Gerechtigkeit nicht klar verknüpft wird. Um ein lebendiger Ort der Identität lebendiger Menschen zu sein, muss die Kultur des Anderen eben auch ‚Welt' werden bzw. ‚Welt' gestalten können. Kulturen sind nicht nur mögliche Welten,

sie sind auch reale Welten. Mehr noch: Kulturen, um lebendig zu bleiben, müssen sich als Prozesse der Weltwerdung entwickeln. D.h.: Die Anerkennung der (kulturellen) Identität des Anderen darf nicht auf die kognitive Akzeptanz einer abstrakten Identität, die die bestehende Ordnung nicht stört, reduziert werden. (Von daher bedeutet Anerkennung eigentlich immer auch die Bereitschaft, in der eigenen Ordnung gestört zu werden.) Wenn, wie Jean-Paul Sartre gezeigt hat, der Mensch immer ‚ein In-Situation-Sein' ist, dann muss die Anerkennung seiner Alterität auch bedeuten, dass man seine Situationen anerkennt und damit seinen Weisen, in der Welt zu sein, Rechnung trägt. Die (kulturelle) Identität darf deshalb weder privatisiert noch idealisiert werden. Vielmehr ist sie als der Prozess eines Menschen zu betrachten, der je in einer kulturellen, politischen oder sozialen Situation ist. Wenn der Mensch also seine Identität je in Situationen, d.h. in ‚Weltsituationen' ist, so impliziert die Anerkennung derselben die Anerkennung des Kampfes um die Welt, die er braucht, um sich von seiner Identität aus zu entwickeln.

Aus unserer Sicht zeigen die als exemplarische Momente angesprochenen Aspekte dieser fünf Ebenen, dass der ethischen Forderung nach Anerkennung des Anderen eine Dialektik zu Grunde liegt, deren Konflikt auf eine durch die Geschichte des inhumanen Umgangs mit dem Anderen bestätigte Tatsache hinweist. Gemeint ist die Erfahrung, dass die Negation des Anderen als ‚Vorwand' für die Besetzung der Welt des Anderen, für die Neubestimmung seines Raumes und seiner Zeit, für die Entleerung der Seele des Anderen und dessen Lebenswelt fungiert hat. Dies war ‚notwendig', um eben die Welt des Anderen mit den Produkten der herrschenden Zivilisation zu überfluten.[12]

Daraus folgt jedoch, dass in ihrer Dialektik die Forderung nach Anerkennung ebenso einen Kampf um die Befreiung der besetzten Vielfalt bedeutet. Mit anderen Worten: Aus der Sicht dieser Dialektik kann man nicht von Anerkennung reden, ohne darüber zu reden, dass es dabei auch um den politischen Kampf von Subjekten (Individuen und Gemeinschaften) um das Recht auf eine je eigene Welt und auf eine je eigene Entwicklung geht. Kurzum: Es geht um das Recht, anders zu sein, und zwar nicht auf der Ebene der Folklore, sondern in den entscheidenden Bereichen der Politik, der Wirtschaft, der Erziehung oder der Kommunikation.

Wenn man also die Dialektik der Anerkennung als Kampf um die Befreiung der Vielfalt versteht, so konfrontiert sie uns mit einer Gesamtheit von anthropologischen, politischen, sozialen, kulturellen, ökonomischen und religiösen Forde-

[12] Diese Entwicklung wurde bereits im 19. Jahrhundert von José Martí kritisch analysiert. Vgl. hierzu Raúl Fornet-Betancourt, *José Martí interkulturell gelesen*, Nordhausen 2007.

rungen, deren Erfüllung unseres Erachtens die Überwindung des theoretisch-praktischen Horizonts der liberalen Moderne und deren Ideal von ‚toleranten Gesellschaften' erforderlich macht. Denn die Befreiung der Vielfalt wird doch durch einen Willen zum Teilen von Welt und Humanität ermöglicht, der im Geist der Reziprozität befreite Welten hervorbringt, d.h., eigene reale Welten, die sich jedoch als ‚Mit-Gründer' menschlicher Wirklichkeit ‚anerkennen'. In dieser Dialektik der Befreiung der Vielfalt bedeutet also die Anerkennung des Anderen und seine Welt, sich dessen bewusst zu werden, dass man bei der wirklichen Anerkennung mit den Anderen sozusagen wieder zur Welt und zur Menschheit kommt. Und der Mensch, der nach diesem Bewusstsein handelt – welcher Kulturwelt er auch immer angehören mag –, geht über den Gedanken der Toleranz hinaus, da im Horizont der liberalen Tradition die Toleranz von der Grenze her gedacht wird, die (eigentlich ausgehend von der Mehrheitskultur!) zwischen dem gezogen wird, was gesellschaftlich ‚geht', und dem, was als nicht akzeptabel erscheint. Aus der Perspektive der Interkulturalität hingegen, die Anerkennung in dem angesprochenen Sinn des wertschätzenden Teilens von Welt und Menschheit radikalisiert, wird Toleranz als ein Prozess der gegenseitigen Annahme und Interaktion gedacht. Dieser Prozess – wir dürfen es betonen – ist ein Prozess, in dem die sogenannten ‚Angelegenheiten' des Anderen zu gemeinsamen, von allen mitgetragenen ‚Angelegenheiten' werden.[13]

Damit, wenn man so will, wird ein utopischer Horizont freigelegt, den der Liberalismus kaum erahnen kann. Denn es geht um die Vision einer Menschheit, die das ‚Minimum' der mehr oder weniger friedlichen Koexistenz im Rahmen *multikultureller* Gesellschaften überwindet und lernt, sich um das ‚Maximum' einer durch das *interkulturelle* Zusammenleben versöhnten Vielfalt zu bemühen.

4. Schlussbemerkung

Obwohl viele in der Philosophie der Gegenwart die Kategorie der menschlichen Würde für einen ‚vormodernen' Begriff halten, möchten wir folgende These vertreten: Weder die interkulturelle Kritik der europäischen liberalen Anerkennungstheorien noch die skizzierte Radikalisierung der Idee der Anerkennung sind für uns ohne einen Rekurs auf das Prinzip der menschlichen Würde möglich, und zwar in dem Sinn einer Wiederaneignung dieser Kategorie als ‚Kampfbegriff', in dem sich das erste und grundlegende *Gemeinwohl* verdichtet, das wir als Menschen teilen und von dem her wir die ‚Evidenz' gewinnen, dass jeder Mensch *Menschenrechte* vor jedem Vertrag hat. Nicht die ‚Dokumente' sind es, die einen Menschen anerkennungswürdig machen, sondern eben die Würde!, die

13 Hierzu vgl. Hamid Reza Yousefi/ Klaus Fischer/ Ina Braun (Hg.), *Wege zur Kommunikation. Theorie und Praxis interkultureller Toleranz*, Nordhausen 2006.

Würde, von der Immanuel Kant sagte, dass sie keinen Preis hat, und zwar gerade deshalb, weil sie nicht austauschbar ist. Für die Würde gibt es keinen Ersatz.[14]

Wie wir bereits sagten: Es mag sein, dass es sich dabei um eine ‚vormoderne' Kategorie handelt, die zudem vorpolitische, metaphysische Annahmen voraussetzt. Die Widerstands- und Befreiungsgeschichte der Völker spricht jedoch eine klare Sprache, indem sie zeigt, dass das Gefühl der Würde eine universale Erfahrung ist. Mehr noch: Es ist eine beständige Quelle der Empörung gegen die Ungerechtigkeit. Im Kontext des interkulturellen Dialogs erscheint uns daher die Kategorie der menschlichen Würde unerlässlich zu sein, um Theorie und Praxis der Anerkennung radikaler und konsequenter zu entwickeln, wie zum Beispiel einige Ansätze in Lateinamerika mit ihrem Entwurf der ‚*dignificación universal*' des Menschen bereits heute zeigen.[15]

14 Vgl. Immanuel Kant, *Grundlegung zur Metaphysik der Sitten*, Hamburg 1965, S. 58 ff.

15 Vgl. u.a. Adriana Arpini (Hg.), *Razón práctica y doscurso social latinoamericano*, Buenos Aires 2000; Liliana Giorgis, *José Martí. El humanismo como filosofía de la dignidad*, Mendoza 2006; und Arturo Andrés Roig, *Ética del poder y moralidad de la protesta*, Mendoza 2002, insbes. S. 167-207.

Mohamed Ali Halouani

Paradox und Gerechtigkeit.

Eine epistemologische Annäherung an Verfahren der Rechtfertigung

Kein Zweifel – die Beziehungen zwischen Gerechtigkeit und Ungerechtigkeit erstaunen uns immer wieder wegen der sie kennzeichnenden paradoxen Aspekte. Während uns die *Ungerechtigkeit* nur als das düstere und tragische Gegenteil der Gerechtigkeit erscheint, müssen wir doch einräumen, dass sie während der ganzen Antike einen so großen Einfluss auf die menschlichen Gesellschaften gehabt hat, dass das moderne, von philosophischen und religiösen rationalistischen und letztlich auch egalitaristischen Traditionen gesättigte Denken sich damit schwer tut, ihr eine heute ungeahnte Bedeutung beizumessen. Tatsächlich aber hatte, wie Platon in seiner Kritik des griechischen theogonischen und kosmogonischen Erbes zeigt, die *Gerechtigkeit* – im klassischen und modernen Verständnis – in der Antike selten die Würde, die man ihr heute zuschreibt. Wurde sie nicht immer als ein zerbrechliches und vergängliches Gebäude im weiten triumphierenden Herrschaftsbereich der Ungerechtigkeit angesehen?[1]

Dies ist z.B. die nachdrücklich von Trasymachos in Platons *Politeia* verteidigte und von nicht wenigen Kommentatoren für skandalös gehaltene Position. Das Gerechte ist paradoxer Weise bestimmt als der aus dem Monopol der Macht gezogene Vorteil, d.h. substanziell als Frucht der Ungerechtigkeit, denn es handelt

[1] Zum Beleg des artifiziellen und konventionellen Aspekts sowie der Zerbrechlichkeit der Gerechtigkeit lässt Platon in seiner *Politeia* (2. Buch, 359a-360b) Glaukon sagen: „so höre denn, was ich zuerst darüber ausführen zu wollen erklärte, was und welcher Art und woraus entstanden die Gerechtigkeit ist. SeinemWesen nach, sagt man, sei das Unrechttun etwas Gutes, das Unrechtleiden ein Übel; dabei aber sei das Unrechtleiden ein größeres Übel als das Unrechttun ein Gut: wenn sie daher einander Unrecht tun und von einander Unrecht leiden und von beidem zu kosten bekommen, so finden es diejenigen, die nicht imstande sind, dem einen zu entfliehen und das andere zu wählen, vorteilhafter, sich mit einander dahin zu vertragen, daß man weder Unrecht tue noch leide; und infolgedessen hätten sie begonnen, sich Gesetze zu machen und Verträge unter einander zu schließen, und hätten das vom Gesetze Gebotene das Gesetzliche und Gerechte genannt. Und das sei denn die Entstehung und dasWesen der Gerechtigkeit, die die Mitte halte zwischen dem größten Gute, dem straflosen Unrechttun, und dem größten Übel, der Unfähigkeit, erlittenes Unrecht zu rächen".

sich um einen aus Machtgebrauch verschaffenen Vorteil, der seiner Natur nach in keiner Weise dem Gleichheitsprinzip geschuldet ist.

Wir glauben tatsächlich noch Trasymachos zu hören, der seine berühmte Definition des Gerechten vorträgt „Ich behaupte, daß das Gerechte nichts anderes ist als *das dem Überlegenen Zuträgliche*"[2], und der folgerichtig die Gerechtigkeit verächtlich macht: Sie hat den Status eines an der unsicheren Front des sozialen Krieges aller gegen alle geschlossenen Waffenstillstands.[3]

Es wäre interessant, am Beispiel Platons kritisch die historischen und kulturellen Untergründe der Theogonien in der griechischen Mythologie zu untersuchen, die in der Ungerechtigkeit die Grundlage menschlichen Verhaltens sehen.[4] Doch dessen ungeachtet wollen wir uns nicht in einer solchen Untersuchung verlieren. Es soll hier vielmehr um das innere Abhängigkeitsverhältnis zwischen Ungerechtigkeit und Gerechtigkeit gehen, und zwar eingedenk der von der platonischen metaphysischen Wende eingeleiteten mentalen Konversion, nachdem die ersten, mit dem Machtantritt der griechischen Philosophie verbundenen monotheistischen Theogonien bereits die Idee popularisiert hatten, dass die Ungerechtigkeit letztlich weder ein von außen durch ein antithetisches Prinzip – wie im Manichäismus oder Zoroastrismus[5] – hereingebrachtes absolute Anderes, noch – wie gelegentlich in der homerischen Legende – *a fortiori* die Frucht eines göttlichen Zufalls sei. Man musste in der Tat auf den Platonismus und seine vielfältigen Wandlungen warten, bis ‚Ungerechtigkeit' paradoxer Weise als Begriff betrachtet werden konnte, der in der Gerechtigkeit seinen Grund und die Basis seiner Wahl hat. Die platonische Gerechtigkeitskonzeption ermöglicht ein Verständnis dieser Paradoxie.

Wir wissen, dass die platonische Philosophie die Gerechtigkeit als Ausdruck der natürlichen Ordnung selbst auffasst und deshalb der Harmonie, die seit Ewigkeit zwischen den Teilen des Universums herrscht. Die ‚gerechte' Verteilung der Elemente in der Welt wird umso sichtbarer sein, als es sich um komplexe Ensembles in der Art lebendiger Wesen handelt, deren Organe die konstitutiven Elemente eines – zumindest nahezu – perfekten teleologischen Systems repräsentieren. Dies ist zweifellos der Grund dafür, dass das Lebendige der antiken Philosophie ihr *kosmobiologisches*[6], in finalistischer und holistischer Sicht[7] repräsentatives Modell geliefert hat.

2 Platon, *Politeia*, I, 338c-339b.

3 Dies ist Gegenstand des ganzen Dialogs.

4 Theogonien. wie sie von Homer und Hesiod erzählt werden.

5 In dem Sinne, wie sich die vom Manichäismus und Zoroastrismus entwickelten Philosophien auf einen radikalen Dualismus entgegengesetzter kosmogonischer Prinzipien gestützt haben.

6 Dieser These zufolge ist das Universum – als ‚Ganzes' – ein ganz besonderes lebendiges Wesen, wenn nicht das lebendige Wesen *par excellence*. J. Moreau, der häufig

So konnten auch die menschlichen Gesellschaften als in hohem Maße integrativ organisierte Körper angesehen und in Abhängigkeit vom biologischen Modell interpretiert werden, denn es handelt sich dabei um eine Repräsentation, die den Harmonie-Aspekt bzw. – wenn man so will – die ‚Gerechtigkeit' der Proportionen hervorzuheben erlaubt, welche die Existenz dieser Gesellschaften begründen.

Dies ist übrigens auch der Grund dafür, dass Platon in seiner *Politeia* seine Gesprächspartner aufforderte, vorrangig die Natur der Gesellschaft als eines sozialen Körpers bzw. die Substanz der Polis[8] als Voraussetzung[9] der Analyse der ewigen Gerechtigkeit zu untersuchen.

das Wort ‚Kosmobiologie' verwendet, schreibt hierzu in seinem Buch *Plotin ou la gloire de la philosophie antique*: „Im Vergleich zur platonischen Reflexion antwortet die kosmobiologische Idee auf ein ontologisches Erfordernis. Wäre das Universum nicht ein organisiertes Ganzes, ein lebendiger Organismus mit Seele und Intelligenz, dann entspräche es nicht seinem Begriff als vollendetes Ganzes" (Paris 1970, S. 22).

7 Mehrere Autoren, unter ihnen J. Moreau, entwickeln diese Idee, die sie für grundlegend für das ganze philosophische Denken seit der Antike halten. Moreau schreibt z.B. in seinem Buch *Aristote et son Ecole*: „Diese finalistische Sicht der Welt war von Platon im *Timaios* mit der grundlegenden These vorgetragen worden, dass es ein Universum gibt, dass die Verschiedenheit der Dinge auf Einheit zuläuft und dass es nicht nur eine Totalität ist (τά παητα), sondern einziges Ganzes (τό όλοη) (man vgl. die Lehre in *Philebos* 204a-205a), eine universelle Organisation, in der alle Einzelseienden nicht nur enthalten sind, sondern von der sie – definiert durch ihre Gründe – einbegriffen sind. Die Idee des Universums hat eine teleologische Bedeutung, und die mechanistischen Konzeptionen sind gerade dadurch gekennzeichnet, dass sie diese Idee ausschließen, d.h. die Idee einer einzigen Welt; sie erlauben eine unendliche Pluralität von Welten." (Paris 1967, S. 122).
Was die *holistische*, in der antiken Philosophie vorherrschende Tendenz betrifft, so könnte man sie als eine Denkströmung charakterisieren, die allen *mechanistischen* Tendenzen widerspricht; man kann dies mit dem heutigen Widerspruch zwischen *Reduktionismus* und *Emergentismus* vergleichen.

8 Die in der *Politeia* definierte Polis ist zwar ein ‚ideales' Gemeinwesen, aber nicht in dem ihm gelegentlich zugeschriebenen Sinne eines *utopischen* Staates. Dies betont J.-F. Pradeau in seinem Buch *Platon et la cité*: „Genau gesagt, gibt es für den Autor der *Politeia* nur eine Polis – die, deren Verfassung er in seinem Werk beschreibt. Alle vergangenen bzw. nah oder fern existierenden *poleis* sind verderbt, ohne inneres Gleichgewicht oder in Gruppen zersplittert. *Per definitionem* gibt es nur eine Polis, die geeignet ist, den vorgeschriebenen Gesamtzusammenhang der Funktionen zu etablieren; wie die Funktion in ausgezeichneter Weise tugendhaft ist, wenn sie das möglichst Beste verwirklicht, so ist auch die Polis tugendhaft, wenn das Gesamt der sie auszeichnenden Funktionen in einer autarken Gemeinschaft vereint ist." (Paris 1997, S. 44 f.)

9 Vgl. die bekannte Passage in der *Politeia* (II-368b, 369b), in der Platon schreibt: „Ich will es dir sagen, antwortete ich. Gerechtigkeit, sagen wir, ist vorhanden in dem ein-

In diesem Sinne lässt der Platonismus nicht nur die Idee des Prinzips der Einrichtung der Polis erkennen – das der paradigmatischen Struktur, die das notwendige Attribut aller sozialen Gerechtigkeit ist, die in der Sinnenwelt existieren soll –, sondern er zeigt uns auch die unauslöschliche Spur der Ungerechtigkeit, die von nun an als Indikator des verderblichen Prozesses zu verstehen ist, der sich der Gesellschaften bemächtigt, wie sich die Krankheit des lebendigen Körpers bemächtigt.[10]

In dieser neuen Lesart ist die Ungerechtigkeit im Unterschied zu bestimmten Überzeugungen oder älteren Gewohnheiten nicht mehr als das absolute oder zufällige Andere der Gerechtigkeit aufgefasst. Durch die idealistische philosophische Wende ist sie zur Matrix der in die Substanz der Gerechtigkeit selbst eingeschriebenen Formen des Verderbens geworden. In dieser Perspektive ist das Ungerechte nicht länger das unendlich mannigfaltige Unfassliche, oder das, was zufällig dem Gerechten entgegengesetzt ist. Von nun an ist die Ungerechtigkeit Teil der Gerechtigkeit.

Diese erste, mit der platonischen Philosophie gegebene Form des Rationalismus hat ganz offensichtlich auf die Gesamtheit der politischen Theorien der Antike und des Mittelalters abgefärbt. Einen Beweis hierfür stellt die aristotelische Philosophie dar, die den substanziellen Formen Vorrang vor den anderen Seinsgattungen einräumt und folgerichtig dem biologischen Modelldenken in der politischen Philosophie seinen Einfluss sichert. Weil die Polis sich für die Verwendung des biologischen Modells eignet, war die Gerechtigkeit im Aristotelismus

zelnen Manne, sie ist es aber auch in einem ganzen Staat?/ Allerdings, versetzte er./ Nun ist aber doch ein Staat größer als ein einzelner Mann?/ Freilich, erwiderte er./ Vielleicht demnach ist mehr Gerechtigkeit in dem Größeren und hier leichter zu erkennen. Seid ihr also einverstanden, so wollen wir zuerst an den Staaten untersuchen, von welcher Art sie ist, und alsdann auch in dem Einzelnen sie erforschen, indem wir die Ähnlichkeit mit dem Größeren in der Gestalt des Kleineren betrachten."

10 Platon nimmt die biologische Metapher wieder auf. Im 4. Buch der *Politeia* (443d-444d) schreibt er: „Ist nun nicht, fuhr ich fort, auch das Ungerechthandeln und das Unrechttun, und andererseits das Gerechthandeln, ist nun nicht dies alles nunmehr klar, wofern die Ungerechtigkeit und die Gerechtigkeit es ist?/ Wie denn?/ Daß es, antwortete ich, nicht verschieden ist von dem Gesunden und dem Krankhaften, wie jenes im Leibe, so dieses in der Seele./ Inwiefern? fragte er./ Das Gesunde bewirkt doch wohl Gesundheit, und das Krankhafte Krankheit?/ Ja./ Bewirkt also nicht das Gerechthandeln Gerechtigkeit und das Ungerechthandeln Ungerechtigkeit?/ Notwendig./ Gesundheit bewirken heißt aber, die inneren Bestandteile des Leibes naturgemäß einrichten, daß sie beherrschen und von einander beherrscht werden, Krankheit wirken aber, daß sie naturwidrig regieren und von einander regiert werden?/ So ist es freilich./ Heißt also nicht andererseits, fuhr ich fort, Gerechtigkeit bewirken, die inneren Bestandteile der Seele naturgemäß einrichten, daß sie beherrschen und von einander beherrscht werden; Ungerechtigkeit aber, daß sie naturwidrig regieren und von einander regiert werden?/ Vollkommen, versetzte er."

wie auch im Platonismus die Matrix für die natürlichen verderblichen Formen der Ungerechtigkeit.

Deshalb sind wir gehalten, die Frage nach der Grundlage der anomischen Beziehung zwischen Gerechtigkeit und Ungerechtigkeit zu stellen, einer Beziehung, in der das Entgegengesetzte paradoxer Weise von dem abhängt, dessen Korrelat es ist.

Es könnten gewiss im Interesse einer angemessenen Beantwortung dieser Frage zahlreiche konkurrierende Interpretationsansätze herangezogen werden. Diejenigen, deren metaphysische Orientierung jedem analytischen Verfahren überlegen ist, sind versucht, die Tandem-Konzeption Gerechtigkeit/Ungerechtigkeit einem prinzipiellen philosophischen *Apriori* zuzuschreiben und folglich einer doktrinären – etwa einer ersten Systemevidenz verwandten – Wahl. Wir hingegen sehen, dass eine epistemologische Annäherung geeigneter ist, die Gründe dieser rätselhaften Korrelation auszumachen.

Wir werden bei einem analytischen Verfahren bleiben, das es uns sofort erlaubt, den Begriff der Gerechtigkeit zu untersuchen, und zwar nicht als einen ersten und deshalb innerhalb eines kohärenten theoretischen Systems nicht-analysierbaren Begriff, sondern als einen Begriff, der geeignet ist, Gegenstand wissenschaftlicher und historisch-kritischer Aufklärung zu sein, auf die wir dann epistemologische Überlegungen stützen können.

Was auch immer die Überzeugungskraft gewesen sein mag, die in einer konfliktbeladenen Gesellschaft die Ideologie der paradoxer Weise in den Rang der Gerechtigkeit erhobenen Macht nach sich ziehen konnte, ist dies doch in Wirklichkeit nie darauf hinausgelaufen, dass die Gerechtigkeit völlig unter den Einfluss der Macht und unter das Joch der Ungerechtigkeit geraten wäre; denn das entstehende theologische und philosophische Denken hat immer eine andere Konzeption der ‚Gerechtigkeit als Wert' anregen können, indem es sie von nun an von der *Idee der mathematischen Gleichheit* abhängig machte. Und weil außerdem Gleichheit seit unvordenklichen Zeiten auf den Begriff des Gleichgewichts zurückgeführt wurde, muss das Problem der epistemologischen Begrenzungen zur Diskussion gestellt werden, die zur Reduktion des Gerechtigkeitsbegriffs auf den des Gleichgewichts führen mussten.[11]

Mit der Weichen stellenden Wahl, seit dem Altertum den Gerechtigkeitsbegriff mit dem mathematischen Gleichheitsbegriff in Beziehung zu setzen, sah sich der kultivierte und gelehrte Teil der Menschheit verpflichtet, den abstrakten Begriff der mathematischen Gleichheit in den einzelnen Bereichen der Physik zu entfalten, die als der sinnlichen Wirklichkeit näher galten, d.h. im Feld der Mechanik, aber auch in dem der ‚Biologie' – in Feldern, in denen sich der Gleichgewichtsbegriff verbreitete, wenn auch die Mechanik nur langsam einige rudimen-

[11] Diese besondere Wendung des Geistes hat Gründe, die wir weiter unten zu untersuchen Gelegenheit haben werden.

täre Charakterisierungen der Gleichgewichtsgesetze begründen konnte; dies belegen z.B. die pseudo-aristotelische Abhandlung *Mechanica*[12], einer der ersten überlieferten Texte zum Gleichgewicht der Kräfte, und auch einige rätselhafte Texte des *Corpus Hyppocraticum* über die Gesundheit als Gleichgewicht der Temperamente. Es kann auch nicht überraschen, dass die Waage bei der Ausarbeitung des Begriffs der Gerechtigkeit herangezogen wurde, nachdem diese als Gleichgewicht aufgefasst worden war.[13]

Doch um in unserer Untersuchung voranzugehen, wollen wir uns außer einigen knappen Hinweisen auf die in ihnen implizierten pythagoreischen und platonischen Sichtweisen nicht lange bei den philosophischen und theologischen Konzeptionen aufhalten, die der neuen Allianz von Gleichheit und Gerechtigkeit großen Stellenwert eingeräumt haben. Wir erinnern daran, dass z.B. die von der pythagoreischen Metaphysik behauptete Äquivalenz zwischen dem Guten, Wahren, Schönen und Gerechten durchaus philosophische Kommentare hervorgerufen hat; doch dies geschah nicht immer mit dem Ziel einer Erklärung der Grundlagen. Für Aristoteles war dies jedenfalls Anlass zu seiner Kritik der Prinzipien der mathematischen Theorie bei Platon. Hat er sich nicht in seiner *Metaphysik* darum bemüht, mittels der ihm verfügbaren wissenschaftlichen Argumentation die für die Ideenlehre unterstellten guten Gründe zu zerstören?

Ferner lassen wir das schwierige Problem beiseite, ob es doxographisch zulässig ist, hinsichtlich der Bücher A 9, M und N der aristotelischen *Metaphysik* Mutmaßungen über ihren esoterischen Charakter anzustellen oder ob diese grundlegenden philosophischen Texte darüber erhaben sind.[14] Gleichwohl müssen wir – gerade dies unterstreicht Aristoteles – anerkennen, dass es im Platonismus im Umfeld der pythagoreischen metamathematischen Überlegungen zur Natur der Serie der natürlichen Zahlen und über den organischen und organisierenden Wert der Eins zur authentischen ontologischen und kosmologischen Einführung der ‚Ideenzahlen' bezüglich der höchsten Realität aller Seienden kommt.

Schließlich müssen wir uns im Rahmen dieser einleitenden Bemerkungen damit begnügen, mit wenigen Strichen die entscheidende epistemologische Neubegründung der mathematischen Metatheorie zu skizzieren, deren Zeitgenosse und

12 Vgl. Aristoteles (Pseudo-Aristoteles), (*Mechanica*), (*Questions Mécaniques)*, *Mechanical Problems*, Aristotle, minor works, Harvard University Press 1980, S. 329-411.

13 Wir stützen uns hier auf Analysen von G.-G. Granger zu dem, was er im 1. Kap. Seines Buchs *Méthodologie économique* das „epistemologische Gespenst" des Gleichgewichtsbegriffs nennt (Paris 1995, S. 23-87). Hier finden sich interessante Hinweise zu den Verfahren der wissenschaftlichen Konzeptualisierung, welche die Entstehung dieses Begriffs begleitet haben.

14 Es handelt sich tatsächlich um akroamatische Texte, d.h. um Elemente von allgemein für esoterisch gehaltenen Kursen, die dem großen Publikum nicht offen standen und für die der aristotelische Text wahrscheinlich der nahezu einzige Zeuge ist.

zugleich Akteur Aristoteles war; sie führte eine neue Konzeption der mathematischen Theorie ein, die geeignet war, sie aus dem bisherigen metaphysischen Ghetto herauszuführen und endgültig in die Späre der menschlichen Noetik zu integrieren. So viel ist zu sagen: Für Aristoteles war die platonische Konzeption der Mathematik bereits überholt, und dies rechtfertigte in seinen Augen eine radikale Infragestellung der metaphysischen Basis, auf der die ganze Arithmetik und damit insgesamt die platonische Philosophie ruhte. Dies führte dazu, der Mathematik einen neuen epistemologischen Status zuzuweisen und ihr einen gesonderten Platz innerhalb der theoretischen Wissenschaften einzuräumen, obwohl es noch ein heimliches metaphysisches Einvernehmen und den Anspruch gab, sie als ontologisch verwickelte Mystik zu stiften. Dies ist der tiefe Sinn der aristotelischen Kritik an der Ideenlehre im Allgemeinen und an den Ideenzahlen im Besonderen, insbesondere – wie bereits oben gesehen – in den Büchern A, M und N seiner *Metaphysik.*

Aristoteles schreibt hierzu:

> Nun bedeutet aber Eins offenbar das Maß, und setzt ein Substrat voraus, und zwar bei jeglichem Gegenstande ein anderes, so bei den Tönen den Viertelton, bei der Ausdehnung die Spanne oder den Fuß oder sonst etwas dergleichen, beim Rhythmus den Versfuß oder die Silbe, und ebenso für die Schwere ein bestimmtes Gewicht, überhaupt für jegliches etwas, was von derselben Art ist wie das Gemessene, für das Qualitative ein Qualitatives, für das Quantitative ein Quantitatives; – das Maß selber aber ist, was unteilbar ist, teils seinem Begriffe nach, teils für die Wahrnehmung, und damit ist gegeben, daß die Eins nicht für eine für sich bestehende Wesenheit genommen wird. Und das hat auch seinen guten Sinn. Denn die Eins bedeutet, daß etwas als Maß einer Vielheit dient, die Zahl aber, daß das Gemessene eine Vielheit bildet und das Maß mehrfach wiederholt ist. Deshalb ist auch nach gesundem Urteil die Eins gar keine Zahl. Denn das Maß ist nicht eine Vielheit von Maßen, sondern die Eins ist wie das Maß Prinzip. Das Maß muß immer etwas sein, was identisch ist für alle unter einer Gesamtheit Befaßten.[15]

Am Ende seines Textes betont Aristoteles z.B. den illusorischen Charakter des Bemühens, die Eins als Ursprung des Guten aufzufassen:

> Darum hat man allen guten Grund, den Satz, daß dies dem Prinzip als sein Attribut zukomme, als zutreffend anzuerkennen. Ausgeschlossen dagegen ist die Annahme, daß dieses Prinzip die Einheit, oder wenn nicht diese, daß es Element und zwar Element der Zahlen sei. Daraus würde sich eine Menge von Schwierigkeiten ergeben. Um diesen zu entgehen, haben manche diese Wendung aufgegeben. Zwar, daß die Einheit oberstes Prinzip und Element

15 Aristoteles, *Metaphysik*, N, 1, 1087b, 30-35. Dt. Übers. v. A. Lasson, Jena 1907.

sei, das lassen sie gelten, aber doch nur für die Zahl im Sinne der Mathematik.[16]

Fassen wir als Ergebnis dieses kurzen Überblicks zusammen: Aristoteles konnte mit der von ihm ausgehenden Erneuerung der Kritik der mathematischen Grundlagen der These den Gnadenstoß versetzen, welche die Eins als Ursprung und Prinzip der Vervollkommnung, der Ordnung, der Harmonie und der Gleichheit und dementsprechend als ontologische Legitimierung des Gerechten, Schönen und Guten ansah. Mehr noch: Damit setzte er auch der Konzeption der durch diese Begriffe implizierten Gegenbegriffe ein Ende, insbesondere der Begriffe der Vielfalt, der Unbestimmtheit der Dyade des Großen und des Kleinen, sowie des Ungleichen, die als ontologische Quelle der Ungerechtigkeit, der Maßlosigkeit und damit des Bösen angesehen worden waren.

J.-T. Desanti hat hierzu ausgeführt: „Indem Aristoteles das Ausmaß der Autonomie der Operationsfelder vermessen hat, hat er das Maximum an Verständlichkeit erreicht, das entsprechend dem Zustand und den Bedürfnissen der Mathematik seiner Zeit möglich war.“[17] Desanti interpretiert die aristotelische Auffassung als eine der gewagtesten Lösungen des von der Entdeckung der irrationalen Zahlen verursachten Problems, die das griechische Denken habe finden können. Der Stagirit sei der erste gewesen, der den Autonomieansprüchen der Operationsfelder in der Mathematik habe entsprechen können.[18]

Zwischen den beiden Polen, zwischen denen das Zahl-Konzept in der Antike hin- und hergerissen war – dem ontologischen und dem operativen –, musste sich Aristoteles für den operativen entscheiden und sich dabei auf die aus dem Skandal der irrationalen Zahlen zu ziehenden Lehren stützen.

16 Ebd., 1091b, 15-25.

17 In dem von J. Piaget hg. Sammelband *Logique et connaissance scientifique,* Paris 1976, S. 450.

18 Man muss sagen, dass wir heute vor allem dank der genetischen Psychologie in der Lage sind, dem Begriff der Aktivität des Subjekts seine volle Bedeutung zuzuschreiben, vielleicht mehr noch, als man ihm mit dem kantischen Kritizismus an Bedeutung zurechnen zu können geglaubt hat. J. Piaget hat in mehreren seiner Bücher gute Gründe dafür benannt. In einer zugespitzten Bilanz seines Denkens hat er z.B. in *Psychologie et épistémologie* (Paris 1970, S. 84 f.) geschrieben: „Entsprechend unseren Prämissen verteidigen wir die folgenden Hypothesen: Unsere Erkenntnisse stammen nicht allein aus Sinnlichkeit und Erfahrung, sondern aus dem gesamten Handeln, in dem die Wahrnehmung nur Signalfunktion hat. Das Eigentümliche der Intelligenz ist nicht, zu betrachten, sondern zu ‚transformieren', und ihr Mechanismus ist wesentlich operativ. Die Operationen bestehen aus interiorisierten und koordinierten Handlungen in (reversiblen etc.) Ensemble-Strukturen, und wenn man diesen operativen Aspekt der menschlichen Intelligenz berücksichtigen will, dann muss man von der Handlung selbst und nicht allein von der Wahrnehmung ausgehen.“ Vgl. auch ders., *Biologie et connaissance*, Paris 1967, VI, 21, S. 461-468.

Anders gesagt: Die Zahl hat in der neuen Fassung viel von ihrer mystischen und metaphysischen Aura verloren; gleichwohl ist sie gut aus der Konfrontation mit der Nachwelt des Pythagorismus hervorgegangen.

Die Mathematiker mussten das offene Feld der entstehenden und dann euklidisch werdenden Mathematik freiräumen. Sie mussten mutig und in bisher unbekannter Weise die Möglichkeit einer ‚Mathematizität' erkunden und das Risiko auf sich nehmen, die Strenge und Genauigkeit der griechischen mathematischen Rationalität außerhalb der gewohnten metatheoretischen Beschränkungen zu erproben.

Gestärkt durch die aristotelischen metatheoretischen Fortschritte zeigen uns Euklids *Elemente* die Art und Weise, wie das Problem der Proportionalität der Beziehung zwischen zwei messbaren Größen gelöst wurde, wenn zwei Maße völlig unterschiedlicher Art sind und folglich zu Maßbereichen gehören, die mathematisch als nicht (direkt) miteinander verbindbar angesehen werden, wie etwa bei „einer von einer gekrümmten Linie begrenzten Oberfläche einerseits und der Fläche eines Quadrats andererseits".[19]

Die für den Beweis der Wahrheit der angenommenen proportionalen Gleichheit (zwischen: $\frac{c}{c'}<\frac{d^2}{d'^2}$ und $\frac{c}{c'}>\frac{d^2}{d'^2}$)[20] vorgeschlagene Lösung schließt, wie man weiß, die fatale Zahl π ein (das Verhältnis des Umfangs eines Kreises zu seinem Durchmesser); dies erinnert an die heuristische Methodologie des ausgeschlossenen Dritten[21], die möglicherweise auf Eudoxos zurückgeht. Es

19 J.-T. Desanti, *La philosophie silencieuse, ou critique des philosophies de la science*, Paris 1975, S. 199.

20 Erinnern wir daran, dass das Theorem 2 des XII. Buchs Folgendes besagt: Das Verhältnis der Flächen zweier Kreise entspricht dem Verhältnis der Quadrate ihrer Durchmesser. Anders gesagt: Man muss sich dem dogmatischen Verbot widersetzen und in moderner Sprache schreiben: – $\frac{c}{c'}=\frac{d^2}{d'^2}$. Desanti kommentiert die Möglichkeit dieses Verfahrens und fügt hinzu, man müsse, um berechtigt zu sein, diese Formel zu schreiben, gemäß Euklid, *Elemente* V, Definition 5 Folgendes behaupten: „Für je zwei von Null verschiedenen ganzen Zahlen *m* und *p*, zieht, 1.,° $mc=md^2$ mit Notwendigkeit $pc'= pd'^2$ nach sich und; 2., es zieht $mc < md^2$ immer $pc'<pd'^2$ nach sich und, 3., es folgt aus $m c> md^2$ immer $pc' > pd'^2$. Insgesamt gehören die Entitäten der Art c (also c und c') zu einem Bereich, in dem eine (archimedische) Ordnung definiert ist; dasselbe gilt für die ‚Entitäten' der Art d^2; nur lassen sich die Proportionen vergleichen, freilich unter der Bedingung, dass man die Gleichheit $\frac{c}{c'}=\frac{d^2}{d'^2}$ zu beweisen in der Lage ist." Desanti, Réflexions sur le concept de « *mathesis* », ebd., S. 199 f.

21 Hieran erinnert Desanti (ebd., S. 202): „Sind zwei Größen gegeben, A und B, sind drei einander ausschließende Fälle: entweder A=B; oder A<B; oder A>B. Um A=B zu beweisen, genügt es, die Falschheit von A>B bzw. von A<B zu beweisen."

handelt sich um einen sehr speziellen Beweis im Feld des griechischen mathematischen Denkens. Nur mit einem derartigen theoretischen Scharfsinn konnte es das neue mathematische Denken wagen, sein Recht auf die von ihm für notwendig erachteten theoretischen Erweiterungen in Anspruch zu nehmen, um eine echte mathematische Rationalität durchzusetzen, selbst wenn solche Erweiterungen wie immer bei orthodoxen Mathematikern Befürchtungen ausgelöst hatten.

Ein Hauch von Misstrauen war anlässlich der Entdeckung der Irrationalität der Diagonale entstanden: Bei einem Quadrat mit der Seitenlänge 1 hat die Diagonale die Länge $\sqrt{2}$, und $\sqrt{2}$ ist irrational. Doch auch hier ist es Euklid zu verdanken, dass die Fäden des Beweises nicht abrissen; er musste die irrationalen Zahlen mathematisch legitimieren – und dies gewiss dank der Kühnheit seiner gelehrten Vorgänger, die das Terrain vorbereitet hatten, vor allem dank der philosophischen Arbeit, die von der aristotelischen Überlieferung der Begriffe des Aktual-Unendlichen, des Potenziell-Unendlichen und des mathematischen bzw. physikalischen Inhalts begonnen worden war.[22]

Doch kommen wir zum Problem selbst zurück, d.h. zu dem der Fähigkeit der Mathematik dieser Zeit, genau und streng über die Entitäten zu sprechen, die in die Zuständigkeit der ‚praktisch' genannten Wissenschaften bzw. – wie man heute sagen würde – der Geisteswissenschaften fallen, ohne den Hirngespinsten des aus dem Pythagoreismus hervorgegangen mathematischen Szientismus zu erliegen. Das Problem, das sich für die Alten nachdrücklich stellte, war, zu wissen, ob ihre Rechentechniken gut zu den Gegenständen passten, die sie bearbeiten

[22] Ganz offensichtlich trägt die Konzeption des Aristoteles die Züge ihrer Zeit. In seinem Aufsatz ‚La logique et le langage' merkt Georg Kreisel an: „Aristoteles' Idee des Unendlichen ist – wie er selbst in in meinen Augen etwas mehrdeutigen Worten unterstrichen hat – nur mit der Mathematik seiner Zeit in Einklang zu bringen (vgl. *Physik*, III, 7, 207b 29-30: ‚Denn auch bisher bedurften sie [die Mathematiker] nicht des Unbegrenzten, noch machten sie davon Gebrauch: sondern nur des Seins jedweder begrenzten Linie, so groß sie dieselbe verlange.')."
Vgl. auch z.B. M. Caveing, ‚Quelques remarques sur le traitement du continu dans les Eléments d'Euclide et la Physique d'Aristote'. In: *Penser les Mathématiques*, Paris 1982, S. 145-166; der Autor zeigt, dass Aristoteles' Konzept der Kontinuität (v.a. in *Physique* III), stark in die einschlägigen mathematischen Untersuchungen dieser Epoche eingebunden ist. An anderem Ort fügt er hinzu: „Im speziellen Fall der geraden Linie benötigen die Geometer nur willkürlich große endliche Segmente. Aristoteles' o.g. Idee zum potenziell Unendlichen im Unterschied zum aktual Unendlichen stehen nicht mit den letzten einhundert Jahren und noch weniger mit den vorherrschenden Intentionen in Einklang, selbst wenn es möglich ist, ihre Ergebnisse im Terminus des potenziell Unendlichen zu reformulieren. Die Verwendung des aktual Unendlichen ist z.B. von den Teilen der Mathematik eliminiert worden, für die Hilberts Programm realisiert wurde." *Aristote aujourd'hui*, sous la direction de M.-A. Sinaceur, UNESCO-Paris, 1988, S. 251.

wollten. Wir wissen z.B., dass ein starker Argwohn gegenüber den Ansprüchen der pythagoreischen Mathematik auf universelle wissenschaftliche Anwendung bestand.[23] Und es gibt keinen Zweifel daran, dass die bezüglich *Qualia* vermutete Unangemessenheit der Arithmetik und Geometrie einer der wesentlichen in der aristotelischen Physik thematisierten Gründe für die epistemologische Entscheidung war, die Physik als qualitative Naturwissenschaft zu betreiben.[24]

Wir beurteilen die Bedeutung dieser Wahl wohl angemessen, wenn wir feststellen, dass sie der Anwendung bestimmter mathematischer Operationen auf qualitative Gegebenheiten epistemologische Legitimität verliehen hat, so z.B. bei den Problemen der Verteilung, handelt es sich doch nicht mehr – wie bei der ‚distributiv' genannten Gerechtigkeit – um quantitative Gegebenheiten.

Für eine gerechte Verteilung waren damals zwei Arten und Weisen anerkannt, zumindest bei denen, die den Rekurs auf den Begriff der Gerechtigkeit als Maßstab predigten: sich entweder einer gleichen arithmetischen Aufteilung dessen, was verteilbar ist, zu unterziehen oder aber gleiche Vergütung zu sichern, d.h. gemäß Verteilungsregeln, die gleichwohl bestimmte Formen der Ungleichheit legitimierten. Und um dieser Aufgabe nachkommen zu können, konnten die ersten Theoretiker entsprechend ihren Bedürfnissen beliebige Rechenarten verwenden – von der einfachen arithmetischen Division bis zum Gebrauch von *Analogien*, die sie für die feinsten proportionalen Werte auch ‚Mittelwerte' nannten.[25]

Genauer besagt dies: Wenn geschäftliche Transaktionen möglich sind, wie dies Aristoteles in seiner *Nikomachischen Ethik* zeigt, dann aufgrund von arith-

23 Erinnern wir uns an Aristoteles' Reflexion am Ende von *Metaphysik* α, 3, 995b, 14-17, wo er sagt, man dürfe die Strenge der Mathematik nicht überall fordern, sondern nur, wo es sich um immaterielle Entitäten handle. Deshalb sei die mathematische Methode auf die Physik nicht anwendbar, denn die Natur enthalte wahrscheinlich immer Materie.

24 Vgl. hierzu P. Duhems *La théorie physique – son objet, sa structure*, Paris ^{2}1981 (1906), S. 166; dt. *Ziel und Struktur der physikalischen Theorien*, übers. v. F. Adler, mit einem Nachwort v. E. Mach. Mit einer Einl. u. Bibl. hg. v. L. Schäfer, Hamburg 1998.

25 Vgl. auch Al-Marzūkī, der in seiner Dissertation über die Mathematik bei Aristoteles schreibt, es gebe bei Aristoteles zwei Niveaus der Mathematisierung: das eingeschränkte und einfache des quantitativen Ausdrucks bestimmter Phänomene, also der Bereich, in dem Aristoteles entgegen dem Anschein als Vorläufer der modernen Physik erscheine; ein zweites, wichtigeres Niveau betreffe die formale Organisation als Etappe in der Axiomatisierung einer bestimmten Kategorie abstrakter Gegebenheiten, so etwa gewisser menschlicher (die Tugenden und die Normenlogik in der Ethik) bzw. diskursiver Phänomene (wie Logik und Dialektik, Rhetorik und Poetik)."

metischer[26] Gleichheit zwischen Verkäufer und Käufer auf der einen und zwischen dem Transaktionsgegenstand und dessen Geldwert auf der anderen Seite.[27]

Hier, so lässt sich denken, passen die arithmtischen Regeln ohne weitere Schwierigkeit, d.h. gemäß den Modalitäten der Mathematik dieser Zeit. In diesem Fall handelt es sich um kommutative Gerechtigkeit. Handelt es sich aber um Teilung entsprechend der ‚distributiv' genannten Gerechtigkeit, bei der die Zuweisung der Teile hinsichtlich qualitativer Überlegungen vorgenommen wird – wie bei Ehre und Mut –, dann kann die Teilung nur in Funktion mehr oder weniger intensiver Werte geschehen, d.h. unter Ausschluss aller anderen Formen von Rechenverfahren und strikt jenseits jeder Quantifizierung.[28]

Diese tiefgreifende Unterscheidung zwischen Qualität und Quantität erklärt sich Duhem zufolge daraus, dass für die Antike eine Qualität ‚in gewisser Weise eine ganz eigene Gattung' darstellte.[29] Und weil jede Gattung *per definitionem* auf eine andere irreduzibel ist, können z.B. die Grade der Wärme nicht aufeinander reduziert werden. Sie gehen so aus der Kategorie der Qualität hervor, dass ein Wärmegrad nicht als eine Einheit aufgefasst werden kann, die in Relation zu einem anderen Wärmegrad steht. Man kann also sagen, dass zwei unterschiedliche qualitative Momente in keiner Weise als quantitative Beziehung zu sehen sind. Allein bei einer quantitativen Beziehung kann eine Messung ins Auge gefasst werden.[30]

Dies gilt in Anbetracht dieser wichtigen Unterscheidung, aber auch aufgrund der neuen Errungenschaft des mathematischen Denkens, dass ein ‚Kalkül' mora-

26 Aristoteles schreibt in der *Nikomachen Ethik*, V/VI, man solle nicht aus dem Blick verlieren, was er zu differenzieren versuche: das in sich Gerechte und das Gerechte in der Gesellschaft. Letzteres existiere unter Menschen, die zusammenleben, um ihre Unabhängigkeit zu leben, freien und gleichen Menschen – sei es proportional, sei es arithmetisch.

27 Vgl. ebd. V/VIII, 1133a: „Daher muß alles, was untereinander ausgetauscht wird, gewissermaßen gleich den Zahlen addierbar sein, und dazu ist nun das *Geld* bestimmt, das sozusagen zu einer Mitte wird. Denn das Geld mißt alles und demnach auch den Überschuß und den Mangel; es dient also z. B. zur Berechnung, wie viel Schuhe einem Hause oder einem gewissen Maße von Lebensmitteln gleich kommen."

28 Vgl. Aristoteles, ebd., V, II, III, IV.

29 Vgl. P. Duhem, *L'Évolution de la Mécanique*, Paris 1905, S. 8.

30 P. Duhem schreibt exakter in *La Théorie physique – son objet, sa structure*: « Ce que nous pouvons dire des longueurs, nous le pourrions répéter touchant les surfaces, les volumes, les angles, le temps; tous les attributs physiques qui sont des grandeurs présenteraient des caractères analogues. Toujours nous verrions les divers états d'une grandeur présenter des relations d'égalité ou d'inégalité susceptibles d'être figurées par les signes =, > , < , toujours nous pourrions soumettre, cette grandeur à une opération possédant la double propriété *commutative* et *associative* (l'auteur souligne), et, par conséquent, susceptible d'être représentée par le symbole arithmétique de l'addition, par le signe + ». Vrin, Paris, 1981, pp. 162-164.

lischer oder politischer Werte möglich geworden war, auch wenn es sich dabei nicht im strengen Sinne um einen arithmetischen Kalkül handelte. Denn es handelt sich um ein Verhältnis, das zwei zu zwei die Glieder einer Gleichung mit mehreren Paaren vereint, wie z.B. $\frac{A}{B} = \frac{C}{D}$, wo aber der Formalismus über die arithmetische Verwendung z.B. bei der Suche nach der vierten Proportionalen hinaus ein solcher ist, der auf qualitative Werte und folglich auf nicht messbare Größen hinweist. Aristoteles definiert die Analogie im Allgemeinen als ein Verhältnis, in dem das zweite Glied an erster wie das vierte an dritter Stelle steht, ohne jedoch über die Natur der Glieder zu entscheiden.

Merken wir hier beiläufig an, dass die Analogiebeziehung außerhalb ihrer Anerkennung in der Arithmetik hinsichtlich ihrer wissenschaftlichen Genauigkeit oft Gegenstand der Kritik war, so z.B. bei A. Lalande in *Le vocabulaire technique et critique de la philosophie*, wo der Analogiebegriff insgesamt als für eine wissenschaftliche Verwendung ungeeignet angesehen wird.[31]

Man muss allerdings wissen, dass die große Mehrheit solcher Kritiken nicht nur diesseits der tiefen Bedeutung des aristotelischen Denkens für derartige Fragen stehen geblieben ist, sondern vor allem nicht sensibel für die tiefgreifenden Veränderungen des wissenschaftlichen Geistes waren; sie waren von der Wende der modernen Wissenschaften ziemlich weit entfernt, so z.B. von den in den Prozess der Komplexierung des Begriffs der Mathematizität seit Platon und Aristoteles und bis in unsere Tage einbezogenen Errungenschaften der ‚rekurrenziellen' Methodologie des neuen wissenschaftlichen Geistes in der Epistemologie.

Im Rahmen dieses Beitrags ist es unmöglich, auf vertiefende Weise ein Plädoyer zugunsten der theoretischen und metatheoretischen Veränderungen zu halten, für die sich das mathematische Denken im Laufe der Jahrhunderte eingesetzt hat. Statt dessen wenden wir uns dem Wesentlichen zu, indem wir einen knappen Überblick über die Grundlagen unserer Argumentation geben.

Wir lassen uns von den Arbeiten von J.-L. Destouches, S.-T. Kuhn und anderen inspirieren, die gut gezeigt haben, dass die mathematische Formalisierung in ihrem traditionellen Sinne letztlich nur eine Form unter vielen anderen ist, in denen sich die Axiomatisierung eines Bereichs ausdrücken kann; und wenn die Axiomatisierung eines Bereichs des Wissens verwirklicht ist, folgt daraus nicht, dass sie, um als wissenschaftlich angesehen werden zu können, deshalb auch schon notwendigerweise arithmetische oder geometrische Form haben muss; denn Wissenschaftlichkeit kennt nicht nur diese eine Ausdrucksform, um dem

31 Im Abschnitt ‚Kritik' wird in *Le vocabulaire* zum Analogieschluss ausgeführt: „Dieser Ausdruck repräsentiert außerhalb der Bedeutung A, deren Typus der Kalkül der ‚vierten Proportionalen' ist, eine sehr vage Idee, die noch konfuser geworden ist, als man sie in verschiedenen Bedeutungen zu präzisieren versuchte." (Paris [14]1983, S. 51 f.)

Wissen, das Anspruch auf den Status der Wissenschaft erhebt, ihr Siegel aufzudrücken.[32]

Um präziser zu sein, sagen wir, dass uns paradoxer Weise die modernen Entwicklungen der Mathematik dazu veranlassen, das uns beschäftigende Problem des epistemologischen Status der Wissenschaften der Antike zu thematisieren – freilich in aktueller Sicht, d.h. in einer Perspektive, in der – ohne den Wert oder die für die Wissenschaft fundamentale Rolle der mathematisch-arithmetischen und geometrischen Formalismen zu bestreiten – andere Arten von Formalismen auftreten können und so Wissenschaft selbst bei Abwesenheit dieser traditionellen mathematischen Formalismen ermöglichen.

W.-W. Sawyer schreibt genau hierzu: „Der Gegenstand der Mathematik besteht darin, über klar definierte Dinge und Ideen nachzudenken. Es gibt keinen Grund, die mathematischen Symbole allen auf Zahlen (wie in der Arithmetik, Algebra und Geometrie) und auf Punkte (wie in der Geometrie) anzuwenden. Sie sind für alles geeignet. Was auch immer der Gegenstand ist, auf den man sie anwendet, kann man sie immer in Übereinstimmung mit den Eigenschaften dieses Gegenstandes entwickeln."[33]

Wir führen diese Definition der Mathematik an, weil sie von großem Interesse ist. Sie bringt in wenigen Worten das zusammen, was wir explizieren möchten: dass mathematisches Denken nichts anderes ist, als logisch „über klar definierte Dinge und Ideen" nachzudenken[34]; und dies besagt: Jede gut ausgeführte und gut definierte Dinge bzw. Ideen betreffende Deduktion wird man ‚Mathematik' nennen können, was auch immer der Gegenstand sein mag. Es geht hier darum, die Aufmerksamkeit des Lesers auf eine häufige Verwechslung bzw. Identifikation von Mathematisierung und Geometrisierung bzw. Artithmetisierung zu richten.

Weder die Zahl noch die Figur haben das Privileg mathematischer Behandlung, denn es gibt – theoretisch gesehen – nichts, was den *Imperialismus* der Arithmetik und der mathematischen Geometrie rechtfertigen könnte, wenn nicht einige historische Zufälle[35] von der Art des *Apriori*; schließlich sind mehrere Sorten ‚Algebra' möglich, deren Regeln und Theoreme in Übereinstimmung mit

[32] Vgl. insbesondere die Analysen der *idoneistischen* Schule, deren Oberhaupt Ferdinand Gonseth war, der 1947 gemeinsam mit Gaston Bachelard und Paul Bernays eine internationale Zeitschrift für die Philosophie der Erkenntnius gründete (*Dialectica)*.

[33] W.-W. Sawyer, *Introduction aux Mathématiques*, Paris 1966, S. 112 f.

[34] Der Autor schreibt ebd.: „In der Mathematik zielt man darauf ab, alle Themen mit vollständig deduktiven Methoden zu behandeln. Die Ideen werden als mit einer solchen Klarheit definiert unterstellt, dass man sie mit rein logischer Urteilskraft entwickeln kann."

[35] W.-W. Sawyer fügt z.B. ebd., S. 111, hinzu: „Es scheint mir, dass die Arithmetik und die Geometrie aus historisch zufälligen Gründen die ersten Gegenstände waren, auf die man eine logische Form anwandte. Seitdem wurden zahlreiche andere Untersuchungsgegenstände mathematisch behandelt."

den behandelten ‚Dingen' sind. Deshalb haben viele Autoren nicht gezögert, eine Algebra der Logik, eine Algebra der Klassen oder auch eine Algebra der ‚Bewegungsgruppen' zu entwickeln.

Nachdem wir die epistemischen Bedingungen der Mathematisierung in der Zeit des Aristoteles zu erläutern versucht haben, kommen wir jetzt zu der uns interessierenden Frage des Verhältnisses zwischen dem Gerechtigkeitsbegriff und dem des *Gleichgewichts* in der alten Mechanik.

Wie der Physiker Ernst Mach betont, ist der Gleichgewichtsbegriff gewiss ein dermaßen intuitiver Begriff, dass man ihn ohne Schwierigkeiten zu der der Menschheit angeborenen Erfahrung rechnen konnte. Man musste dieser Qualität seit der ägyptischen Antike vermittels der Waage instrumentellen Ausdruck verleihen.[36] Wir wissen z.B., dass das Gleichgewichtsproblem das Interesse der Mechaniker des Altertums erregt hatte, und wir verfügen mit den *Mechanica* über eine pseudo-aristotelische Abhandlung, in der es um das Problem der gleichschenkligen bzw. nicht gleichschenkligen Waage geht; in moderner Sicht handelt es sich in noch verschleierter Weise um eine Verallgemeinerung des Problems. Dies zeigt nicht mehr und nicht weniger als eine der ersten kühnen Bemühungen zur Quantifizierung des Gleichgewichtsphänomens; sie wurde von der gleichschenkligen Waage bzw. der ‚römisch' genannten Waage mit ungleichen Schenkeln nach sich gezogen.[37]

Jenseits der Interpretationsprobleme, welche die Behandlung des statischen Gleichgewichts durch den Ausweg, die Begriffe ‚Dynamik' und ‚Statik' miteinander zu verquicken – so etwa bei Pseudo-Aristoteles[38] –, aufwirft, müssen wir, wie zu Beginn unseres Vorhabens angekündigt, mit G.-G. Granger anmerken, dass diese Mathematisierung des Gleichgewichts unter den Gelehrten dieser Zeit

36 Vgl. den berühmten Hunefer-Papyrus: In der Mythologie des alten Ägypten wird Hunefer von Anubis zum Totengericht geführt. Auf der Waage, die Anubis überwacht, wird das Herz des Toten (in einer Urne) gegen die Feder der Ma'at, Zeichen für Ordnung, Wahrheit und Gerechtigkeit, gewogen.

37 Diese Frage wurde im arabischen und lateinischen Mittelalter durch die Untersuchung der Eigenschaften der ‚römisch' genannten Waage (arabisch: *qarastun*) abgelöst, und zwar in Kontinuität mit der diesbezüglichen pseudo-aristotelischen Tradition; *Le livre du qarastun de Thabit ibn Qurra,* hg. v. Khalil Jaouiche, Leiden 1976, bietet ein Beipiel. (Die römische Waage besteht aus einem Stab mit Skala und zwei ungleichen Hebelarmen, wobei sich am einen das Ausgleichsgewicht, am anderen ein Haken zum Aufhängen des Wägegutes befindet. Das Verhältnis der Hebelarme kann mit einer Zunge und Handhabe verschoben werden, bis bei angehängtem Gegenstand Gleichgewicht eintritt.)

38 Vgl. zur verbreiteten historischen und kritischen Literatur, deren Gegenstand der Gleichgewichtsbegriff im Altertum und im Mittelalter war, al Khazini, S. Duhem, E. Mach, R Dugas, Kh. Jaouiche, M. Clavelin, Moody et Clagett, Mazahéri, um nur einige zu erwähnen.

nicht einhellige Meinung war, denn viele unter ihnen – vor allem die Ärzte der hippokratischen Periode – bezweifelten nachdrücklich ihren wissenschaftlichen Wert. Ihnen zufolge durfte der auf lebendige Wesen angewandte Gleichgewichtsbegriff nicht quantitativ verwendet werden, handelte es sich doch um materielle, zur qualitativen Ordnung gehörende Substanzen.

Während das formelle Gleichgewicht von Oppositionen zurückgewiesen wird, sind zwei andere Gleichgewichtstypen akzeptiert. Der Terminologie Grangers zufolge handelt es sich um das *Fusions*- und das *Akkumulations*gleichgewicht, und zwar aus dem Grund, dass mit ihnen – in den Begriffen der eigentlichen aristotelischen Physik – die besondere Natur von Lebewesen übersetzt werden kann. In diesem Ausweg versteht man den Grund, warum man ein wenig an dem im Aristotelismus funktionsfähig gebliebenen alten biologischen Modell festhalten musste: Es erlaubt die holistische Sichtweise reaktualisierend zu übersetzen, ohne in die Fehler des Platonismus zu verfallen.

Hinsichtlich dieses epistemologischen Horizonts bemüht sich G.-G. Granger in seinem Buch *Méthodologie économique* darum, die Zukunft des Gleichgewichtsbegriffs im Rahmen der Veränderungen zu analysieren, denen er mit Blick auf die verschiedensten Begriffsverwendungen ausgesetzt war.[39] Nachdem er an die Ähnlichkeit der Begriffe ‚Gleichheit' und ‚Gesundheit' in der alten Physiologie und Medizin erinnert hat, schreibt er:

[39] In Zusammenfassung kann der Gleichgewichtsbegriff der hippokratischen Schule, der lange Zeit als Grundlage der medizinischen Biologie diente, so charakterisiert werden:
1. Es handelt sich im Unterschied zum abstrakten Gleichgewicht der Elemente eher um ein phänomenales und konkretes, in der Form besonderer Fälle als Tatsache beobachtbares Gleichgewicht als um ein regulatives, zur theoretischen Bestimmung der Erfahrungsformen dienendes Prinzip. Hippokrates hat – zumindest in einem Text – eine abweichende Gleichgewichtskonzeption eingeführt.
2. Es wird als *qualitative Komposition* konzipiert, wodurch es sich vom mechanischen Schema des Hebels bzw. Der Waage unterscheidet. Es beruht auf verschiedensten Gegenständen, deren Beziehungen keineswegs univok bestimmt sind und die nicht notwendigerweise als Kräfteverhältnisse gedacht werden.
3. Eher ein stabiler Zustand, ein Ruhezustand, bezeichnet ‚Gleichgewicht' eine Funktionsweise, und die Proportionen der Elemente, auf denen es beruht, sind nur Indizien der geregelten Bilanz eines Austauschprozesses.
In der hippokratischen Textsammlung sind zahlreiche derartige Texte zu lesen. „Zu wenig Bewegung – viel Nahrung" ist der knidischen Abhandlung *Peri diaites* zufolge der Ursprung der Krankheit. Und der Text der *Aphorismen* belegt, dass die Idee eines Austauschzyklus dem hippokratischen Gleichgewichtsbegriff zu Grunde liegt, der eher ein Fließ- als ein Zustandsgleichgewicht bezeichnet. Vgl. G.-G. Granger, *Méthodologie économique*, Paris 1955, S. 27.

Doch die großen klassischen Ärzte Griechenlands, die offensichtlich das Erbe des Empedokles angetreten hatten, weigerten sich, im abstrakten Terrain der Elemente ihren Ort zu finden. In seiner Abhandlung über die alte Medizin (*Peri archaies ietrikes*) macht Hippokrates Empedokles dessen Theorie der vier Elemente zum Vorwurf. Das Gleichgewicht war zweifellos das seine eigene Lehre beherrschende Konzept; was er ablehnte, war ein nach imaginären Prinzipien behauptetes Gleichgewicht, das der Arzt niemals in der Natur antreffen könne. Hippokrates und seine Schule suchten nach den Gründen der Gesundheit nicht mehr nicht in einem abstrakten Gleichgewicht der Kräfte, sondern in einem konkreten Gleichgewicht der *Temperamente*, in „Erfahrungswirklichkeiten, die" – wie Abel Rey in *L'apogée de la science technique grecque, La science de la nature et de l'homme*, S. 138, unterstreicht – „in erster Linie beobachtbar waren".[40]

So wurde ein neues Gleichgewichtskonzept erarbeitet, das weder aus der pythagoreischen Physik aus der bereits formalisierten Theorie der Statik stammte – unter der Stabführung dessen, was Granger ‚Oppositionsgleichgewicht' nennt –, sondern als eine Art qualitative Protodynamik flüssiger Körper, zwar noch ziemlich plump, aber unter Berücksichtigung von Fließgleichgewichten wie im Falle lebendiger, von der Empirie bestätigter Gleichgewichte, wie sie die qualitative aristotelische Physiologie und die ihr nahestehende Medizin mit Nachdruck betont hatten.

Die von uns dargestellte begriffliche Umbildung hat es notwendig gemacht, die lebendigen Arten als Entitäten anzusehen, die alle ihre natürliche Vollkommenheit haben; sobald das Modell mit dem nun notwendigen Gedanken auf die Gesellschaft übertragen wurde, dass sich auch jedes politische Regime einer gewissen Vollkommenheit erfreue, war das Wesentliche nicht eine substanzialisierte Hierarchisierung der politischen Regime, sondern ihre relative Fähigkeit, das Gemeinwohl einer bestimmten Gesellschaft zu garantieren, und zwar im Ausgang von den Möglichkeiten, welche die harmonische Kombination der Elemente bietet, die eine Verfassung des *Gemeinwohls* ausmachen.

Auf diese Weise gelangen wir vielleicht mit Aristoteles dazu, den Gerechtigkeitsbegriff zu relativieren und damit auch zu einer Entsakralisierung, denn er ist integraler Teil einer zu praktischer Weisheit führenden Wissenschaft, und folglich zur Entdramatisierung der Ungerechtigkeit. Selbst wenn die Ungerechtigkeit als negatives Korrelativ an die Gerechtigkeit gebunden bliebe, wäre sie doch eine Ungerechtigkeit dieser Welt, die in Gestalt unterschiedlicher (politischer) Systeme und verschiedener Formen auftreten kann, ohne dass es einen begrifflichen Widerspruch gibt, denn Gerechtigkeit und Ungerechtigkeit sind nun nur noch

[40] Ebd., S. 26.

Elemente einer Proportionalitätsrelation. Mit ihr haben sich die praktischen und nicht mehr die theoretischen Wissenschaften zu befassen.

Aus dem Französischen übersetzt von Hans Jörg Sandkühler

Mehrez Hamdi

Ungerechtigkeit gegenüber anderen und gegenüber sich selbst im Koran

Das Problem der Gerechtigkeit und Ungerechtigkeit kann nur im Rahmen der sehr komplexen Beziehungen thematisiert werden, die das Natürliche mit dem Sozialen, ja die Natur mit der Kultur verbinden. Dies lässt sich gut am Fall der Philosophie D. Humes zeigen, denn obwohl dieser die Gerechtigkeit als Ausfluss menschlicher, d.h. sozialer und kultureller Konventionen ansieht, bringt er sie doch mit dem Egoismus und der begrenzten Großzügigkeit des Menschen in Zusammenhang: Es sei – schreibt er im dritten Buch seines *A Treatise of Human Nature* (1739/40) – allein der Egoismus des Menschen in Verbindung mit der Knappheit, mit der die Natur für die Befriedigung seiner Bedürfnisse vorgesorgt hat, in der die Gerechtigkeit ihren Ursprung habe.

Erinnern wir ferner an den Dialog zwischen Kallikles und Sokrates in Platons *Gorgias*: Die Frage lautet, ob es besser sei, Unrecht zu leiden oder zu tun. Es ist ziemlich klar, dass die Antwort unterschiedlich ausfällt, je nachdem, ob man sich auf die Seite der Natur oder des Gesetzes schlägt. Deshalb ergibt sich aus den platonischen Texten, dass die Einstellung des Menschen zur Gerechtigkeit recht zwiespältig ist und zwischen dem Menschen, der Gutes tut, und dem Bösen keinerlei Unterschied besteht. So ist es auch mit dem Ring des Gyges[1]: Die Situationen, in die uns das Leben stellt, und die Kräfte, über die wir verfügen, lassen uns uns mal zur einen, mal zur anderen Seite tendieren. Platon schreibt, „daß man nur unter Zwang, nie also aus eigenem Willen gerecht handle, weil eben das Gerechte für den einzelnen kein Gut sei. Wo einer sich nur fähig fühle zum Unrecht, dort tue er es auch.“[2]

> Dass aber auch diejenigen, die sie üben, nur aus Unfähigkeit, Unrecht zu tun, sie gegen ihre Neigung üben, werden wir am ehesten wahrnehmen, wenn wir folgendes Gedankenexperiment durchführen: Wir wollen beiden, dem Gerechten und dem Ungerechtem, die Freiheit geben, zu tun, was sie nur wollen, und dann nachgehen und zusehen, wohin jeden von beiden seine Neigung treibt. Da werden wir denn den Gerechten ertappen, wie er mit dem Ungerechten zusammengeht aus Eigennutz, was jede Natur an sich als etwas Gutes folgt und erst durch Gesetz und Nötigung zur Achtung der Gleichheit

1 Vgl. Platon, *Politeia* II, 359b-360d.
2 Ebd., 359c-360d.

> herübergebracht wird. Die Freiheit, die ich meine, wäre ungefähr von der Art, dass ihnen eine Kraft würde, wie sie einst Gyges, sehr Ahnherr des Lyders (Kroisos) besessen haben soll.[3]

Diejenigen, die in der arabisch-islamischen Kultur geformt worden sind, erinnern alle die berühmten, so oft von den Bewunderern der schönen Literatur zitierten Verse, die auf besondere Weise die komplexe und zwiespältige Haltung des arabischen Menschen zur Gerechtigkeit ausdrücken. So verkündet Zouhair Ibn Abi Sulma:

> Wer keine Ungerechtigkeit gegenüber dem Anderen begeht, wird gezwungen sein, die der anderen zu erleiden. ومن لا يظلم الناس يظلم

Oder nehmen wir den schönen Vers von Antara Ibn Chadded, der sich über die Seinen und ihre Ungerechtigkeit ihm gegenüber beklagt – eine Ungerechtigkeit, die er als „schmerzender“ und „verletzender“ empfindet als einen „Säbel“, denn es handelt sich um „die Ungerechtigkeit der Nächsten“. وظلم ذوي القربى أشد مضاضة على المرء من وقع الحسام المهنّد

Bis in die Liebeslyrik findet man eine Spur dieser „Bewunderung“ – die allerdings „voller Befürchtungen“ ist – der Ungerechtigkeit; so bringt der Dichter Oumar Ibn Abi Rabiaâ, der seine Geliebte Hind anruft, seinen Wunsch zum Ausdruck, sie „nur einmal zu sehen“ und sich als „Diktator“ oder „Tyrann“ zu verhalten, kommen doch nur die Schwachen ohne Diktatur aus, d.h. ohne ihr Gesetz zu oktroyieren.

وشفت أنفسنا مما تجد	ليت هندًا أنجزتنا ما تعد
إنما العاجز من لا يستبد	واستبدت مرة واحدة

Doch wenn das Problem der Gerechtigkeit und Ungerechtigkeit als schwierig erscheint, so nicht allein wegen der Ambivalenz der mit ihnen verbundenen Werte. Es ergibt sich tatsächlich aus der Verquickung verschiedener Felder, die sie umgeben und auf die sie Anwendung finden – Theologie, Ethik und Politik. Um sie soll es im Folgenden gehen, und zwar im Wesentlichen im Rahmen der Koran-Texte.

Um Ungerechtigkeit als Gegenteil der Gerechtigkeit (*'Adl*) zu bezeichnen, begnügt sich die arabische Sprache nicht damit, zu *'Adl* ein negatives Präfix wie *Allà Adl* hinzuzufügen, auch wenn diese barbarische Form bei gewissen Denkern vorkommt, die das westliche Denken buchstabengetreu kopieren wollen. Statt dessen verwendet sie ein anderes Wort, nämlich *dhûlm*, und macht es zu einem der wichtigsten Konzepte der arabisch-islamischen Zivilisation.

Diese Bedeutung des Konzepts erhellt aus der Häufigkeit seines Erscheinens in verschiedensten Ableitungsformen im Text des Koran. Das zum Gattungs-

3 Ebd., 359b.

namen gewordene Substantiv *dhûlm* stammt aus der Wurzel (المادّة) *dha*, ظ *lam*, ل *Mim*, م, aus dem auch das Verb *dhalama* hervorgegangen ist, das in der Vergangenheits- und Gegenwartsform sowie in den Singular- und Pluralpersonen konjugiert wird. Hinzuzufügen sind die außergewöhnlichen Ableitungen des Komparativs und Superlatifs: ظلاّم – ظلّوم – أظلم etc.

In allen seinen Formen tritt der Begriff im Koran, der 114 Suren umfasst, 318 Mal auf, d.h. im Durchschnitt drei Mal in derselben Sure. Dies kennzeichnet die zentrale Position, die das Problem der Ungerechtigkeit in der islamischen Religion einnimmt, und die Grundlagen der arabisch-islamischen Gesellschaft.

Darüber hinaus begegnet das konjugierte bzw. substantivierte Verb *dhalama* mal in transitiver Form in Verbindung mit einem direkten oder indirekten Objekt (لم تَظْلِمْ مِنْهُ... – يظلمون النّاس), mal in intransitiver Form ohne irgendeine Verbindung mit einem Objekt (أمّا من ظلم. الذين ظلموا – القوم الظالمون).

Auf Folgendes ist hinzuweisen:

(i) Die intransitive Form dominiert in der Mehrzahl der Verse. Es handelt sich um Verse, in denen der Ausdruck für die ungerechte Handlung von einem Objekt begleitet ist. So ist in der Sure 42 Achchourà (Die Beratung) (يظلمون النّاس) der *dhalim* derjenige, der allgemein einer Ungerechtigkeit schuldig ist, was immer auch die Art der Ungerechtigkeit sein mag. Aber es wäre möglich, eine Hierarchie von Ungerechtigkeiten aufzustellen. Die schwerwiegendsten sind diejenigen, durch die man die Gnade Gottes verspielt: die Idolatrie, der Ungehorsam und der Mangel an Respekt gegenüber der göttlichen Botschaft. Es sind also die Reinheit des Glaubens, neben Gott keine anderen Götter zu haben und die Treue gegenüber den Befehlen Gottes und seinem Gesetz, die uns vor Ungerechtigkeit schützen.

Es gibt eine ursprüngliche, theologisch definierte Ungerechtigkeit, aus der sich alle anderen Formen von Ungerechtigkeit ergeben: Die, die auf die ungerechte Person selbst zurückfällt, ist wesentlich ethischer Art, und die, die anderen Schaden zufügt, ist sozio-politischer Art. Der Grad der Schwere der Letzteren bemisst sich nach dem Grad der Prekarität und Schwäche der Personen, denen sie angetan wird; so heißt es in Sure 4 An-Nisá (Die Frauen), Vers 10-11, zum Missbrauch des Vermögens der Waisen: „Wahrlich, diejenigen, die der Waisen Gut ungerecht aufzehren, die zehren (in Wirklichkeit) Feuer in ihre Bäuche auf und werden in einem Höllenfeuer brennen."

Dies gilt auch für verstoßene Frauen, Arme, Bettler und für alle Personen, die nicht die Möglichkeit haben, sich selbst zu verteidigen. Jede ihnen angetane Ungerechtigkeit ist mit einer Blasphemie verbunden, einem Eidbruch, oder genauer: mit einer Ungerechtigkeit gegenüber Gott.

(ii) Tritt der transitive Begriffs *dholm* im Koran auf, so immer in der Pronominalform. Der Mensch ohne Frömmigkeit fügt *sich selbst* eine Ungerechtigkeit zu. Die Ungerechten begehen eine Ungerechtigkeit gegen sich selbst. Darüber hinaus ist im Zusammenhang mit dieser Pronominalform und mit der Fülle ihres

Auftretens auf zwei weitere Ideen hinzuweisen: Der Mensch kann die Schuld seines Irrens und seiner Verdammnis nicht auf Gott abwälzen. Gott ist gerecht. (Für die Mutaziliten ist die Gerechtigkeit eines der wesentlichen Attribute Gottes und eine der fünf Grundlagen ihrer Doktrin.) Gott kann für die Ungerechtigkeit seiner Geschöpfe nicht verantwortlich sein. Der Mensch macht sich kein Bild davon, dass die von ihm gegen andere oder gegen die Menschheit in ihm selbst begangenen Missetaten so geartet sind, dass sie die Ordnung der Dinge und der von Gott gewollten Welt stören; die Menschen selbst sind die am meisten durch die von ihnen begangenen Ungerechtigkeiten Geschädigten.

> Das Gleichnis dessen, was sie in diesem irdischen Leben spenden, ist das Gleichnis des eiskalten Windes, welcher den Acker von Leuten trifft, die gegen sich selber sündigten. Und so vernichtet er ihn, und nicht Allah war gegen sie ungerecht, sondern gegen sich selber waren sie ungerecht. (Sure 3, Das Haus Ìmráns (Al-Ìmrán), Vers 117)
>
> وما ظلمهم الله ولكن أنفسهم يظلمون
>
> und Wir ließen die Wolken über euch Schatten werfen und sandten euch Manna und Wachteln herab: „Esset von den guten Dingen, die Wir euch gegeben haben“; sie schadeten Uns aber nicht; vielmehr schadeten sie sich selbst. (Sure 2, Die Kuh (Al-Baqarah), Vers 57)
>
> و ما ظلمونا ولكن كانوا أنفسهم يظلمون

So ist der Mensch immer wieder auf die volle Verantwortlichkeit für seine Handlungen zurückverwiesen, vor allem dann, wenn sie ungerecht sind. Und er beschädigt durch Ungerechtigkeiten weniger andere als sich selbst.

Mal transitiv, mal intransitiv, mal verdeckt ein äußeres Objekt betreffend, mal auf das Subjekt selbst zurückfallend, erscheint die Ungerechtigkeit als Trugbild des Handelns bzw. als Handlung, deren Folge gleichwohl in schwerwiegenden Konsequenzen nicht nur für den Menschen, der sie ausführt, bestehen kann, sondern auch und vor allem für die Menschheit. Ist der ‚lexikologische Inhalt', aus dem der Begriff *dhûlm* zusammengesetzt ist, nicht derselbe wie jener der Komposition von *dhalam* – die Dunkelheit, das Schwarze (in dem Sinne, wie die Aufklärung von Obskurantismus spricht) und alle Ausbrüche von Leidenschaften und möglichen und vorstellbaren Vernunftwidrigkeiten? Spricht man nicht von *dhouloumat al bar* (auf der Erde) *wal bahr* (auf dem Meer) und von Nacht und Tag?

Jedes Mal, wenn die menschliche Seele von dieser Blindheit befallen ist, vom Ausbruch der Leidenschaft und von Maßlosigkeit, kann man von Ungerechtigkeit sprechen, von *dhûlm*, unabhängig vom Gegenstand, denn es ist immer der Handelnde selbst, auf den sie zurückfällt, und weil immer die Harmonie der Beziehung gestört ist, die das Menschliche mit dem Göttlichen vereint.

Die arabische Sprache kennt mindestens zwei Synonyme des Begriffs *dholm*: (i) den Begriff *Jaour* (جَوْر), der ‚Aggression' bedeutet, die Enteignung anderer von ihren Rechten und ihren Gütern, und zwar – wie es im Koran heißt – ohne Geltungsgrund (بغير حقّ) und auf illegitime, vom Gesetz nicht vorgesehene Weise. *Jaour* bedeutet immer Machtmissbrauch des Stärksten gegenüber dem Schwächsten und drückt der Tendenz nach politische und soziale Ungerechtigkeit aus. (ii) Demgegenüber hat das Synonym *baghï* (بَغْي) eine allgemeinere Bedeutung. Es bezeichnet zugleich Machtmissbrauch, Diktatur, aber auch Korruption, Verschwendung und Unzucht, ja sogar Prostitution; *baghï* ist ein Ausdruck für den allgemeinen Verlust an Sinn- und Wertordnung, der verbunden ist mit einer Schwäche der Wahrnehmungs- und Urteilskraft und mit dem Resultat einer Zerstörung der den Menschen mit seinem natürlichen und sozialen Milieu vereinenden Harmonie. Von *baghï* spricht man allgemein ‚auf Erden' (بغيا في الأرض) bzw. ‚zwischen den Menschen' (بغيًا بينهم). So können in unserer Zeit die Kriege, in denen die Menschen sich töten, die Umweltverschmutzung und die Vernutzung der natürlichen Lebenswelt als eine Form von *baghï* betrachtet werden.

Der Reichtum des Begriffs *dhûlm* und die Weite des Feldes seiner Konnotationen– von der Theologie über die Ethik bis zur Politik – machen ihn nahezu unübersetzbar; zumindest gibt es keine univoke übersetzung. Hieraus folgt, dass kein Koran-Zitat außerhalb des arabischen Kontextes angemessen ist, denn die Übersetzung des Begriffs *dhûlm* – in welcher Form auch immer – variiert immer entsprechend dem Kontext. Ursprünglich dasselbe Wort *dhûlm* verwendende Verse des Koran erscheinen so, als hätten sie – einmal übersetzt – keinerlei Beziehung miteinander. Doch dasselbe Wort ist jeweils in Abhängigkeit von dem interpretiert und erklärt, was der Text autorisiert. Nehmen wir als Beispiel den Vers 33 der Sure 2 (Die Kuh) in der französischen Übersetzung von Kasimirski[4]:

> Nous dîmes à Adam: habite le jardin avec ton épouse; nourrissez-vous abondamment de ses fruits, de quelque côté du jardin qu'ils se trouvent; seulement n'approchez pas de l'arbre que voici, de peur que vous ne deveniez coupables.

4 *Le Coran*, trad. par Kasimirski, GF-Flammarion, Paris 1970. In deutscher Übersetzung: „Er sprach: ‚O Adam, nenne ihnen ihre Namen!' Und als er ihnen ihre Namen nannte, sprach Er: ‚Habe Ich nicht gesagt, daß Ich das Verborgene der Himmel und der Erde kenne, und daß Ich kenne, was ihr offenbart und was ihr verborgen gehalten habt'." (Projekt Gutenberg) In einer anderen Übersetzung lautet der Vers: „Er sprach: ‚O Adam, nenne ihnen ihre Namen'; und als er ihnen ihre Namen genannt hatte, sprach Er: ‚Habe Ich euch nicht gesagt: Ich weiß die Geheimnisse der Himmel und der Erde, und Ich weiß, was ihr offenbart und was ihr verhehlt?" (http://www.kuran.gen.tr/?x=s_main&y=s_middle&kid=7&sid=2)

Der arabische Text aber lautet:

و لا تقربا هذه الشجرة فتكونا من الظّالمين

Vergleicht man diese Übersetzung mit der eines anderen Verses durch denselben Übersetzer, versteht man das Problem noch besser. Im Vers 47 der Sure 5 Der Tisch (Al-Máedah)[5] heißt es bei ihm:

> Ceux qui ne jugeront pas conformément à la vérité que Dieu a fait descendre d'en haut sont infidèles.

Im arabischen Text aber ist zu lesen:

من لم يحكم بما أنزل الله فأولئك هم الظّالمون

So zeigt uns der Text des Koran die unendliche Weite des Begriffs *dhûlm*, den er aus den engen Grenzen des Rechts (*Fikh*), der *monamalat* (Transaktionen) und des *Hokm* – der politischen Macht – befreit, um seine ethischen und theologischen Konturen sichtbar werden zu lassen und um an den Reichtum und die Komplexität der Beziehungen zu erinnern, die die verschiedenen Felder vereinen.

Ibn Mandours Wörterbuch der arabischen Sprache *Lissen al Arab* lehrt uns, dass das Wort *dhûlm* allgemein die Bedeutung von ‚die Dinge an einen Platz versetzen, der nicht der ihre ist' hat (وضع الشيء في غير موضعه). Hinter diesem Begriff steht also die Idee der *Odnung*. In diesem Fall ist das Synonym für *dhûlm* jede Art von ‚*Unordnung*': andere Idole anbeten und nicht Gott, sich gegen den Lauf der Natur wenden, seine Schuld nicht dem Schöpfer begleichen, den Arbeiter um die Früchte seiner Arbeit bringen, einen Menschen seiner Rechte und Güter berauben, die Vernunft nicht ihre Befehle an die Instinkte geben lassen etc.

Ich erinnere mich in diesem Kontext an ein Transparent an der Mauer einer Autowerkstatt, in der Zeit, in der die Unterrichtsreformer noch die Hoffnung hatten, bei den Schülern etwas mit literarischem Unterricht erreichen zu können. Auf dem Transparent war zu lesen: „Jedes Ding an seinen Platz, und jeder Platz hat sein Ding." Ich hatte nichts mehr von der Einführung in die allgemeine Mechanik in Erinnerung. Doch ich konnte mir schmeicheln verstanden zu haben, dass alle Mechanik, die eines Motors wie die, welche die Ordnung der Welt und die menschlichen Beziehungen regiert, auf einer einfachen Idee beruht, auf der Idee der Ordnung: dass jedes Ding sich gemäß dem von der Natur oder den Menschen vorgesehenen Lauf an seinen Platz bewegt. Ungerechtigkeit ist nichts als der Versuch, diese Ordnung zu verkennen und sie zu übertreten. Selbst die Natur

5 „Diejenigen, die nicht nach dem entscheiden, was Gott (als Offenbarungsschrift) herabgesandt hat, sind die (wahren) Frevler." (Der Koran, Übers. v. R. Paret, Stuttgart ^{10}2007).

darf nicht danach trachten, sich Unrecht anzutun, d.h. die sie beherrschende Ordnung zu überschreiten.

In Sure 18 Die Höhle (Al-Kahf), Vers 32, heißt es:

> Und stelle ihnen das Gleichnis von zwei Männern vor: für den einen von ihnen schufen Wir zwei Rebgärten und umgaben sie mit Dattelpalmen, und dazwischen legten Wir Kornfelder an.
>
> وكلتا الجنّتين آتت أكلها ولم تَظْلمْ منه شيئا

Jeder Garten gibt Früchte, wie es in der natürlichen Ordnung der Dinge vorgesehen ist, und er entzieht uns nichts.

Aber auf diese Weise trägt der Korantext auch dazu bei, uns von der mentalen Einstellung zu befreien, der wir heute allzu leicht folgen, ein wenig aus Anhänglichkeit an die von der Antike ererbte philosophische Tradition und ein wenig in Reaktion auf die starken Verlockungen der Moderne; diese Einstellung besteht darin, nur die sozio-juridische und politische Dimension des *dhûlm*, der Ungerechtigkeit, zu sehen.

Doch die von der griechischen und arabisch-islamischen Tradition empfangene philosophische Botschaft lehrt auch die tiefe Einheit von kosmischer, moralischer und politischer Ordnung. In Platons *Staat* lernen wir, dass die Gesellschaft das Bild der Individuen ist, aus denen sie besteht.[6]

Léon Robin schreibt:

> Das Übel der Seele dürfte darin bestehen, dass ihre Funktionen nicht mehr ihrem Gegenstand entsprechen, dass diejenige, die gehorchen soll, befiehlt, oder umgekehrt, dass die Souveränitätsfunktion von ihrem natürlichen Gegenspieler verraten wird: von der Unbeherrschtheit, welche die hierarchisierte Harmonie der Funktionen stört, oder von der Ungerechtigkeit, die das richtige Verhältnis erschüttert, – jedenfalls vom Prinzip des schlimmsten Unglücks.[7]

Im Übrigen finden wir im 2. Buch von Platons *Staat* (369b-376c) einige Ideen, die später als Grundlage für Ibn Khaldûns Denkens dienen sollten, des arabischen Historikers und Gesellschaftstheoretikers des 14. Jahrhunderts. Die wichtigste Idee ist, dass Korruption und Ungerechtigkeit in gewisser Hinsicht und unter bestimmten Bedingungen ein notwendiges, geradezu unvermeidbares Ergebnis der Entwicklung menschlicher Gesellschaften ist.

6 Platon, *Politeia* IV, 435 f.

7 L. Robin, *La pensée grecque et les origines de la pensée scientifique,* Paris 1963, S. 327.

Léon Robin schreibt hierzu:

> Die Gesellschaft ist ein natürliches Faktum, denn sie gründet sich auf Bedürfnisse, die nach Kooperation und dem Austausch von Dienstleistungen verlangen. [...] Solange die Gemeinschaft auf elementare Bedürfnisse beschränkt ist, ist die sich etablierende Arbeitsteilung gut für Jedermann. Wenn sich aber die für eine Gruppe notwendigen Beziehungen zu anderen Gruppen entwickeln, beginnt man, über die eigenen Bedürfnisse hinaus zu produzieren und zu exportieren. Eine allgemeine krankhafte Entzündung lässt am ursprünglichen sozialen Stamm eine Menge luxurierender Bedürfnisse ausschlagen, zu deren Befriedigung es dann – als an einem kranken Organismus unvermeidbare Parasiten – ebenso viele nutzlose Leute gibt [...]. Doch während sich die Arbeitsteilung bis hin zu einer Landplage vervielfältigte, vergaß man die Herausbildung einer speziellen Funktion, der kriegerischen.[8]

Es gibt in Léon Robins Kommentar zur Philosophie Platons mindestens zwei von Ibn Khaldoun geschätzte Ideen: (i) Das Übel, das an jeder Zivilisation und Kultur (*Imran*) nagen wird, ist der *Luxus* (und die sich aus ihm ergebende Verschwendungssucht) als offensichtlich notwendiger Entwicklungsprozess und als unvermeidbare Folge der Arbeitsteilung in den städtischen Ballungsräumen (*Imraniques*). (ii) Die kulturelle Verfeinerung führt schließlich zur Zerstörung der menschlichen Natur oder der Menschlichkeit im Menschen und zum Verlust spezifischer Wesenszüge seiner Natur, darunter der Fähigkeit, sich zu verteidigen.

Für den Historiker und Gesellschaftstheoretiker Ibn Khaldoun, für den die Arbeit das Entwicklungsprinzip der Zivilisation (*Omrane*) und auch der Menschlichkeit des Menschen ist, gibt es nichts ungerechteres als die Aggressivität der Menschen, die ihr Schicksal und ihre Güter usurpieren und sich so um die Früchte ihrer Arbeit bringen. Nimmt man den Menschen den Ertrag ihrer Arbeit (z.B. durch zu hohe Steuern, Enteignung oder erzwungene Hypotheken), dann endet dies damit, sie von der Arbeit abzubringen und alle Hoffnung verlieren zu lassen. So wird die Beziehung aufgelöst, die den Menschen mit der Natur vereint und Kultur und Zivilisation begründet, wenn er in der Transformation der Natur Werte schafft. Auf diese Weise zerbröckelt die Gesellschaft, die Städte leeren sich und die Staaten werden ihrer finanziellen Ressourcen beraubt und zum Verschwinden verdammt. Die Natur erobert ihre Rechte über die Kultur zurück, und die Barbarei siegt über die Humanität. Die Menschen werden auf ihren Naturzustand und ihre egoistische wilde Vereinzelung zurückgeworfen, und die Natur wird Wüste. Ibn Khaldoun verwendet das Wort *Al Kharab*, das man auch für eine bombardierte Stadt oder nach einem Erdbeben gebraucht. *Al Kharab* bezeichnet allerdings nicht nur die Verwüstung von Orten, sondern vor allem die

8 Ebd., S. 240.

Abwesenheit des Menschen in einem unmenschlich gewordenen Milieu. Die Menschen fliehen die Städte der Ungerechtigkeit, in denen rechtlos in ihr Schicksal eingegriffen wird, und ziehen Einsamkeit und Isolation vor. Während sich die Städte leeren, sehen die Staaten ihre Wurzeln untergraben. Nur die Gerechtigkeit des Fürsten, der sich auf die Lehre Gottes stützt und in Anwendung der göttlichen Gesetze regiert, kann die Fortdauer der Zivilisation garantieren. Der Fürst benötigt zwei Arten von Hilfe: durch gerechte (in diesem Fall: göttliche) Gesetze und seitens der Menschen, die ihn stützen. In deren Händen bedarf es allerdings auch noch der Akkumulation von Kapital, damit sie hinreichend unternehmend und arbeitsam sind, ist doch ihre Arbeit der Ausgangspunkt der Zivilisation. So ist, wie bereits oben ausgeführt, die Gerechtigkeit der Ewigkeitsgarant der Zivilisation.

Es gibt also für Ibn Khaldoun eine erste Form von *dhûlm*: das Gesellschaften und Staaten zerstörende Element. Aber er bleibt dabei nicht stehen; er tendiert zur Verallgemeinerung des Begriffs, um ihm eine größere Extension zu sichern: *dhûlm* wirkt in jeglichem illegitimen Handeln und in allem Verhalten gegenüber dem Anderen, das den Rahmen des moralischen, göttlichen oder positiven Gesetzes sprengt. Hieraus ergibt sich die Behauptung Ibn Khaldouns, dass auch *dhûlm* von Gott gewollt ist; dahinter verbirgt sich – wenn man dies so sagen will – eine ganze ‚Philosophie', die (i) auf das Verschwinden der Zivilisation bzw. (ii) auf die Auslöschung der menschlichen Gattung zurückgeführt werden kann. Die Ungerechtigkeit präfiguriert also die Auslöschung der menschlichen Gattung im Gefolge der Zerstörung der Kultur.

Wir sehen so, wie es Ibn Khaldoun bereits seit dem 14. Jahrhundert aufgrund der Tiefe seines Verstandes gelungen ist, eine synthetische, das Verhältnis zur Zivilisation umfassende *dhûlm*-Theorie zu formulieren, die zwar die politische Dimension privilegiert, aber es nicht verfehlt, die religiöse und anthropologische Dimension einzubeziehen.

Aus dem Französischen übersetzt von Hans Jörg Sandkühler

Abou Yaareb Marzouki

Konflikte der Rechtfertigung des Gesetzes im Islam

1. Einleitung

Vom epistemologischen Problem der Rechtfertigung als epistemischer Begründung sehe ich hier ab; es wird auch nicht als gelöstes Problem unterstellt, ist es doch weit davon entfernt: die Problemlösungen konnten bisher nie über die Problemstellung seit der Aristotelischen Zweiten Analytik und dem Münchhausen-Trilemma hinaus gelangen. Ich werde einige Ideen vorstellen, die auf zweifache Weise das Problem der Rechtfertigungskonflikte in der islamischen Wirklichkeit und im islamischen Denken betreffen:

(i) das der Rechtfertigung des fundamentalen Gesetzes, d.h. das Problem der Natur der politischen Macht und der Gesetzgebung;

(ii) das der Rechtfertigung des gewöhnlichen Gesetzes, d.h. das Problem der Natur der Rechte und Pflichten der Menschen.

Meine Annäherung wird – die Geschichte der politischen Faktizität und der theologischen Theorien betreffend – historisch sein und zugleich eine Exegese koranischer Texte einschließen: Sie geht von der Handlungsbegründung und -rechtfertigung zur Begründung und Rechtfertigung jener Gesetze und Werte über, die ihre Evaluationskriterien bestimmen.

Es handelt sich um den Versuch, eine Frage mit zwei Dimensionen zu beantworten. Zunächst: Warum bleibt bei den Muslims das Problem der Natur der Begründung des Gesetzes – sei es fundamental, *die Natur der politischen Macht und des Öffentlichen Rechts* betreffend, sei es gewöhnlich, *die Natur des Gesetzes im Allgemeinen und des Rechts* betreffend – ungelöst bzw. unentscheidbar, wo doch Ersteres insofern der Angelpunkt des politischen Lebens der Muslime ist, als es die Quelle des Bürgerkriegs zwischen Sunniten und Schiiten und innerhalb dieser Sekten ist, und Letzteres den Großteil des muslimischen religiösen Denkens repräsentiert? Sodann: Warum ist diese Frage zum Problem der internationalen Politik geworden, genauer: der vorrangige Gegenstand der weltweiten Strategie des Westens?

Bezogen auf diese Problemstellung kann die Frage so formuliert werden: Wie ist es im Westen zum Übergang von einer Lutherischen Vision, die den Islam als zu rational bewertet[1], zu einer päpstlichen Sichtweise gekommen, die ihn als zu

[1] Der Islam ist hier reduziert auf seine mutazilitische Version.

irrational empfindet, wie sich dies im berühmt geworden Vortrag des Papstes über Glauben und Vernunft zeigt?[2]

Sehen wir, was Luther und Benedikt XVI. gesagt haben:

> [...] schon Luther erkennt im Koran ein Buch der Vernunft, was in ihm freilich den Abscheu nur noch vergrößert, ist doch der Koran damit nichts als ein Dokument schändlicher Selbstmächtigkeit des Menschen, verdammungswürdiger ‚Werkgerechtigkeit'. Der Koran ist – so Luther wörtlich – ‚eitel menschliche vernunft von Gottes wort und geist. Denn sein gesetz leret nichts anders, denn was menschliche witze und vernunft wol leiden kann'.[3]

> Khoury zitiert dazu eine Arbeit des bekannten französischen Islamologen R. Arnaldez, der darauf hinweist, daß Ibn Hazm so weit gehe zu erklären, daß Gott auch nicht durch sein eigenes Wort gehalten sei und daß nichts ihn dazu verpflichte, uns die Wahrheit zu offenbaren. Wenn er es wollte, müsse der Mensch auch Götzendienst treiben. An dieser Stelle tut sich ein Scheideweg im Verständnis Gottes und so in der konkreten Verwirklichung von Religion auf, der uns heute ganz unmittelbar herausfordert.[4]

Zwei Ebenen der Analyse sind nahe liegend: Die erste ist die des Konflikts der Rechtfertigung des Gesetzes, sei es fundamental, *die Natur des Staates,* oder gewöhnlich, *das Recht im Allgemeinen* betreffend: Ist die Quelle des Gesetzes göttlich oder menschlich? Die zweite Ebene ist die der Gründe dafür, dass die Konflikte zu Problemen der Politik und des internationalen Rechts geworden sind: Handelt es sich um eine intrinsisch den Islam betreffende Eigentümlichkeit oder ganz einfach um eine der Globalisierungsfolgen?

Wir müssen deshalb damit beginnen, die politisch-legale Szene zu präsentieren; sie ist der Gegenstand der Debatte, der hier bezüglich der Frage der Rechtfertigung des Gesetzes interessiert – und zwar gemäß den folgenden Aspekten:

(i) Die Formulierung des Rechtfertigungsproblems im Islam hat sich historisch in zwei klar definierten Bereichen manifestiert: (a) Der erste Bereich umfasst die Prinzipien der Interpretation der Beziehung zwischen Religion und Politik. Es handelt sich um die Rechtfertigung der Legalität als solcher mit ihrer zweifachen – verfassungsrechtlichen und gesetzgeberischen – Dimension. Was ist die Natur der politischen Legitimität? Ist sie theokratisch oder ‚anthropokratisch', d.h. verdankt sie sich göttli-

2 Der Islam ist hier reduziert auf die dhahiritische Version Ibn Hazms.

3 M. Luther, Ein Heerpredigt wider den Türken. In: *WA* Bd.30 II, Weimar 1910 ff., S. 168, zitiert bei Karl-Josef Kuschel, *Vom Streit zum Wettstreit der Religionen. Lessing und die Herausforderung des Islam,* Düsseldorf 1998, S. 68 f.

4 *Ansprache von Benedikt XVI: Glaube, Vernunft und Universität. Erinnerungen und Reflexionen.* Aula Magna der Universität Regensburg, Dienstag, 12. September 2006.

chem Recht oder schlicht und einfach einer rein menschlichen Wahl? (b) Der zweite Bereich umfasst die Prinzipien der Formierung von Schulen der Rechtswissenschaft und der islamischen Rechtsphilosophie. Hier handelt es sich um die Rechtfertigung der Legalität bestimmter Handlungen mit ihrer zweifachen – moralischen und juridischen – Dimension: Was ist die Natur juridischer Begründung: Ist sie ein objektives (textuell bzw. rational objektives) Prinzip oder entspringt sie lediglich richterlicher Überzeugung?

Das Problem ist in allen Fällen das der objektiven und universellen Begründung des Gesetzes: Hierum geht es bei der Debatte zwischen der Mu'taziliten-Schule, deren Anhänger glauben, dass das Gerechte und das Ungerechte, das Gute und das Böse, durch eine universelle Vernunft bestimmbar ist[5], und der Asch'ariten-Schule, deren Schüler der Auffassung sind, dass das Gerechte und das Ungerechte, das Gute und das Böse, mangels ihrer Bestimmbarkeit durch die Religion nur das Ergebnis rein subjektiver Interessen und Überzeugungen sein kann, deren Allgemeinheit kultureller und folglich nicht universeller Natur ist.[6]

(ii) Unsere Untersuchung führt uns angesichts dieses Befundes zu folgenden Feststellungen: (a) Die Lösung des Problems des fundamentalen Gesetzes gehört zur Debatte, die zur Bildung theologischer Schulen geführt hat, von denen einige Staaten gegründet haben bzw. die von Staaten als Quellen ideologischer Begründung adaptiert worden sind. (b) Die Lösung des Problems des gewöhnlichen Rechts gehört zur Debatte, die zur Bildung von Schulen der Rechtswissenschaft und der Rechtsphilosophie geführt hat.

(iii) Wir gehen von diesen beiden Debatten in ihrem derzeitigen Zustand aus, der dann im Verlauf der Geschichte der Rechtfertigung des islamischen Gesetzes zurück verfolgt wird, und zwar im Vergleich von zwei Ausdrucksformen: jener der Schule der Rechtswissenschaft und jener der koranischen Texte.[7] Zwei Phänomene sind zu berücksichtigen: (a) Ein exogenes: Warum hat die Debatte die Gestalt eines verdeckten Bürgerkrieges? (b) Ein endogenes: Warum ist diese Debatte von Interesse für die Politik, d.h. für die globale Strategie, und hat sie einen verdeckten Weltkrieg erzeugt?

5 Der im Arabischen verwendete Terminus ist *tahsin wa taqbih*, d.h. Bestimmung des Schönen und des Hässlichen in einem zugleich moralischen und ästhetischen Sinne.

6 Vgl. Al Gazali, *al Mustasfa fi 'Ilm al-Usul*, Dar al-Fikr, Beirut 2000, S. 45 ff.

7 Vgl. unsere Auseinandersetzung in Briefform mit dem Cheikh Al Bouti in: *Collection Hiwarat liquarnin jadid* (Dialogues pour un nouveau siècle) bezüglich der Problematik der Erneuerung der Prinzipien des islamischen Rechts, Dar al Fikr al Mu'asir, Beirut 2006.

Hier ist eine kurze terminologische Analyse notwendig:

a. Vers 48 der fünften Sure des Koran (*el-Maida*) verwendet zwei Termini – ‚*shir'atan*' und ‚*minhajan*' –, um die spezifischen religiösen Gesetze und die Kontinuität ihrer Anwendung durch die Gläubigen der Religionen zu bezeichnen, deren Vielfalt und Unterschiede für die Gläubigen Bedingungen für den Wetteifer und die Konkurrenz bei der Verwirklichung des Guten sichern. Es gibt also zwei koranische Ausdrücke zur Bestimmung des religiösen Gesetzes: *Shir'a* شرعة und *Minhaj* منهاج.

b. *shara'a* شَرَعَ bedeutet wörtlich, irgendeine Aktion zu beginnen. Technisch gesehen bedeutet der Terminus im religiösen Recht die anfängliche Begründung einer rechtmäßigen religiösen Praxis. Folglich bezeichnet ‚*shari'a*' شريعة im religiösen Recht das religiöse Gesetz. Allerdings hat *shar'i* شرْعي zwei Bedeutungen: Allgemein bezeichnet der Begriff das Legitime, und die für die Religion spezifische Bedeutung ist das, was zum religiösen Gesetz gehört. Die Verbindung der beiden Bedeutungen impliziert, dass das religiöse Gesetz das ist, dessen Legitimität selbstevident ist und deshalb von der ‚*fitra*' bzw. von der Natur abhängt, die Gott dem Menschen verliehen hat.

c. *nahaja* نَهَجَ bedeutet wörtlich die Bahnung eines Weges, und als Terminus des religiösen Rechts hebt der Begriff auf die Fortdauer und Beharrlichkeit der Anwendung der Shari'a ab. *Minhaj* منهاج bedeutet, einen Weg zu durchlaufen bzw. eine Wegebegleitung.

‚Rechtfertigung' ist begrifflich dem Lateinischen *iustificatio* und dem Griechischen *dikaiosis* entlehnt. Sowohl im Falle des Christentums als auch im Falle des Islam ist die Rechtfertigungsfrage theologischer Art und betrifft – für die Christen – das Verhältnis zur göttlichen Gnade bzw. die Belohnung des menschlichen Handelns durch einen gerechten Gott, der seine Gnade nicht willkürlich ausschüttet. Es ist genau dieses Konzept, das Luther verwirft, wenn er den Islam beschuldigt, aufgrund dieses Prinzips ein Produkt der menschlichen Vernunft und keine Offenbarung zu sein; er verwendet den Begriff ‚Werkgerechtigkeit'.

2. Zur politisch-religiösen Situation und zu ihren Auswirkungen auf das Problem der Rechtfertigung des islamischen Rechts

Zwei Hindernisse verdecken den Sinn und die Tragweite der Rechtfertigung des Rechts in der islamischen Gesellschaft und im islamischen Denken. Diese Hindernisse ergeben sich aus der Reduktion der Shari'a und des weltlichen Gesetzes sowie ihrer Anwendung auf das Bild, das rückschrittliche Erläuterungen von ihnen zeichnen, die für die oben genannten zwei verdeckten Kriege verantwortlich sind.

(i) Das erste Bild gehört zur autochtonen Tradition wird von zwei Regimen bzw. Bewegungen religiöser Prägung repräsentiert: Zwei Staaten geben vor, den Koran als ihre Verfassung zu haben. Zwei korrespondierende politisch-religiöse Bewegungen kämpfen angeblich dafür, diese Vision dem Rest der muslimischen Welt aufzuoktroyieren. Dieses Bild zehrt – in Opposition zum Zeitalter der Menschenrechte und der Demokratie – von der Vorstellung, man könne im Öffentlichen Recht (klerikale Herrschaft bzw. göttliches Recht) und im Privatrecht (physische Bestrafungen) einfach zum Mittelalter zurückkehren.

(ii) Das zweite Bild entspricht der Adoption faschistoider Modelle der modernen westlichen Tradition. Es gehört zur Erbschaft der Periode des Kalten Krieges.

De facto behaupten zwei pseudo-moderne Staatstypen, das Naturrecht als Verfassung zu haben – von den Vereinigten Staaten und früher von der Sowjetunion protegierte Regime. Zwei diesen Staaten entsprechende politisch-weltliche Bewegungen geben vor, dafür zu kämpfen, diese Vision dem Rest der muslimischen Welt aufzuerlegen.

Das erstgenannte Selbstbild religiöser Prägung widersetzt sich dem Zweitgenannten, in dem die Werte des laizistischen Gesetzes pervertiert sind. Hieraus resultiert eine Verwicklung von Oppositionen bezüglich der Rechtfertigung des Rechts. Macht man eine Rechnung auf, ohne die Verdopplung der Regime und Bewegungen zu berücksichtigen, so ergeben sich hinsichtlich der Rechtsbegründung 15 Widersprüche, d.h. 2^4 minus 1.[8] Diese Widersprüche führen in jedem muslimischen Land zum Bürgerkrieg. Wir beschränken uns hier auf die offensichtlichsten Widersprüche:

a zwischen religiösen und säkularen Regimen
b zwischen religiösen und säkularen Bewegungen
c zwischen religiösen Regimen und religiösen Bewegungen
d zwischen säkularen Regimen und säkularen Bewegungen
e zwischen religiösen Regimen und säkularen Bewegungen
f zwischen säkularen Regimen und religiösen Bewegungen.

[8] Berücksichtigt man die Verdopplung nicht, handelt es sich um 16 minus 1 Widersprüche, wobei die Leerstelle hier sinnlos ist; der Abzug eines Widerspruchs ergibt sich aus der Sinnlosigkeit der Leerstelle. Berücksichtigt man aber die Verdopplung, so steigt die Zahl der Widersprüche auf 256 minus 1.

3. *Zur Entstehung dieser Situation*

3.1 *Mit Blick auf die Staaten: zwei kombinierte endogene und exogene Genesen*

Die klassische endogene Genese: Vier bezeichnende Fälle sind zu nennen: Die erste Spaltung hat hinsichtlich der Staatsform mit dem Schisma zwischen der aus schiitischer Sicht vorgeschlagenen theokratischen und der sunnitischen demokratischen Lösung begonnen. Freilich hat sich jede dieser Sichtweisen verdoppelt:

(i) Der Schi'ismus hat in seinem Schoß eine kharigitische Opposition[9] erzeugt, die eine in religiöser Zugehörigkeit gründende und nicht auf die Familie des Propheten beschränkte Herrschaft göttlichen Rechts anstrebt. Es handelt sich um ein göttliches Recht, das alle Gläubigen einschließt und eine universelle Theokratie installiert.

(ii) Der Sunnismus hat eine mu'tazilitische Opposition[10] hervorgerufen, die eine in der Rationalität des Gläubigen und folglich nicht allein auf den Glauben zurückgeführte Herrschaft menschlichen Rechts favorisiert.

Tatsächlich haben diese Oppositionen nach und nach zur Formierung von vier Despotismen geführt, d.h. zu jenen der sunnitischen und schiitischen Staaten und jenen der Revolten, deren eine mit kharigitischer Färbung auf der Ebene des politischen und zivilen Handelns wesentlich volkstümlich ist (des Kharigismus angeklagt) und deren andere mit mu'tazilitischer Färbung auf intellektueller und kultureller Ebene wesentlich elitistisch ist (des Mu'tazilismus angeklagt). Die Mystik hat die Funktion eines Schmiermittels übernommen, das die Koexistenz der vier oben genannten Lösungswege ermöglicht hat, indem es die Oppositionen neutralisiert und die bestehenden Regime gestärkt hat; sie hat mittels eines Imaginären, das tief eine Mentalität der Unterwerfung und des Fatalismus prägt, eine Vermittlungsrolle zwischen den Völkern und den Despoten: So wurde eine Wiederkehr der pharaonischen Staatsform möglich, eines von der Armee militärisch und politisch und von der Kirche administrativ und spirituell regierten Staates.

Die moderne exogene Genese: Die Regime sind Erben der kolonialen Periode und der Revolutionen sozialistischer Färbung.

9 Dies ist der Geburtsort einer Sekte, die aus jenen besteht, die während eines Bürgerkriegs revoltiert haben und aus der Armee des Kalifen Ali desertiert sind. Sie sind nach allgemeiner Auffassung als Aufwiegler zu sehen.

10 Dies ist der Geburtsort einer Sekte, die aus jenen besteht, die während einer theoretischen Debatte revoltiert haben und aus einem theologischen, orthodox islamischen Kreis desertiert sind. Die Sunniten halten sie für Überläufer der Orthodoxie (‚Mu'tazil' bezeichnet wörtlich jemanden, der die Reihen verlassen bzw. sich von der Gemeinschaft separiert hat).

3.2 Mit Blick auf die Oppositionsbewegungen: auch sie haben zwei Herkunftsmomente

(i) Den sunnitischen und schiitischen Islam: Die lehrreichsten Beispiele sind al-Qa'ida und Hizbu Allah.

(ii) Überreste des Kalten Krieges: Die arabischen Liberalen und Sozialisten.

Anmerkung: Die Formierung eines Staates durch Khomeini zeigt die Übereinstimmung zwischen den Despotismen des Staates und der Bewegung und geht auf den nach außen geführten Krieg und auf fortgesetzten Proselytismus zurück. Die Nicht-Existenz eines sunnitischen Pendants zum Staat Khomeinis entspricht der Nicht-Übereinstimmung zwischen den beiden Despotismen und dem nach innen geführten Krieg der Sunniten.

Auch wenn sich unsere Untersuchung auf das islamische Gesetz oder die Shari'a beschränkt, kann die Rechtfertigung des Rechts auf dem Boden des Islam und in der arabischen Welt doch nicht vom weltlichen Gesetz und vom dialektischen Charakter der aus zwei antithetischen Quellen kombinierten Rechtfertigung absehen; denn jede der Rechtfertigungen ist durch die Negation der anderen bestimmt.

Auf die folgenden zweifachen Polarisierungen ist zu verweisen:

Bezüglich der Staaten handelt es sich um die Polarisierung zwischen religiösen (sunnitischen vs. schiitischen) und säkularen (liberalisierenden vs. Sozialisierenden) Staaten. Zum einen gibt es den Gegensatz zwischen Staaten vom Typ religiöser Prägung: (i) Das erste Beispiel – der von Saudi-Arabien und dem Irak verkörperte Sunniten-Schiiten-Gegensatz – repräsentiert eine pervertierte Lesart der politisch-legalen islamischen Reform des Koran; sie dauert an seit dem ersten islamischen Schisma zwischen Sunnismus und Schi'ismus. (ii) Zum anderen gibt es einen Gegensatz zwischen Staaten weltlicher Prägung: Wir sind Erben eines liberalisierenden bzw. sozialisierenden Despotismus, in dem der weltliche Gesetzgeber nicht das Volk mit seinen legitimen Repräsentanten ist, sondern die ‚populär' genannte Diktatur einer Partei oder einer Armee: Die Beispiele sind Legion; man kann – will man sich auf eine schon beendete Ära beschränken – auf Bourguibas Tunesien oder Boumediennes Algerien verweisen.

Bezüglich der Bewegungen handelt es sich um religiöse (traditionalistische vs. modernistische) oder weltliche (liberalisierende vs. modernisierende) Bewegungen. (i) Der Gegensatz zwischen Bewegungen religiöser Prägung: Das zweite Beispiel des Sunniten-Schiiten-Gegensatzes sind die Bewegungen al Qa'ida und Hizbu Allah, die in der arabisch-islamischen öffentlichen Meinung als Befreiungsbewegungen gelten, die wesentlich auf eine nach außen gerichtete Aggression orientiert sind. (ii) Der Gegensatz zwischen Bewegungen weltlicher Prägung: Die arabischen Nationalisten-Sozialisten auf der einen und die arabischen Liberalen und Neoliberalen auf der anderen Seite interessieren sich vorrangig für interne Opposition und für eine Veränderung des sozio-kulturellen Modells. Die arabischen Neoliberalen sind durchgängig reumütige Kommunisten.

Um zu bilanzieren, kann man sagen, dass die politisch-legale Situation eine Kombination von Rechtfertigungen repräsentiert, und zwar in Abhängigkeit von zwei Konfrontationen: (i) der Konfrontation zwischen Regimen und Bewegungen religiöser bzw. weltlicher Prägung: sie entspricht der Konfrontation zwischen religiöser und weltlicher Rechtfertigung des Gesetzes; beide sind freilich despotischer Natur; (ii) der Konfrontation zwischen zwei – souveränen oder kolonialen Mächten unterworfenen – Modernisierungstendenzen; der diesen Bewegungen gemeinsame Charakter unterscheidet sich in nichts von den Regimen: es ist der des Despotismus.

Diese Situation ist die Ursache für die Bilder-Hindernisse, von denen bereits die Rede war. Aus diesen Verwicklungen ergibt sich die Internationalisierung der Fragen der Rechtfertigung des Gesetzes auf dem Boden des gegenwärtigen Islam, die eigentlich Ausdruck der Souveränität der islamischen Völker sein sollte:

(i) Bilder, welche die pervertierte Tradition repräsentieren: (a) Bilder, die aus dem Agieren islamischer Oppositionsbewegungen resultieren und denen zufolge im Namen des göttlichen Gesetzes gesprochen und für die Anwendung der Shari'a oder auf repressive Maßnahmen reduzierte islamische Gesetze gekämpft wird. (b) Bilder, die aus dem Agieren von Staaten resultieren, in denen angeblich auf der Grundlage der islamischen Gesetze regiert wird.

(ii) Bilder, welche die pervertierte Modernisierung repräsentieren: (a) Bilder, die aus dem Agieren modernistischer Oppositionsbewegungen resultieren, denen zufolge im Namen des menschlichen Gesetzes gesprochen und für die Anwendung der Menschenrechte gekämpft wird, so wie sie im westlichen positiven Recht definiert sind, aber durch staatliche Gewalt bzw. ausländische Intervention (z.B. Vereinigte Staaten gegen den Irak) durchgesetzt werden sollen. (b) Bilder, die aus dem Handeln von Staaten resultieren, in denen angeblich aufgrund positiver weltlicher Gesetze regiert wird, aber ohne Legitimierung durch das Volk.

(iii) Die Internationalisierung der politischen und rechtlichen Fragen: Diese Bilder sorgen dafür, dass die Rechtfertigung von Gesetz und Recht in den islamischen Ländern kein Problem der nationalen Innenpolitik mehr ist, sondern eines der internationalen und Außenpolitik: Sie dienen als Alibi zur Rechtfertigung der Intervention hegemonialer Mächte und dazu, einen Übergang zu einer nicht-authentischen Moderne zu erzwingen. Im Endeffekt ist das hier hinsichtlich der Bilder analysierte Problem nicht mehr so beschaffen, dass es noch möglich wäre, fundamentale Rechtfertigungsfragen als Ausfluss der Souveränität der muslimischen

Völker zu verhandeln – ob sie nun für das göttliche oder das menschliche Gesetz optieren.

3. Im islamischen Denken vorgeschlagene theoretische Lösungen

Die vom islamischen Denken vorgeschlagene dominante theoretische Lösung scheint nur den Rahmen der islamischen Gemeinschaft zu berücksichtigen. Doch das Problem der Universalität der Gesetze ist in philosophischen und religiösen Termini gestellt, wenn auch diese universelle Vision auf Spekulationen ohne praktische Auswirkungen reduziert ist.

(i) Theologisch-politische Lösungen: Das Verhältnis von Politik und Religion, wie es in den Texten von Ghazali[11] und Ibn Khaldun[12] bestimmt ist.

[11] Ghazali, Abu Hamid, *Kitab Fatha'ih al-Batinijja*, hg. von I. Goldziher. In: Goldziher, I., Streitschrift des Ġazāli gegen die Bātinijja-Sekte, Brill, Leiden, ^{2}1956, S. 63 ff. Der von Goldziher edierte arabische Text wurde von Sarhan Dhouib ins Deutsche übersetzt. Es handelt sich um einen fiktiven Dialog zwischen einem Schiiten und einem Sunniten über die Natur politischer Herrschaft: Ist sie theokratisch, wie der Shi'ismus meint, oder ‚anthropokratisch', wie Ghazali denkt, der eine sunnitische Sichtweise repräsentiert.
„Was kann man demjenigen vorwerfen, der behauptet, dass die Herrschaft bzw. das Imamat nur durch den heiligen Text [Koran] oder durch Wahl bestimmt werden kann? Und wenn sich dann herausstellen würde, dass die Wahl ungültig ist, bleibt dann die Gültigkeit des heiligen Textes unantastbar? [...] Und wir antworten, dass es doch nur diese zwei Möglichkeiten gibt, die Herrschaft zu bestimmen. Wir sind der Auffassung, dass, selbst wenn der Text ungültig würde, nur die Wahl bliebe. Sie [die Schiiten] behaupten, dass Wahl unmöglich sei, denn sie erfolgt durch: (1) Berücksichtigung Aller; (2) durch einen Einzigen oder (3) durch eine Anzahl zwischen diesen beiden ersten Möglichkeiten. Dies bedeutet, dass sie die von uns vertretene Lehre ignorieren. Wir sind der Auffassung, dass ein Einziger zur Wahl des Imams ausreichen wird, solange er über eine starke Macht verfügt und diese vom Publikum in allen Hinsichten befolgt wird. Und diejenigen, die im Gegensatz zu ihm stehen, sind solche, die keine einflussreichen Meinungen haben. Der hier genannte Einzige, der mächtig ist und dem die Mehrheit folgt und gehorcht, reicht für die Wahl [des Imams] aus, wenn seine Entscheidung im Sinne der Mehrheit ist. Wenn nur zwei oder drei Personen über die Macht verfügen, müssen sie sich darüber verständigen. Damit sind nicht die Personen an sich gemeint; vielmehr ist das Ziel dabei, dem Imam die Macht durch Anhänger und Parteigänger abzusichern. Und dies gelingt nur durch eine starke Person, der das Publikum gehorcht. [...] Die Bedingungen des Beginns der Anerkennung [des Imams] sind: die Entstehung der Macht, die spontane Neigung zum Wählen und die Übereinstimmung der inneren und äußeren Absichten [der Menschen] zur Zustimmung, denn mit der Nennung des Imams zielen wir bloß darauf ab, vielfältige Meinungen trotz gegenseitiger Interessen zu einigen. Der [Men-

(ii) Lösungen bezüglich der Rechtstheorie: Vernunft und Gesetz bzw. Werte

(iii) *at-tahsseen wa at-taqbeeh al 'aqliyein* (die axiologische Funktion der Vernunft).

Anmerkungen: Diese Lösungen haben die kontextuelle historische Situation nicht überschritten. Sie sind über die zwei folgenden Niveaus nicht hinaus gelangt, weil sie von der universellen Dimension der koranischen Lösung abgesehen haben: (a) Rechtfertigung der Formen des Öffentlichen Rechts und der Natur politischer Herrschaft in Abhängigkeit von deren Beziehung zur Herrschaft des göttlichen Rechts. Mangels hinreichender Studien zum schiitischen islamischen Recht beschränke ich mich hier auf das sunnitische islamische Recht. (b) Innerreligiöse indirekte und kontextuelle Rechtfertigung bzw. Rechtfertigung der Gesetze *in concreto*: Ausgangspunkt sind zwei normative, für überhistorisch angesehene Quellen – der Koran und die Sunnah; es werden linguistische Techniken zur Interpretation dieser Texte und Fakten und logische Techniken zur Konstruktion eines nahezu deduktiven Systems verwendet und Rechtstheorien begründet (die berühmten vier Schulen des *Fiqh*).

Diese exegetischen Techniken haben sich allerdings durch das göttliche Gesetz kontextualisierende bzw. historisierende Techniken verdoppelt: durch die Annahme von zwei historischen normativen Quellen, d.h. von Sitten und spontanem Konsens sowie institutionalisiertem Konsens.

Der für das islamische Gesetz gewöhnlich akzeptierte Grundtext dieser zwei jeweils verdoppelten Quellen ist die *Rissala* von Shafi'i. Die Entwicklungsmomente der Formulierung der technischen, in den Bereichen des Öffentlichen Rechts (الأحكام السلطانية) und des Privatrechts (أحكام الفقه الخاص)verwendbaren Lösungen können systematisch so angegeben werden:

schen] widersprüchlicher Wille und unterschiedliche sowie gegenseitige Wünsche werden sich erst dann darüber einigen, einer einzigen Meinung zu folgen, wenn die Macht des Imams deutlicher hervortritt, seine Hilfsbereitschaft ständiger und seine Achtung sowie Furcht bei den Menschen größer werden. Dies alles liegt im Umfeld der Macht, die erst entstehen kann, wenn sie die Zustimmung der Mehrheit der Menschen finden wird."

12 Ibn Khaldun, *The Muqaddimah*, An Introduction to History translated from Arabic by Franz Rosenthal, London 1983, III, S. 50: "He (al Ash'ari) added a discussion of the Imamate because the Imamyah (Shi'ah) at that time suggested the novel idea that the Imamate was one the articles of the faith and that it was the duty of the Prophet as well as the Muslim nation to fix (the succession to) the (Imamate) and free the person who would become the Imam from any responsibility in this respect. (However, in fact,) the Imamate is at best a matter of public interest and social organization. It is not an article of faith, but, because of the Shi'ah attitude, the question of the Imamate) was added to the problems of this discipline."

Das zentrale Moment der *Rissala* von Shafi'i;
die zwei ihr vorausgehenden Momente;
die zwei auf sie folgenden Momente.

Das zentrale Moment der *Rissala* von Shafi'i repräsentiert die Früchte der ersten beiden und der zwei letzteren Momente entsprechend der folgenden Logik:

(i) Das erste Moment ist spontan und nicht systemisch; es erstreckt sich von der prophetischen Periode bis zur Errichtung der Quasi-Systeme von Malik und Abou Hanifah.

(ii) Das zweite Moment ist das jener zwei Systeme, die auf zwei antithetischen Prinzipien ohne explizite theoretische Rechtfertigung zu gründen scheinen: der Tradition und der Vernunft.

(iii) Das zentrale Moment der *Rissala* von Shafi'i führt zu einer Synthese mit expliziter theoretischer Begründung: die *Rissala* ist der Vorschlag einer expliziten theoretischen Begründung, welche die Lösungen Maliks und Abou Hanifahs harmonisiert. Shafi'i hat tatsächlich in seiner *Rissala* in Verbindung des *Ra'ay*-Prinzips (Überzeugung des *faqih*) und des Prinzips der Autorität der Texte eine hermeneutische Methode ins Spiel gebracht.

(iv) Das vierte Moment scheint die metatheoretische Reflexion zu initiieren; es hat zwei Aspekte: (a) die Reflexion über die Begründung der textuellen und realen Objektivität; für sie steht Ahmed Ibn Hanbal, der die textuelle und reale Dimension des Gesetzes entfaltet hat; (b) die Reflexion über die theoretische Begründung der rationalen und idealen Objektivität; für sie steht Farabi, der die logische und ideale Dimension des Gesetzes erschlossen hat.

(v) Diese zweifache metatheoretische Reflexion – sie verbindet die Tradition und die Vernunft bzw. die Wege der historischen und rationalen Theologie miteinander – wird jene Synthese ermöglichen, deren Repräsentant Ghazali ist. Sein *Mustaspha fi Usul al Fiqh* (Die essentiellen Dinge der islamischen Rechtswissenschaft) stellt den Kanon für alle Abhandlungen zur islamischen Rechtsphilosophie dar, seien sie von Philosophen (Ibn Rushd) oder von muslimischen Theologen (Ar-Razi) verfasst. Dieser Kanon erreicht seine letztliche Vollendung freilich erst in der Theorie der Endzwecke des religiösen Rechts, der Theorie der *Maqassid* von Shatibi. Auch die *Rissala* von Shafi'i kommt erst in den *Muwafaqat* von Shatibi[13] zu ihrer vollen Entwicklung. Die höchste theoretische Lösung – sie übergreift praktisch-historische und logisch-hermeneutische Techniken – ist die fünffache Finalität jeglichen Gesetzes, des

13 Vgl. Abou Ish'ak al-Shatibi, *al-Muwafaqat fi Usul al Shari'ah,* Dar al Kutub al 'Ilmiyah, Beirut ^{3}2002, S. 7-11.

menschlichen wie des göttlichen: Die Pflichten gegenüber Gott sind zugleich die Menschenrechte.

Schlussfolgerung

Das Ergebnis ist die Bestimmung der Prinzipien, welche die Schulen des islamischen Rechts bestimmen, und zwar (a) in Abhängigkeit von den Sekten und dementsprechend von den theologischen Interpretationen der Glaubensdogmen, und (b) in Abhängigkeit von den Interpretationstechniken und der Erzeugung der Gesetze.

In Zusammenfassung sind dies die Dimensionen der Rechtfertigung:

(i) Die Dimension der Gesetzgebung nach dem Abbruch der Offenbarung und Techniken, die es den *Fuqaha'* ermöglicht haben, die Gesetzgebungsfunktion zu usurpieren: (a) die Polemik des *Quyas* bzw. die Grenze der Allgemeinheit, (b) vom Besonderen zum Allgemeinen: die klassische (Shatibi) bzw. moderne (Ibn 'Aschour) Theorie der Rechtszwecke.

(ii) Die Dimension der Anwendung: die juridische Funktion der *fuqaha'*: (a) vom Allgemeinen zum Besonderen: Beurteilung der Fakten und Anwendung der Gesetze; (b) die Grenze der Partikularität und der stets begrenzte Charakter der konkreten Rechtsanwendung: das Reale entzieht sich immer den Texten.

Dies ist also die Natur des zu lösenden Problems: das reale Problem wurde vernebelt; der Geist der in Vers 48 der Sure *al Ma'ida* definierten Gesetze im Islam wurde verkehrt:

(i) Das Gesetz ist etwas von der Art einer Meta-Schari'a, denn es muss den gleichzeitigen Gebrauch mehrerer Schari'a erlauben; es gibt eine intra- und eine extra-religiöse Vielfalt; der Gegensatz zwischen Sunnismus und Schi'ismus gehört zugleich zur ersten und zur zweiten Vielfalt, handelt es sich doch um zwei große Interpretationen des Islam; die intra- und extra-religiöse Vielfalt ist grundlegend.

(ii) Ist die Offenbarung erst einmal stillgelegt, kann das Gesetz aus zwei Gründen nur dem Volkswillen entspringen: Die Verantwortung ist persönlich und die Teilhabe an der gesetzgeberischen Macht ist eine universelle Verpflichtung, denn nur der Gemeinschaftskonsens ist bei der Festlegung der Werte von Irrtum frei.

4. Die für mögliche Lösungen wesentlichen koranischen Texte[14]

Kommen wir zu dem Problem zurück, das die Theoretiker des islamischen Rechts bei der Gründung der Schulen der Theologie, der Rechtswissenschaft und der Rechtsphilosophie übersehen haben. Die formelle religiöse Rechtfertigung der moralischen Legalität hat die universelle Dimension aus den Augen verloren. (i) Dies ist offensichtlich bei der Rechtfertigung durch linguistische und hermeneutische Schriftauslegung der Legalität als solcher – bei der sunnitischen Lösung, (a) bei der Nutzung des Stiftungstextes durch Philologie und (b) bei der hermeneutischen Anwendung. (ii) Dies gilt aber auch für die rationale, auf eine liberale Textinterpretation gestützte Rechtfertigung durch die mu'tazilitische Sekte.

Ob nun die Textinterpretation orthodox oder liberal ist – die auf den Koran bzw. die Tradition des Propheten bezogene Rechtfertigung verbleibt innerhalb religiöser Grenzen; sie versteht sich als muslimisch, nicht aber als solche des Gesetzes schlechthin.

Die koranische Lösung begrenzt sich aber gerade nicht auf das Inner- oder auch Interreligiöse, sondern reicht bis an eine metareligiöse Grenze. Der Koran spricht nicht nur von der Vielfalt der Gesetze, sondern er versteht diese als Bedingung der Verwirklichung des Guten. Das Gesetz darf aus zwei Gründen nicht auf eines einer einzigen Gemeinschaft reduziert werden: (a) aufgrund der Bejahung des universellen Charakters der beiden Prinzipien jeglicher Religion – des Glaubens an Gott und der beim Jüngsten Gericht bewerteten guten Werke; (b) aufgrund der Bekräftigung, dass der muslimische Staat die faktische Vielfalt der Religionen anerkennen und darüber wachen muss, dass jede Gemeinschaft ihr eigenes Gesetz anwendet.

Dies also ist der Sinn der Rechtfertigung der Gesetze im Islam: Die Gemeinschaft ist die einzige gesetzgebende Autorität, sei es, dass sie ein Gesetz annimt, das sie für göttlichen Ursprungs hält, sei es, dass sie aufgrund einer Autorität, von der sie annimt, sie entstamme göttlicher Delegation, selbst gesetzgeberisch tätig wird (**الأمة هي المشرعة سواء بتبني التشريع الإلهي أو بتأويله أو باستكماله**). Die Gesetzgebung ist nichts anderes als das koranische Prinzip des Guten, das jeder Muslim zu praktizieren und zu fördern hat, und des Bösen, das er zu vermeiden und dem er sich zu widersetzen hat (**التشريع هو الأمر بالمعروف والنهي عن المنكر الذي هو فرض عين**).

Es geht um eine substanzielle metareligiöse Rechtfertigung der universellen moralischen Rechtmäßigkeit angesichts der Begrenztheit der menschlichen Erkenntnis und der Notwendigkeit, das Jüngste Gericht zu erwarten. Es geht um etwas, das den Gegensatz zwischen Naturgesetz und religiösem Gesetz transzendiert – um die Begründung von Legalität im Allgemeinen.

[14] Vgl. die diese Interpretation begründenden koranischen Texte im Anhang.

(i) Glaube und Gesetz – erste Spezifikation der Vielfalt: Das Prinzip ist moralisch in einem religiösen Sinne (universelle Einheit des Glaubens an Gott und der Moral, aber Vielfalt der Gesetze).[15]

(ii) Metaphysische Begründung und politische Folgen – jenseits aller Religion, das, was das Religiöse selbst begründet, zwischen Offenbarungs- und Naturreligionen: Das gemeinsame Prinzip ist moralisch in einem absoluten Sinne, d.h., man muss das Gute tun, und zwar unabhängig vom religiösen Glauben; man vergleiche die koranischen Verse im Anhang al Hajj XXII.18 الحج al-Baqrah II.63 البقرة und al Maidah V.70 المائدة

Zusammenfassend kann man sagen, dass die substanzielle und formelle Rechtfertigung sich sowohl auf die Einheit und Universalität der Legalität als auch auf deren Unterschiedlichkeit und Partikularität beziehen kann. Das Beispiel ist die transreligiöse koranische Rechtfertigung der Vielfalt besonderer Gesetze: (a) Bei den Offenbarungsreligionen: Begründung der Vielfalt der Gesetze, Legitimation durch die Konkurrenz der Gesetzessysteme für das Gute. (b) Bei den Schulen der Rechtswissenschaft: Legitimation der Vielfalt der Interpretationen entsprechend dem geo-historischen Kontext.

5. *Zukunftsperspektiven*

So, wie die Krise ihren Ursprung in den Gründungsereignissen von Staat und Recht hat, muss ihre Bewältigung aus einer intrinsischen und autochthonen Analyse entstehen, wenn die muslimische Welt ihrer spirituellen und moralischen Unordnung mit einem Minimum an möglichen Verlusten entrinnen soll.

Das moderne arabisch-islamische Denken scheint unfähig zu sein, die Kernpunkte der Krise zu erkennen und wirksame Lösungen anzustreben, wenn es nicht seine Herkunft vor Augen hat und sich nicht von den Querelen darüber befreit, welches Modell zu imitieren sei, anstatt seinen eigenen Weg zu entdecken, um sich auf die Lage *hic et nunc* einzustellen.

Man könnte so vielleicht aus dem Auf-der-Stelle-Treten herauskommen, das seit zwei Jahrhunderten andauert. Mein Vorschlag lautet, von einer autochthonen, mit den in der aktuellen Situation zur Verfügung stehenden Mitteln angereicherten Diagnose dieser spirituellen und moralischen Unordnung auszugehen. Diese Herangehensweise ist gewiss nicht neu; die beiden letzten großen Denker der Krise haben sie bereits vorgeschlagen; für sie spricht, dass sie auch die Wurzeln der Krise analysiert haben. Ich spreche (i) von Ibn Taymiyyahs Rechtfertigung des Gesetzes und der theologisch-philosophischen Reform und (ii) von Ibn

15 Vgl. Karl-Josef Kuschel, *Vom Streit zum Wettstreit der Religionen. Lessing und die Herausforderung des Islam,* Düsseldorf 1998, S. 319.

Khalduns Rechtfertigung des Gesetzes und der politisch-philosophischen Reform.

Es gibt also zwei Diagnosen: Die erste schließt auf die Notwendigkeit einer religiösen und moralischen Reform, welche die Muslime von der Ursurpation der Macht und deren spiritueller Vermittlung befreit: Ibn Taymiyyah macht den Vorschlag einer Reform des islamischen religiösen Denkens gegen den Fatalismus und den Aberglauben in Theologie, Mystik, Politik und Philosophie als Rechtfertigungsquellen bzw. Legitimationen des Unrechts (d.h. der Nichtübereinstimmung mit dem Geist des koranischen Gesetzes), um (i) dem Aberglauben, dem Fatalismus und der Autorität der Priester und Heiligen ein Ende zu setzen und sich statt dessen auf ein persönliches Verhältnis zum Koran und zur Sunnah zu begrenzen, und (ii) die Pseudo-Wissenschaft der Metaphysik, der rationalen Theologie und den mystischen Pantheismus zu verabschieden; die Religion wird so zur Unterstützung der zivilen Ordnung und einer auf Beobachtung und Erfahrung der sichtbaren Welt gestützten Erkenntnis.

Die zweite Diagnose schließt auf die Notwendigkeit einer politischen und pädagogischen Reform, welche die Muslime von den Ursurpatoren der Herrschaft und deren zeitlich-irdischer Vermittlung befreit: Von Ibn Khaldun stammt der Vorschlag einer Reform des politischen und pädagogischen Denkens gegen Fatalismus und Despotismus in Theologie, Mystik, Politik und Philosophie, und zwar aus den gleichen Gründen wie Ibn Taymiyyah. Er will (i) dem populistischen Revolutionismus der Religiösen (**كل الحركات الدينية الثورية**) und dem elitären Utopismus der Weltlichen wie Farabi, allen *Falasifah* und *Ikhwan as-Safa* (**الفارابي والفلاسفة عامة وإخوان الصفا**) ein Ende setzen; an ihre Stelle setzt er, was er einen Vertrag mit drei Parteien nennt: des Regierenden, der Regierten und einer gemischten Grundlage der Gesetzgebung, die (um den irdischen Interessen Rechnung zu tragen) zugleich rational und (um die Interessen am Jenseits zu berücksichtigen) religiös ist; man soll um ein ideales Regime weitteifern. Er will (ii) die autoritäre Erziehung beenden; an ihre Stelle soll eine liberale und von der Hegemonie einer einzigen, andere philosophische und religiöse Kulturen ausschließenden Kultur befreite Erziehung treten: Philosophie und Naturwissenschaft einerseits und Religion und Wissenschaft des Geistes andererseits.

Bei allen diesen Überlegungen ist allerdings der Weltlage Rechnung zu tragen, die diese interne Krise im Kontext einer universellen Krise verschärft, die folgende wesentliche Merkmale hat: (i) Es handelt sich um eine universelle Krise der sozialen Rechte bezüglich der Anerkennung der Kulturen Asiens; sie gefährdet die sozialen Rechte und die Achtung der menschlichen Würde – die Selbstzerstörung des Kapitalismus; (ii) es handelt sich ferner um eine universelle ökologische Krise und die Notwendigkeit einer nachhaltigen Entwicklung unter Berücksichtigung der Lebensbedingungen und der Natur – die Menschheit scheint sich selbst zu zerstören.

6. *Schluss*

Kann man in der Internationalisierung der Probleme der Rechtfertigung des islamischen Rechts eine mögliche Konkretisierung des Universalitätsanspruchs gemäß Vers 48 von *al-Maida* sehen, mit dem die Vielfalt und die universelle Toleranz zwischen Religionen und Kulturen zu begründen ist? Es geht dabei um die universelle und zugleich partikuläre Religion, um Einheit und Universalität als normatives Ideal für alle Menschen und um Vielheit und Besonderheit als konkrete Formen dieses Ideals bzw. der Wege, es zu verwirklichen. Und es geht um das universelle und zugleich partikuläre Gesetz, um legale Bedingungen der Ermöglichung der Einheit und Universalität als des normativen Ideals für alle Menschen, und um legale Bedingungen, welche die Vielheit und Besonderheit als konkrete Formen dieses Ideals bzw. Wege seiner Verwirklichung ermöglichen.

Um es konkret zu sagen: Die universellen Rechte sind das Ensemble der Koexistenzbedingungen der besonderen Rechte und die besonderen Rechte sind Bedingungen – eher: Momente – der Verwirklichung des Universellen. Dieses Verhältnis ist der menschlichen Sprachfähigkeit vergleichbar, die allen Sprachen gemein ist; die Sprachen können jedoch immer nur besondere Sprachen sein. Dieses Verhältnis ist belegt durch Möglichkeit der Übersetzung.

Aus dem Französischen übersetzt von Hans Jörg Sandkühler

Anhang

Erster koranischer Text: النص الأول

"إنَّ الَّذِينَ آمَنُوا وَالَّذِينَ هَادُوا وَالنَّصَارَى وَالصَّابِئِينَ مَنْ آمَنَ بِاللَّهِ وَالْيَوْمِ الآخِرِ وَعَمِلَ صَالِحاً فَلَهُمْ أَجْرُهُمْ عِندَ رَبِّهِمْ وَلاَ خَوْفٌ عَلَيْهِمْ وَلاَ هُمْ يَحْزَنُونَ" البقرة62

Deutsche Übersetzung[16]

II.63 **البقرة**

All denen – seien es Gläubige, Juden, Christen oder Sabäer –, wenn sie nur an Gott glauben, an den Jüngsten Tag und das Rechte tun, wird einst Lohn von ihrem Herrn, und weder Furcht noch Traurigkeit wird über sie kommen.

Zweiter koranischer Text: النص الثاني

"إنَّ الَّذِينَ آمَنُوا وَالَّذِينَ هَادُوا وَالصَّابِؤُونَ وَالنَّصَارَى مَنْ آمَنَ بِاللَّهِ وَالْيَوْمِ الآخِرِ وعَمِلَ صَالِحاً فَلاَ خَوْفٌ عَلَيْهِمْ وَلاَ هُمْ يَحْزَنُونَ" المائدة69

V.70 **المائدة**

Wahrlich die, so da glauben, die Juden, Sabäer und Christen, wenn sie nur glauben an Allah und den Jüngsten Tag und nur tun, was recht ist, so kommt weder Furcht noch Trauer über sie.

Dritter koranischer Text: النص الثالث

"إنَّ الَّذِينَ آمَنُوا وَالَّذِينَ هَادُوا وَالصَّابِئِينَ وَالنَّصَارَى وَالْمَجُوسَ وَالَّذِينَ أَشْرَكُوا إِنَّ اللَّهَ يَفْصِلُ بَيْنَهُمْ يَوْمَ الْقِيَامَةِ إِنَّ اللَّهَ عَلَى كُلِّ شَيْءٍ شَهِيدٌ " الحج17

XXII.18 **الحج**

Zwischen den wahren Gläubigen (den Moslems) und den Juden, den Sabäern, den Christen, den Magiern und den Götzendienern wird einst Allah am Tag der Auferstehung entscheiden; denn Allah ist aller Dinge Zeuge.

Vierter koranischer Text: النص الرابع

"وَأَنزَلْنَا إِلَيْكَ الْكِتَابَ بِالْحَقِّ مُصَدِّقاً لِّمَا بَيْنَ يَدَيْهِ مِنَ الْكِتَابِ وَمُهَيْمِناً عَلَيْهِ. فَاحْكُم بَيْنَهُم بِمَا أَنزَلَ اللّهُ وَلاَ تَتَّبِعْ أَهْوَاءهُمْ عَمَّا جَاءكَ مِنَ الْحَقِّ. لِكُلٍّ جَعَلْنَا مِنكُمْ شِرْعَةً وَمِنْهَاجاً. وَلَوْ شَاء اللّهُ لَجَعَلَكُمْ أُمَّةً وَاحِدَةً وَلَكِن لِّيَبْلُوَكُمْ فِي مَا آتَاكُم. فَاسْتَبِقُوا الخَيْرَاتِ. إِلَى الله مَرْجِعُكُمْ جَمِيعاً فَيُنَبِّئُكُم بِمَا كُنتُمْ فِيهِ تَخْتَلِفُونَ " المائدة48

V.49 **المائدة**

16 *Der Koran, Das Heilige Buch des Islam.* Nach der Übertragung von Ludwig Ullman neu bearbeitet und erläutert von Leo Winter, München.

Wir haben nun auch dir das Buch (den Koran) in Wahrheit offenbart, die früheren Schriften in ihren Händen bestätigend, und dich zum Wächter darüber eingesetzt. Urteile du nun nach dem, was Allah offenbart, und folge durchaus nicht ihrem Verlangen, dass du abgehst von der Wahrheit, welche dir geworden. Einem jeden Volke gaben wir Norm, Religion und einen offenen Weg. Wenn es Allah nur gewollt hätte, so hätte er euch allen nur einen Glauben gegeben; so aber will er euch prüfen in dem, was euch geworden. Wetteifert daher in guten Werken, denn zu Allah werdet ihr alle heimkehren, und dann wird er euch erklären über das, worüber ihr uneinig wart.

Fethi Meskini

Entschuldigung, Verzeihen und Rechtfertigung oder Monotheistische Politiken

Auch ist die Philosophie eines jeden Volkes nur in sehr geringem Maße für ein anderes geeignet.
J.-J. Rousseau[1]

Wenn Gott ein Gegenstand der Liebe werden wollte, so hätte er sich zuerst des Richtens und der Gerechtigkeit begeben müssen [...] Wie? Ein Gott, der die Menschen liebt, vorausgesetzt, dass sie an ihn glauben [...]! Wie? eine verclausulirte Liebe [...]! Eine Liebe, die nicht einmal über das Gefühl der Ehre und der gereizten Rachsucht Herr geworden ist? Wie orientalisch ist das Alles! „Wenn ich dich liebe, was geht's dich an?“
F. Nietzsche[2]

1. Einleitung: Denken mit, aufsuchen, anerkennen

Im Unterschied zum Corpus des Griechischen, Römischen oder Jüdisch-Christlichen ist der Islam der vielleicht am wenigsten *aufgesuchte* Ort des Denkens und der Werte. Doch ohne einen wirklichen *Willen zum Aufsuchen* bliebe jede Absicht, einen Dialog[3] (oder Trilog) zu führen, leider dem ‚Dampf‘ Nietzsches näher als dem guten Willen bei Kant. Das *Denken* indes ist in Zukunft ganz sicher

1 J.-J. Rousseau, Abhandlung über den Ursprung und die Grundlagen der Ungleichheit unter den Menschen. In: ders., *Frühe Schriften.* Aus d. Franz. übers. v. H. Hasselbach/ W. Schröder. Hg. v. W. Schröder, Leipzig 1970, S. 228.

2 F. Nietzsche, *Die fröhliche Wissenschaft*, §§ 140 f.

3 Hervorzuheben ist das vergleichsweise späte Auftreten des Begriffs ‚Dialog‘ in der Sprache der Philosophen. Erst seit H.-G. Gadamers *Wahrheit und Methode* (1960) hat der Begriff eine konstitutive Rolle, vor allem in der begrifflichen Erfassung der Probleme des Denkens. Vgl. *Hermeneutik I. Wahrheit und Methode. Grundzüge einer philosophischen Hermeneutik*, Tübingen, 1960/1990, S. 189, 192, 383, 500.

ein *Denken-mit* – die Folge seiner Verpflichtung als *Sein-mit*, und zwar des ‚Mit' im Allgemeinen, wie es von der Hospitalität des späten Kant[4] über das *Mitsein* und insbesondere das *Mitdasein* Heideggers[5] bis hin zur Fürsorge beim späten Ricœur[6] gedacht worden ist –, denn es nährt seine Wurzeln und beispiellosen Möglichkeiten in einem grundlegenden ‚*Aufsuchen-mit*', wie es tief in das Gedächtnis der gegenwärtigen Menschheit eingeschrieben ist, wenn auch ohne jede Letztbegründungs-Manie und metaphysische Bevormundung, aber mit einem großen *Freundschaftsversprechen.* Läuft jedoch das Begründen letztlich darauf hinaus, freie Bahn für Transzendenz zu schaffen und sie anderen Formen der Vernunft aufzuoktroyieren, dann machen sich in allen Kulturen Überheblichkeit, Exklusion oder Transzendenz geltend.

Das *Mit-* bzw. *Zusammen-Denken* tendiert dann auf partikuläre, leichte und subtile Weise dazu, die erinnernswertesten Gegenden der Vernunft aufzusuchen, die freilich in den Perspektiven der gegenwärtigen Menschheit weitgehend in gedeckten Farben getönt sind – Monotheismen, von denen man enttäuscht ist, und säkularisierte Okzidente.

Aufsuchen und nicht mehr führen[7], begründen, der Kritik unterziehen oder sich die Bereiche des Seienden aneignen; kommen, um zu sehen, und nicht die Statur des Anderen zerstören oder dekonstruieren: Weit davon entfernt, auf das eine oder andere ‚schwache Denken' zu setzen, scheint das *Aufsuchen ohne Hintergedanken* das mögliche neue *Mitsein* zu versprechen, dessen neuartige Beständigkeit darin besteht, sich ohne jeglichen *exklusiven* normativen Gehalt einzubürgern. Es ist in seinem Wesen ein Akt der Hospitalität. Der sogenannte ‚Denker' wäre zukünftig wie ein *aktiver Gastgeber* unter ‚uns'. Doch die spirituellen

4 Vgl. I. Kant, Zum ewigen Frieden. Ein philosophischer Entwurf. In: *Kant's gesammelte Schriften.* Hg. v. der Königlich Preußischen Akademie der Wissenschaften, Berlin 1900-1955, 1966 ff. (= AA), AA VIII, 357.

5 Vgl. M. Heidegger, *Sein und Zeit*, Tübingen 1993, § 26, S. 117-125.

6 Vgl. P. Ricœur, *Soi-même comme un autre*, Paris 1990, S. 254 f. [dt.: *Das Selbst als ein Anderer*, München 1996].

7 *Führer der Menschheit* sein zu wollen, scheint eine imperiale moralische Krankheit der großen Zivilisationen zu sein. Vgl. Ibn Khaldûn, *Al-Muqaddima. Prolégomènes (*1378*)*, Buch III, Kap. 33; Condorcet, *Esquisse d'un tableau des progrès de l'esprit humain* (1794) [dt.: *Entwurf einer historischen Darstellung der Fortschritte des menschlichen Geistes*, hg. v. W. Alff, Frankfurt/M. 1976] Dies sind zwei Bilanzen der historischen Errungenschaften des Selbstbewusstseins einer (islamischen bzw. westlichen) Kultur, und zwar unter Anleitung der monotheistischen Projektion einer religiösen oder moralischen ‚Mission'. Doch „die Zukunft ist nicht mehr, die sie war". Wir leben – mit einem gelungenen Ausdruck R. Kosellecks – ‚unsere' Moderne in einer Art ‚vergangener Zukunft'. Vgl. P. Ricœur, *La mémoire, l'histoire, l'oubli*, Paris 2000, S. 400-413 [dt: *Gedächtnis, Geschichte, Vergessen*, Paderborn 2004].

Landschaften der ‚anderen', *per definitionem* einzelnen und besonderen Erfahrungen des Lebewesens *Mensch* aufzusuchen, das wir in verschiedenen Lebensformen und unter verschiedenen Namen sind (*zoon, Adam, subjectum, Übermensch, Dasein, der Andere* ...), erforderte vorab, dass wir erfolgreich aktive Vergesslichkeit[8], glückliche Erinnerungen und schließlich – warum nicht? – entsprechend Derridas paradoxem Traum[9] das Verzeihen organisieren könnten, das an das Unverzeihliche rührt.

Noch ist die *Philosophie des Aufsuchens* arm an Erfahrungen, beschränkt in ihren moralischen Ressourcen und zurückhaltend hinsichtlich ihrer Begriffe. Und doch scheint ein einziges Losungswort zu genügen: *Sucht auf, geht sehen!* (*visitare* ist ein von *visere* abgeleitetes Zeitwort), und dies mit *Wohlwollen* bzw. aus *Erkundungsgründen.* Bezüglich des Anderen hat man in allen Kulturen und verworrenen Epochen weithin Verfolgung, Ausforschung und mangelnde Urteilskraft praktiziert, doch nie oder nur selten das Gespräch, die Nähe und die Teilhabe. Das Sein war für ‚uns' immer eine Lokalität (Griechentum, Latinität, Germanentum, Arabität[10] ...), und erst spät hat man begonnen, von Globalität oder klarer von ‚Glo-kalität' zu sprechen.

Das Prinzip der *charity*, ein guter Ausdruck der angelsächsischen Logiker, könnte uns vielleicht – wie bei der Rückkehr an den Ort des Verbrechens – das Profil dessen bieten, was wir uns moralisch (oder religiös?) von einem *Denken-mit* erwarten, das sich eines Tages in eine Art heidnische oder laizistische *Visitation* ändern könnte. Sobald man dem Anderen begegnet – ein normatives Faktum, das keiner transzendentalen Deduktion mehr bedarf –, kommt er in die Reichweite unseres Verstehens: mit Sinn, Versprechen, Vernunft, Achtung und Wertschätzung. Der Andere ist nie so sehr *anders*, etwa zu verrückt oder unvernünftig, als dass er unsere Hölle verdiente. Der andere wird von nun an die *Grenze* unserer Hölle sein, die neue *terra ethica* der Postmoderne. Die Frage lautet: Wie endlich aus der Nächstenliebe die *charity* der Vernunft machen, eine Teilhabe an Rationalität, eine gemeinsame moralische Immunität, kurz: ein Verhalten der Anerkennung?

Obwohl die gegenwärtige Menschheit mit der Stimme *irgendeines ‚Wir'* von sich spricht – ‚der Westen', ‚der Islam', ‚die asiatischen Völker' oder die kommenden Bevölkerungen, welche die Identitätslogik hinter sich gelassen haben –, stellt das *Denken-mit* eine Einladung an sie dar, die Begrenzung, die moralische

8 Vgl. F. Nietzsche, *Zur Genealogie der Moral.* Zweite Abhandlung, § 1: „Vergesslichkeit ist keine bloß vis inertiae, wie die Oberflächlichen glauben, sie ist vielmehr ein aktives, im strengsten Sinne positives Hemmungsvermögen".

9 J. Derrida, Le siècle et le pardon. In: *Le Monde des Débats*, Dezember 1999.

10 Zu ‚Arabität' als Lokalität des Seins vgl. F. Meskini, Arabité et philosophie. In: *Revue Rue Descartes. Collège International de Philosophie.* N° 61, 2008, S. 116-122.

Grenze, das irreduzible ‚ein Antlitz haben' *irgendeines* ‚Anderen' unter uns aufzusuchen. Ein einziges Kriterium bestätigt oder entkräftet unseren Willen, *irgendeinen* Anderen aufzusuchen, und zwar genau jenes, immer grundsätzlich bereit zu sein, ihn zu *entschuldigen*, d.h. ihn zu akzeptieren, ihn sein zu lassen bzw. ihn werden zu lassen, der er ist und wie er ist. Die Entschuldigung ist, so scheint es, ein neuer ethischer, noch zu ergründender Gegenstand. Bis jetzt aber bieten anscheinend nur die großen Religionen – der Monotheismus ist nur ein Beispiel – die probatesten Mittel, den Anderen zu berücksichtigen, ihn von jeglicher Qual zu *entlasten*, wie schwer auch immer sie sein mag, kurz: ihn zu *lieben* ja ihm zu *verzeihen*. Das Verzeihen bleibt noch immer der einzige zivile Gewinn der Transzendenz.

Doch sobald das Verzeihen die Form eines religiösen Aktes annimmt, verliert es jegliche ethische Stabilität. Denn verzeihen ist nicht gleich entschuldigen: *excusare*, Außer-Schuld-Setzen, ist eine andere Sphäre der Erfahrung. Mit einem Wort: Die Entschuldigung ist ‚weltlich', frei und immenent. Das Verzeihen hingegen übersteigt nie vertikale Verhältnisse: Es hat manchmal sogar die Züge einer arroganten, eschatologischen und transzendenten Tugend und ist eine Art exklusiver Liebe. Doch ist Liebe, selbst die religiöse oder freiwillige, wahrhafte Entschuldigung?[11]

Entschuldigen[12] geschieht nicht ohne einen gemeinsamen Grund, nicht ohne Bereitschaft oder Freundschaft. Jemand, der im Unrecht ist, lässt mit Entschuldigungen niemandem Gerechtigkeit widerfahren; im Unterschied zur Bitte um Entschuldigung enthebt ihn das *Sich-Entschuldigen* aller *Rechtfertigung*. In bestimmten Kulturen ist eine Rechtfertigung eine schlechte Art, für seinen Fehler einzustehen. Die Rechtfertigung beruht zwangsläufig auf internen und ortsgebundenen Argumenten. Im Bereich des Eigenen, d.h. im Inneren der Sphäre, in der das verortet ist, was einem Volk heilig ist, bzw. das, was die Quellen des Selbst einer Gemeinschaft ausmacht, hätte jede Art von Rechtfertigung unausweichlich die peinlichen, unerwünschten Züge einer Politik der Andersheit: Die Rechtfertigung scheint sich des zukünftig – so fraglich dies ist – frei werdenden Platzes des religiösen Verzeihens zu bemächtigen. Anstelle einer Eschatologie der Gerechtigkeit hat der auf den ethischen Wert seiner Arbeit, seiner Familie und seines momentanen Ichs[13] reduzierte Alltagsmensch *rechtfertigende* (moralisierende) Verfahren des Rechts ersonnen.

11 Vgl. F. Nietzsche, *Die fröhliche Wissenschaft*, § 141.

12 Zur logischen Bedeutung von Entschuldigungen als performativen Akten, die ein Problem der ‚Rechtfertigung' aufwerfen, vgl. J.L. Austin, A Plea for Excuses. In: ders., *Philosophical Papers*, ed. by J.O. Urmson/ G.J. Warnock, Oxford 1961.

13 Vgl. Ch. Taylor, *Quellen des Selbst. Die Entstehung der neuzeitlichen Identität*, Frankfurt/M. 1994.

Doch die Kultur des Selbst, der es gelungen ist, die *Gerechtigkeit* in ein *bloßes Verfahren* zu transformieren, das gegebenenfalls wie eine *Rechts-Maschine* funktioniert, ist noch keine planetare Errungenschaft. Die Objektivität bzw. normative Universalität des Verfahrens garantiert noch nicht den Status eines kosmopolitischen Wertes. Der Übergang zu einer von gleichen, solidarischen und interessierten Gesprächspartnern geteilten hermeneutischen Situation verlangt nach einer *neuen* Ethik des Diskurses. Habermas spricht zum Ärger der Anhänger der Kommunikation noch die Mundart seines metaphysischen Dorfes, der Landschaft des ‚Westens'.[14] Die ‚schlecht geordneten Gesellschaften' – um einen Ausdruck von John Rawls in Umkehrung zu verwenden – bleiben noch außerhalb der Habermasschen Kategorientafeln.[15]

Ein wirkliches Gespräch ist das, was unter *‚grundlegend' Fremden*[16] zustande kommen kann, die auch dann, wenn sie verschiedene Sprachen sprechen und an weit voneinander entfernten Orten wohnen, tatsächlich zur Einübung *post-subjektiver* Anerkennung bereit sind und bereit sein werden.[17]

14 Vgl. J. Derrida/ J. Habermas, *Philosophie in Zeiten des Terrors.* Zwei Gespräche, geführt, eingel. u. komm. v. G. Borradori, Berlin 2004. Habermas empfiehlt zum posthistorischen Ereignis des 11. September als Rezept: Wenn der Westen sein Selbstbild revidiere, könne er z.B. lernen, was er in seiner Politik zu verändern habe, damit sie als Macht mit der Fähigkeit wahrgenommen werden könne, einem zivilisatorischen Aufbruch Form zu geben. Leider erliegt Habermas so offensichtlich noch dem Charme des monotheistischen Jargons der Erbauer-‚Mission'.

15 Zum Konzept der ‚wohlgeordneten Gesellschaft' (*well-ordered society*) vgl. J. Rawls, *Eine Theorie der Gerechtigkeit*, Neuaufl. Frankfurt/M. 2009, § 68. Uns bleibt die umgekehrte juridische Frage zu stellen: Was soll man mit dem Recht *in einer ‚schlecht geordneten Gesellschaft'* machen?

16 Vgl. F. Nietzsche, *Die fröhliche Wissenschaft,* § 279: „Wir waren Freunde und sind uns fremd geworden. Aber das ist recht so und wir wollen's uns nicht verhehlen und verdunkeln, – als ob wir uns dessen zu schämen hätten. […] Dass wir uns fremd werden müssen, ist das Gesetz *über* uns: eben dadurch sollen wir uns auch ehrwürdiger werden!" Vgl. J. Derrida, *Politiques d'amitié*, Paris 1994, S. 301 f. [dt.: *Politik der Freundschaft.* Übers. v. S. Lorenzer, Frankfurt/M. 2000] Im Unterschied zu Habermas, der in *Philosophie in Zeiten des Terrors* das neue Faktum der *Fremdheit* zwischen Nationen, Lebensformen und Zivilisationen als Kommunikationshindernis auffasst, kann man sagen, dass Fremdheit ganz im Gegenteil der post-kulturelle Zustand ist.

17 Die identitären und gemeinschaftsorientierten Spielarten des Islam sind vom Tod des ‚Subjekts', ‚des Menschen', ‚Gottes' etc. nicht betroffen. Sich von ihnen zu befreien würde andere Heilmittel als aktiven Nihilismus verlangen. Man müsste an Formen des ‚Werdens' denken wie z.B. das *‚rhizome'* von Deleuze/Guattari: an ‚Antigenealogie', ‚kurzes Gedächtnis', ‚Anti-Gedächtnis', an einen Prozess post-subjektiver Subjektivierung ohne Subjekt, ohne ‚das Allgemeine'. Vgl. G. Deleuze/ F. Guattari,

Eine derartige Einstellung verspräche eine methodische Gesundung des Ethnozentrismus, die bis an die Grenzen der *Gleichheit des Antlitzes* unter den *letzten* Erben des Menschlichen ginge. Denn technische Ungleichheiten allein würden nie von selbst zum Scheitern eines gleichberechtigten normativen Austauschs führen.

Während die *Rechtfertigung* auf ein Verfahren orientiert ist[18] – und folglich lokal, weil im Inneren eines situierten Rahmens einer immer situierten Vernunft angesiedelt –, geht die *Entschuldigung* so weit wie möglich ins Menschenmögliche und eröffnet so dem Lebewesen Mensch die erstaunlichsten ethischen Wege. Die Entschuldigung ist, so scheint es, die letzte Form der *Anerkennung* unter den Menschen. Denn niemand ist *unschuldig*, d.h. *entschuldbar*, ohne als solcher anerkannt zu sein. Andernfalls wäre Gerechtigkeit nicht von einem Racheakt zu unterscheiden.[19] Wollte man über *den Anderen* entsprechend *unseren* Kriterien urteilen, so hätte man es schwer, ihn vom unparteiischen Charakter *unserer* Gerechtigkeit zu überzeugen. Gemeinschaftswerte und juridische Normen liefen Gefahr, auf immer miteinander verquickt zu werden. Dies ist das transzendentale Risiko des *Missverständnisses*[20], das schwer auf unserem Willen lastet, zu verstehen und verstanden zu werden.

Philosophie aber bedeutete seit Sokrates, dem Angeklagten schlechthin, eine Art *Recht auf Unschuld* freizusetzen, das vor aller Vergeltungsmoral geschützt wäre – einer Moral, von der sich die monotheistische Politik des Verzeihens immer, wenn auch in unterschiedlichen Worten, schockiert gezeigt hat und um die sie einen großen Bogen gemacht hat.

In dieser Studie möchte ich Antworten auf folgende Fragen entwickeln:

- Wie könnte man sich vor einer nur prozeduralen Gerechtigkeitsinstanz für seine Fehler rechtfertigen, darum bitten, von seinen Bürden entschuldet zu werden, kurz: *sich* für unschuldig erklären?

Capitalisme et schizophrénie 2. Mille Plateaux, Paris 1980, S. 31 f. [dt.: *Tausend Plateaus. Kapitalismus und Schizophrenie II*, Berlin 1992.]

18 Dies ist unbestritten eine bedeutende strukturelle Auswirkung der linguistischen Wende auf die Sphäre des Rechts, der Politik und der Moral: Alle praktischen Probleme sind plötzlich als Probleme der (juridischen, politischen, moralischen) Sprache formulierbar. Rawls' Traum ist es, die Rechtfertigungsbedingungen einer ,rein prozeduralen Gerechtigkeit' festzulegen, deren Vorbild im ,Glücksspiel' zu finden ist. Im Übrigen fügt Rawls hinzu, dass die *Rechtfertigung* einer guten Theorie des Bezeichnens bedarf. Vgl. J. Rawls, *Eine Theorie der Gerechtigkeit*, §§ 14, 87.

19 Vgl. F. Nietzsche, *Zur Genealogie der Moral.* Zweite Abhandlung, § 11.

20 Von Schleiermacher bis Gadamer ist es das *Missverständnis* und nicht das *Unverständnis*, das den Einsatz der Hermeneutik als „Kunst der Vermeidung des Missverständnisses" bestimmt hat. Vgl. H.-G. Gadamer, *Hermeneutik I. Wahrheit und Methode,* Tübingen, 1960/1990, S. 188.

- In welchen Begriffen könnte bzw. sollte man das *Unschuldsproblem* entfalten? Oder: Ist Unschuld ein Entschuldigungsgrund?
- Wie kann man triftig (bzw. vorzugsweise) die Verwicklung klären, die – wenn auch nicht notwendigerweise – zwischen *Gerechtigkeit* und *Rache* bestanden hat? Oder gibt es eine *para-juridische* Gerechtigkeit, also eine universelle Norm, das Recht aus der Sphäre des *Gerechten* und des *Guten* herauszulösen?

2. *Das Geschlecht des ‚letzten Muselman' oder: Welche Gemeinschaft auch immer*

Seitdem sich die modernen Muslime auf die politischen Formen des *Nationalstaats* eingelassen haben – das entscheidende Ereignis, das in etwa nach 1918 eingetreten ist und dessen wichtigstes Ergebnis die Entstehung von zuvor in diesem Kulturbereich unbekannten Begriffen wie ‚Nation', ‚Nationalbewusstsein', ‚Staatsbürgerschaft' und ‚Identität' war[21] –, hat sich das politische ‚Subjekt' (الرعيّة, *Ar-ra'iya*[22], Äquivalent des lateinischen *subjectum*: unterworfen sein, einer theologisch-politischen Autorität (dem Kalifat) untergeordnet sein, monotheistisches religiöses Dispositiv der Nachfolge, des Statthalters auf Erden[23] seins sein) verstohlen, manchmal ohne sein Wissen, in eine im Vergleich zu

[21] Zur Bedeutung und zur Geschichte des Begriffs ‚Nation' vgl. J. Habermas, *Die Einbeziehung des Anderen. Studien zur politischen Theorie*, Frankfurt/M. 1999, S. 130 ff.

[22] Auch wenn es im koranischen Wortschatz nicht vorkommt, ist das Wort *ra'iya* (Subjekt) im Corpus des *Hadīth* (Mitteilung des Propheten) vielfach verwendet, in dem es eine wichtige semantische Rolle spielt: *ra'iya* ist alles, wofür man verantwortlich ist (wörtlich im Arabischen: *mas'oul*, was in Frage steht), alles das, dessen *‚ra'ī'* man ist, d.h. ‚Schäfer' und ‚Hirte' (des eigenen Körpers, der Frau, der Güter, der Nahrung, des Raumes, der Zeit, des Bodens, der Pflanzen, der Tiere ...). Dies ist der Ursprung des orientalischen Despoten: Er ist der Hirte des Politischen, wie man der Hirte seiner Herde sein kann. Es handelt sich um ein Konzept, das man in der Sicht der platonischen Untersuchung zum König als Hirten in *Politeia* 267 d-268 c verstehen muss. Vgl. auch M. Foucault, Omnes et singulatim: vers une critique de la raison politique. In: *Dits et écrits II*, Paris 1994, S. 953-980; auch in: ders., *Philosophie. Anthologie*, Paris 2004, Text 60, S. 665-704. Zum theoretischen Verständnis des Begriffs *ra'iya* in der klassischen theoretischen muslimischen Tradition vgl. Ibn Khaldûn, *Prolégomènes,* Buch III, Kap. 24.

[23] [Der Autor verwendet im französischen Text den Begriff ‚lieutenance', dessen koranische Bedeutung nicht direkt ins Deutsche übersetzbar ist. Vgl. im Koran Sure 2, Die Kuh, Vers 31: „Und als dein Herr zu den Engeln sprach: ‚Ich will einen Statthalter auf Erden einsetzen'[...]"; vgl. auch Sure 6, Das Vieh, Vers 166: „Er ist es, Der euch zu Nachfolgern auf der Erde machte [...]".]

dem, was mehr als 1500 Jahre Bestand hatte, völlig neuartige Serie von *Subjektivationen* transformiert. Von *Ra'iya* (Untertan eines Königs) wird es zu *Cha'b*[24] (,souveränes' Volk). Zugleich ist die muslimische *Milla* (die religiöse, von einem Kalifen als Statthalter Gottes auf Erden regierte Gemeinschaft) verschwunden; sie hat ihren Platz für die nationale *Umma* geräumt. *Umma* ist als koranisches Wort ein Synonym des abrahamischen Begriffs *Milla*, der aber in seinem Sinn verändert wurde, um die Bedeutung des modernen, rechtlichen und romantisch militärischen Begriffs der *Nation* abzusichern.

In der Erwartung, dieses neue Regime des Selbst *souverän* in Worte fassen zu können, hat sich die arabische Sprache veranlasst gesehen, für diese emblematischen Begriffe so gut wie möglich mehr oder weniger gelungene (oder verfehlte) Äquivalente der Modernisierung des muslimischen ethisch-politischen Ursprungs zur Verfügung zu stellen, und zwar nun unter den Fahnen des Nationalstaats als ,Bevölkerung' – ein im Arabischen nicht vorkommender Begriff, der bis heute durch eine sehr dürftige geografische Qualifikation, die Zahl der ,Bewohner' (*as-soukkan*), ersetzt werden muss.

Sogleich hat sich eine neue Rhetorik eingestellt: Man spricht nicht mehr vom Menschen als ,Geschöpf' (*al-khalk*), sondern vom ,Menschsein', man bezeichnet die Welt nicht mehr als ,Zeichen', sondern als ,Objekt', man urteilt vor Gericht nicht mehr über einen ,Getreuen', sondern ohne jeglichen religiösen Bezug über eine ,Person' (*Chakhs*). Von *Adam* (آدم) wechselt man zu ,Individuum', und man gibt die Figur des ,Gläubigen' preis, um ihr die Maske des ,normalen Menschen' überzustülpen. Die mittelalterliche ,Menge' (*Joumhour*, ein von Ibn Rûshd, verwendeter und jüngst von A. Negri mit Rekurs auf Spinoza reaktivierter Begriff)[25] wurde durch die der Identitätslogik gehorchenden ,Massen'

[24] Gemäß der Hobbeschen Formel ,Volk vs. Menge'. Vgl. Th. Hobbes, Vom Bürger. In: *Vom Menschen. Vom Bürger*, eingel. u. hg. v. G. Gawlick, Hamburg 1959, XII. Kap., Nr. 8, S. 198 f. ,Volk' ist eine der politischen Sprache des klassischen Islam fremde moderne juridische Erfindung.

[25] Spinoza ist einer der Wenigen, der den mittelalterlichen monotheistischen Begriff der ,Menge' weiter verwendet und sich so an ein Erbe gehalten hat, das – vermittelt durch Maimonides – auf die arabischen Philosophen zurückgeht. Die (arabischen und nicht-arabischen), auf ,islamischem Boden' in Form des Nationalstaats geschmiedeten ,Völker' haben nicht aufgehört, sich als *Millal* (religiöse Gemeinschaften) zu repräsentieren. In diesem para-juridischen ,Archiv' finden sie ihre Quellen wieder und hieraus vor allem schöpfen sie ihre Rechte auf Widerstand und ihre Art und Weise der Normenrechtfertigung. Zum philosophischen Verständnis des Konzepts *Milla* in der klassischen arabischen Philosophie vgl. Al-Farabi, *Kitâb al-milla* [Das Buch über die Religion], hg. v. Muhsin Mahdi, Beyrouth 1968. Zum spinozistischen und postmodernen Begriff ,Menge' vgl. M. Hardt/ A. Negri, *Multitude. War and Democracy in the age of Empire*, New York 2004, S. 220-227.

(*Jamahîr*)[26] des Nationalstaats ersetzt. Kurz: Der Muslim ist einfach *ein Anderer* geworden.

Ich schlage vor, im Horizont des heutigen Islam diesem neuen Prozess der Subjektivierung des Menschen den Namen des *letzten Muselman* zu geben – diesem Wesen in geschichtlich schwierigen *Situationen des Übergangs* vom Boden Adams und des Gemeinschaftlichen (monotheistischen Ursprungs) zum Horizont des Post-Adamischen und zum Post-Gemeinschaftlichen (Versprechen, die seit jeher von der westlichen Moderne und Aufklärung nicht gehalten wurden), diesem Wesen, das in der schonungslosen Verwicklung in den modernen, identitätslogisch verfassten Nationalstaat heimatlos gewordenen ist.

Der letzte Muselman ist ein ‚Irgendwer'[27] nach dem Verlust seiner eigenen Identität, der sich nicht mehr in der gemeinschaftsorientierten Personalität seiner Vorfahren fühlt, zu der der Lobpreis der unbedingten ‚Unterwerfung'[28] unter einen ‚gerechten' und ‚rächenden' Gott als aufrichtigste Tugend gehörte.

Es handelt sich hier um eine *subjektive Faktizität*, nicht aber um eine Figur der Identitätslogik. Der letzte Muselman zu sein entspringt keiner Wahl; man *findet sich* in seiner Haut. Er ist die neue Form des Selbst, die nach der Kunstgeburt des Nationalstaats aus der modernen Liquidierung der spezifischen Subjektivationsweise des ‚traditionellen Muselman' hervorgegangen ist. Denn in dem Augenblick, in dem der Nationalstaat aus seinen identitätslogischen Dispositiven den ‚Bürger' zu schaffen erwartet, hat er den letzten Muselman geschaffen, die beunruhigende Vertrautheit unseres gemeinschaftlichen Selbstverhältnisses.

26 Der moderne aktuelle Name des Staates Libyen ist ‚*Dschamahiriyya*' (Herrschaft der Volksmassen).

27 G. Agamben, *La communauté qui vient*, Paris 1990, S. 10 [dt. *Die kommende Gemeinschaft*, Berlin 2003]: „Der Irgendwer, um den es hier geht, gewinnt tatsächlich seine Singularität nicht in seiner Indifferenz gegenüber einem Gemeingut (z.B. Begriffen wie ‚die Roten', ‚der Franzose', ‚der Muslim'); er gewinnt sie allein in seinem *So-Sein.* Die Singularität sagt sich vom falschen Dilemma los, das zur Wahl zwischen dem unsagbaren Charakter des Individuums und der Intelligibilität des Universellen zwingt. [...] Die exponierte Singularität als solche ist irgendeine, anders gesagt: *liebenswürdig.*"

28 Der arabischen Etymologie zufolge ist der ‚Musulman' jemand, der sich freiwillig einer unbegrenzten und schicksalhaften Autorität ‚unterworfen' hat. Den Namen *Muselmänner* hat man in der *Shoa* den Opfern gegeben, die aufgehört hatten, sich gegen ihr Schicksal zu wehren, den ‚Mumien-Menschen', den ‚lebenden Toten'. Doch der ‚Auschwitz-Muselmann' (ein Ausdruck Agambens) ist nicht der letzte Muselman; für uns auf islamischem Boden stellt er sich als die extreme Zurückweisung des historischen Muselman (zur Zeit der Kreuzzüge) dar, dessen Name später usurpiert wurde, um „den Juden zu bezeichnen, der sich in einen Muselman verwandelt, in den Menschen als Nicht-Menschen"; oder: „ein menschliches Wesen bleiben bedeutet, kein Muselman zu werden". Vgl. G. Agamben, Der Muselmann. In: ders., *Was von Auschwitz bleibt. Das Archiv und der Zeuge*, Frankfurt/M. 2003, S. 36-75.

So gut es geht, will der letzte Muselman – Experimentator und nicht mehr Doktrinär – auf das Losungswort G. Deleuzes antworten: „Macht Rhizom, nicht Wurzeln, pflanzt nichts an! Sät nicht, stecht! Seid nicht eins oder viele, seid Vielheiten!“ [29]

Der letzte Muselman hat sich im Voraus mit dem Verbot konfrontiert gesehen, Anspruch auf die modernen Titel des Subjekts, der Person oder der *Subjektivität* zu erheben: Er fühlt sich eher dazu aufgerufen, eine Weise der Individuation zu entwickeln, für die Deleuze den „Namen der *Haecceität*“ (des Dieses-Seins) reserviert hat; Deleuze geht von der Idee aus, dass „der Orient viel mehr an Individuationen durch Haecceität als durch Subjektivität und Substanzialität“ kenne.[30] Das *Muselman-Werden* ist ein „nicht-subjektiver Affekt“.[31] Der Muselman ist heute ein der Logik der Identität müde gewordenes Lebewesen, ein „Anti-Gedächtnis“[32] auf der Suche nach einem neuen *Antlitz.*

Der letzte Muselman ist keineswegs ein *Fundamentalist*, kein kommunitäres, in der Schule des modernen Nihilismus geprägtes ‚*animal politicum*'. Er identifiziert sich auch nicht mit dem *gewöhnlichen Muslim*, der entsprechend den Methoden des Zeitalters der Ideologien eine maßlos demoralisierte und entpolitisierte Menge darstellt. Der letzte Muselman ist nur ganz einfach nicht mehr der ‚*musulman*' im Sinne eines Kalifen-Untertanen. Denn nach dem Zerfall des Kalifats seit dem 13. Jahrhundert (1258) ist niemand mehr Statthalter oder Nachfolger auf Erden.[33] Und ohne noch einmal den ungestümen romantischen Heroen der Ära der Nationalismen zu spielen, hat der letzte Muselman für sich selbst andere Absichten: nicht weniger als *das letzte Stadium des Monotheismus*[34] zu be-

29 G. Deleuze/ F. Guattari, *Tausend Plateaus. Kapitalismus und Schizophrenie*, Berlin 1992, S. 41. [Vgl. auch: „Es genügt eben nicht zu rufen: Hoch lebe das Viele (multiple)! so schwer es auch sein mag, diesen Schrei auszustoßen. ... Das Viele (multiple) *muss man machen*“. (Ebd., S 10f.) Das ‚rhizomatisches' Denken ist ein ‚nomadisches Denken' gegen das, was in der klassischen Metapher des ‚Baums des Wissens' zum Ausdruck kommt: Vertikalität von Ordnung und Hierarchie. Es weigert sich, das *Viele* unter ein *Ganzes* zu subsumieren.]

30 Dieses und die folgenden Zitate sind nach der französischen Originalausgabe übersetzt: G. Deleuze/ F. Guattari, *Capitalisme et schizophrénie 2. Mille Plateaux*, Paris 1980, S. 319.

31 Ebd., S. 328.

32 Ebd., S. 360

33 Vgl. Ibn Khaldûn, *Prolégomènes*, Buch III, Kap. 28.

34 Man hat eine Zeit lang geglaubt, die Moderne sei die vom Druck der Transzendenz befreite *Frohe Botschaft* der Aufklärung. In Wirklichkeit ist sie aber nur das letzte Stadium des Monotheismus. Von Descartes bis Ricœur, von Kant bis Derrida, haben die abrahamische Ontologie und ihre Moral der Schuld (die sich übrigens vom Buch *Genesis* bis zum Koran erstreckt) unaufhörlich die Motive, Idiome und Sinnperspektiven des ‚modernen', ‚anti-modernen' und ‚postmodernen' Sprechens und Denkens

enden und nicht mehr am *nach-heidnischen Krieg der Götter* teilzunehmen. Dies bedeutet: Er hat keine andere Qualität mehr, als ein *freier Geist* zu sein, ohne jedoch seine *Erscheinungsform* abzulehnen und auf die Quellen seines Selbst zu verzichten. Denn sein Hauptproblem gründet nicht mehr in seinem Willen, zu glauben, sondern eben in seiner *Fähigkeit zur Freiheit.* Unter ‚Freiheit' ist das Recht zu verstehen, *sich* seine eigene Form des Selbst zu wählen, man selbst zu sein und in einem Zustand fundamentaler Unschuld zu leben. Und dieser Typus von Freiheit ist *per definitionem post-religiös*, ohne mit dem Bedürfnis verbunden sein zu müssen, irreligiös zu sein. Statt den Heroen zu spielen, zieht es der letzte Muselman vor, sich darauf zu beschränken, *vorläufig* ‚Ironiker' zu sein, und dies ist den Worten R. Rortys zufolge „die Person, die der Tatsache ins Gesicht sieht, dass ihre zentralen Überzeugungen und Bedürfnisse kontingent sind".[35] Der Ironiker ist bemüht, „Freiheit statt Wahrheit zum Ziel des Denkens und des sozialen Fortschritts zu setzen".[36]

3. *Entschuldigung, Religion und Verzeihen: Über das Unentschuldbare*

Während die Worte, die den Sinn von *Entschuldigung* ausdrücken, breit verwendet sind (man begegnet ihnen im Koran etwa zwanzig Mal), weist der Koran[37] das Verfahren der Entschuldigung ständig zurück.[38] Es ging allgemein darum, die Geltung der Entschuldigung als den Problemen menschlicher Verfehlung angemessene Lösung zu verwerfen. Der Ungläubige sah sich beständig dazu verdammt, unentschuldbar zu sein, zu bleiben und sich so zu fühlen. Der im Koran – wie in allen anderen abrahamischen Büchern – präsenteste Sinn der Entschul-

geliefert – „eine abrahamische Sprache", so Derrida, „die schon zum universellen Idiom des Rechts, der Politik, der Ökonomie oder der Diplomatie geworden ist: zugleich Agent und Symptom einer Internationalisierung". Vgl. J. Derrida, Le siècle et le pardon. In: *Le Monde des Débats*, Dezember 1999.

35 R. Rorty, *Kontingenz, Ironie und Solidarität.* Übers. v. Ch. Krüger, Frankfurt/M. 1992, S. 14.

36 Ebd., S. 12.

37 *Der Koran*, [Sure] 2: [Vers] 166; 4: 112; 6: 19, 78; 8: 48; 9: 1, 3, 114; 10: 41; 11: 35, 54; 12: 53;24: 26; 26: 216; 28: 63; 33: 69; 43: 26; 54: 43; 59: 16; 60: 4.

38 Zahlreich sind auch die Passagen in der *Bibel*, die den fragilen Sinn der Entschuldigung und der ‚*Nicht-Entschuldigung*' bezeichnen, so z.B. Genesis 3: 11-13; Exodus 3: 1-12; 1 Samuel 13: 12; Matthäus 11: 21-24; 25: 24-30; 27: 24; Lukas 14: 15-24; Römer 1: 18-20; 7: 15; Johannes 4: 35. Dieses Misstrauen gegenüber der Entschuldigung setzt sich erstaunlicher Weise in allen Verzeihens-Diskursen fort. Die Entschuldigung wird entweder vermieden (Derrida) oder sie geht in der ‚Erziehung zum Verzeihen' unter (Ricœur). Vgl. J. Derrida, Le siècle et le pardon. In: *Le Monde des Débats*, Dezember 1999, und P. Ricœur, *La mémoire, l'histoire, l'oubli,* Paris 2000, S. 605.

digung ist gerade das *Unentschuldbare.*[39] Diejenigen, die ihr Recht auf Entschuldigung verloren haben, sind diejenigen, die das Schlimmste begangen haben: Sie haben ihrem Glauben oder ihrem Gott abgeschworen, und dies zu tun gehörte nicht zur Sphäre der Grundfreiheiten. Frei zu sein bzw. seine Freiheit einzufordern war und ist noch immer für die Muslime ein radikaler Akt der Zugehörigkeit zu einer völlig abgegrenzten Sphäre des Selbst und deshalb ein Akt, der zutiefst an eine Form des Glaubens gebunden ist.

Wie ist also die Beziehung zwischen *Glauben* und *Entschuldigung* zu verstehen? Kann man sich dafür entschuldigen, diesen oder jenen Glauben zu haben, Heide zu sein oder an einen strafenden und transzendenten monotheistischen Gott geglaubt zu haben oder, umgekehrt, seinem Glauben abgeschworen zu haben?

Die Religion scheint die Kunst zu sein, die Entschuldigung durch die Reue zu ersetzen. Denn kein Glaube ist ohne den Wechsel vom Unschuldsregister zu dem der Fehlbarkeit möglich.Wäre ich nicht fehlbar, hätte das, woran auch immer ich glauben kann, keinen Sinn.

Entschuldigen ist freilich nicht gleich *verzeihen.* Das Verzeihen[40] scheint eine vertikale Beziehung zu sein: Nur der Stärkste verfügt über das Recht und den Akt des Verzeihens. Die Schwachen haben nichts zu verzeihen, und nur selten können sie Verzeihung erwarten. Entschuldigung hingegen ist eine horizontale Beziehung: Nur Gleiche können sich wechselseitig Entschuldigung gewähren und die einen bei den anderen entschuldigen.

Am Tage der Einnahme Mekkas hat Mohamed den Einwohnern der Stadt ganz einfach verziehen, dass sie ihn zurückgewiesen und bekämpft haben, und zwar in einem für die heidnischen Araber bisher nicht gehörten Wortwechsel:

> Was denkt Ihr, was ich aus Euch machen werde?“ Sie sagten: „Einen edlen Bruder und einen edlen Neffen.“ Er antwortete ihnen mit Vers 92 der Sure 12 (Joseph): „Kein Tadel treffe euch heute. Möge Allah euch vergeben!“ „Geht, ihr seid frei. (*toulaka*)!

[39] Trotz der Ähnlichkeit mit Begriffen wie ‚das nicht zu Rechtfertigende‘ (Nabert, Ricœur), ‚das Unverzeihliche‘ (Derrida), ‚das Unentwirrbare‘ und ‚das Irreparable‘ (Lyotard, Agamben), ‚das Unverjährbare‘ (Strafrecht), ‚das Inakzeptable‘ (Saul Friedlander), etc., ist das Unentschuldbare von anderer Art: es bewegt sich eher auf der Spur einer „heidnischen Vorschrift“ (Lyotard), als dass es „ein Exzess der Untauglichkeit“ (Ricœur) wäre. Vgl. P. Ricœur, *La mémoire, l'histoire, l'oubli*, Paris 2000, S. 600 ff.

[40] Ein Lexikon des Verzeihens in den monotheistischen Texten wäre überaus umfangreich. Im *Koran* kann man über 230 Fälle zählen. In der *Bibel* sind Worte des Verzeihens nicht seltener.

Takîk (تقيلط) bedeutet ‚frei von allen Bindungen oder Ketten', und von daher ‚entlastet', ‚verziehen', schließlich ‚befreit' bzw. ‚frei'. Mohamed hat sie aber nicht entschuldigt. *Verzeihen ist nicht entschuldigen*: Es ist ein Gnadenakt. Die Entschuldigung will mehr als äußere Freiheit: Sie will *Unschuld.*[41]

Der Gläubige hat immer ein Anrecht auf Verzeihung, denn er verdient es – seiner Natur entsprechend –, zur Herde zurückgeführt zu werden. Er hat ein Recht auf *Reue*, nicht aber auf Unschuld. Als ‚Subjekt' verdient er Verzeihung, aber nicht Entschuldigung. Als *Schuldiger* behält er immer sein Recht auf *Rechtfertigung*, nicht aber auf Selbstbestimmung. Denn im Bereich der *Religion* ist niemand unschuldig, entschuldbar oder unbefangen. Im Gegenzug muss jeder Gläubige zu Reue, zum Verzeihen und zur ‚guten Rechtfertigung' aufgerufen werden. Zwischen Verzeihen und Rechtfertigung hat sich eine enge Beziehung entwickelt, deren Ursprung aber in der Geschichte der Schuld zu suchen ist.

4. Entschuldigung, Fehlbarkeit, Zeugenschaft: Die Schuldvermutung

Niemand ist schuldig, ohne zuvor fehlbar und zugleich im Voraus *anklagbar* gewesen zu sein. Dies ist das Schicksal aller Schwachen, der Kinder, Frauen, Alten, Sklaven, Kranken, Geistesgestörten, Fremden, Armen, Alleinstehenden … Sie alle eignen sich – weil prekär und strafbar – generell eher dazu, *Angeklagte* zu sein, und von daher für *Fehlbarkeit.* Die Schuld schleicht sich nicht ohne weiteres in die stärksten Tugenden ein. Sie ist den Verdammten dieser Erde eigen.

Im Islam ist das typische Beispiel einer schmerzlichen und verwirrenden Unschuldserfahrung der Zwischenfall des *Ifk*, einer trickreichen Verleumdung Aischas (*'Â'icha*), der Lieblingsfrau und großen Liebe des Propheten. Hier in groben Zügen eine Zusammenfassung:

Aischa hatte sich bei der Suche nach einer wertvollen Halskette, die sie unbemerkt fallen gelassen hatte, in der Wüste verlaufen. Ohne zu bemerken, dass sie nicht mehr in ihrer Kamelsänfte war, war die Armee des Propheten aufgebrochen. Nach einiger Zeit wurde Aischa gefunden und von einem Wächter, der Verlaufenen zu helfen hatte, zurückgebracht. Sie berichtete, dieser habe auf dem ganzen Weg kein Wort gesagt und sich niemals zu ihr umgedreht. Als man sah, dass sie auf einem Kamel zur Truppe zurück kam, das von einem Fremden geführt wurde, begann *man*, perfide Gerüchte und Unterstellungen zu kolportieren. Einen ganzen Monat lang resignierte Mohamed besorgt und niedergeschlagen

41 Seitdem haben sich Strömungen des Islam vervielfacht; sie haben als Katalysator von Konflikten diesen heidnischen bzw. vorislamischen Typus des Rechts auf Unschuld, der vom Koran übernommen wurde. Noch am Tage von Mohameds Tod ist ein immerwährender Streit zwischen *Tribalität* und Nachfolge bzw. Statthalterschaft ausgebrochen. Vgl. Hichem Jaït, *La grande discorde: religion et politique dans l'Islam des origines*, Paris 1989.

und litt schweigend unter dem Angriff auf die Ehre Aischas. Zu ihr sagte er kein Wort darüber; er erlaubte ihr nur, sich bei ihrer Mutter zu erholen. Bei den wenigen Worten, die sie wechselten, empfahl ihr Mohamed *Reue*; sie aber wollte *unschuldig* sein. Schließlich wurde ihre Unschuld durch den *Koran* wieder hergestellt.[42]

Aischa befand sich unfreiwillig in Begleitung eines ‚fremden' *Mannes*. Dieser ist so definiert, dass eine Frau in seiner Begleitung *harem* wird, d.h. verboten, ‚beschützt', unberührbar und deshalb verdammt. Die erzwungene Nähe stürzt sie in die Erfahrung von Schande und Scham.

Die Scham (*aidos*) war im Griechischen eine Angelegenheit des Blicks – als etwas betrachtet werden und etwas betrachten als. Im Islam erschien sie eher als eine Erfahrung des Verborgenseins, des *Unsichtbaren*. Die Frau ist *harem*, die Verborgene *par excellence*. Einen Fehler zu begehen, bedeutet, jemanden dort aufsuchen, wohin einen Blick zu werfen verboten ist. Die Scham entsteht aus dem Abgrund, in den zu sehen verboten ist; deshalb scheint es schwer zu sein, sie zu akzeptieren und die Verantwortung für sie zu übernehmen. Sie schleppt das Gewicht des Abgrunds mit sich, in den zu sehen uns unsere Moral erspart hat. Scham empfinden bedeute – so G. Agamben in *Was von Auschwitz bleibt* –, dem ausgeliefert zu sein, für das man keine Verantwortung übernehmen könne. Aber dies sei nichts Äußerliches; es entstamme vielmehr der Intimität selbst und dem, was in uns das Intimste sei, vor allem unser physiologisches Leben.[43]

Aischa hat sich der Reue verweigert. Warum? Weil Reue zu zeigen für sie bedeutete, einen nicht begangenen Fehler einzuräumen und so für sich selbst ‚unverantwortlich' zu werden – eine Art und Weise, sich als solche zu ‚entsubjektivieren'.

Wie soll man nun Mohameds Schweigen gegenüber dieser aus dem Geist der Rache herrührenden Verleumdung deuten? In etwa so: Gegenüber einer die Ehre als Struktur der Selbstheit – als das anfälligste Eigene der Sterblichen – betreffenden Anschuldigung ist niemand unverletzlich. *Verletzbarkeit* entspricht hier der Anklagbarkeit, der Einsamkeit (Aischa war allein in der Wüste des Verdachts) und so einer Fehlbarkeit *a priori*.

Der verborgene Grund für diese Sachlage ist zweifellos eine *religiöse Konzeption der Schuld*: Der Mensch kann einsam sein; nicht immer hat er Zeugen; er ist deshalb ein Wesen, das beschuldigt werden kann, das folglich fehlbar ist und zu-

42 Vgl. Sure 24, Verse 11 ff. Vgl. Ibn Hichâm, *La biographie du Prophète Mohamed*. Texte traduit et annoté par Wahib Attalah, Fayard 2004.

43 Vgl. G. Agamben, *Was von Auschwitz bleibt. Das Archiv und der Zeuge* (1998), Frankfurt/M. 2003. [Vgl. ebd., S. 93: Die Scham ist „das, was entsteht in der vollkommenen Gleichzeitigkeit einer Subjektivierung und einer Entsubjektivierung, einem Sich-Verlieren und einem Sich-Besitzen, einer Knechtschaft und einer Herrschaft"].

gleich *unentschuldbar*. Im Islam ist niemand ohne Zeugen unschuldig. Allerdings ist auch ohne Zeugen niemand schuldig.

Deshalb bestand Mohameds einziger Vorschlag an die in ihrer Ehre durch eine Menge von *Nicht-Zeugen* verletzte Aischa nicht darin, eine Entschuldigung vorzubringen, sondern *Reue* zu zeigen, Bedauern über ihre Schuld zu empfinden, vom Wunsch begleitet, den Fehler nicht wieder zu begehen, d.h. das *Nichtwiedergutzumachende* wiedergutzumachen: sich von der nicht begangenen Verfehlung freizusprechen, d.h. von der Zufälligkeit der Fehlbarkeit. Denn nur so machte das Verzeihen einen Sinn, d.h. als Instanz der *Versöhnung* bei Geschäften, Erpressung, Profit etc.

Man – die Religion – dachte, nur die Reue sei geeignet, von der unheilvollen, abgründigen Last einer Anklagbarkeit *a priori* zu befreien. Im Widerspruch hierzu das *Recht auf Unschuld* einzufordern (in seinen beiden exemplarischen Versionen: dem adamischen Zustand vor dem Verlassen Adens oder der von Zarathustra für die Zeiten nach dem Menschen verkündeten zukünftigen Unschuld), war und ist noch immer eine Verrücktheit. In der Moderne wird bescheidener von *Anmaßung* gesprochen.

Wir *anderen Muslime* sind Teil von Kulturen, welche die Unschuld durch die Reue ersetzt haben, kann doch ein Sterblicher – und wäre er auch ein guter Gläubiger – nicht durch sich selbst bzw. seine Authentizität unschuldig sein, sondern nur durch Dritte bzw. durch *Zeugenaussagen*. Nur derjenige, der Zeugen dessen hat, was bezeugt werden kann, der ‚Bezeugbare'[44], kann gerecht, gerechtfertigt bzw. rechtfertigbar sein. Das *Bedürfnis nach Rechtfertigung* hat sich durch alle Reue-Kulturen gezogen. Von einer echten Kultur der Entschuldigung sind wir noch weit entfernt.

Eine Kultur auf religiöser Basis – wie die Kulturen, die ihre normativen Wurzeln in der abrahamischen Tradition des Monotheismus haben – kann nicht über ein entwickeltes und kohärentes Konzept eines ursprünglichen Rechts auf Unschuld verfügen. Religion und Unschuld sind zwei einander diametral entgegengesetze normative Anforderungen. Das moderne Recht hat, indem es weiterhin die Justiz als Verfahren der Rechtfertigung, der Bestätigung und der Zeugenaussagen auffasst, nur ein religiöses, d.h. ein auf Fehlbarkeit fixiertes[45] Verständnis

[44] Zu einer bemerkenswerten Analyse der Unmöglichkeit und Paradoxie des ‚etwas Bezeugens' vgl. G. Agamben, *Was von Auschwitz bleibt. Das Archiv und der Zeuge* (1998), Frankfurt/M. 2003.

[45] Paul Ricœur hat auf verschiedenste Weisen versucht, die *Fehlbarkeit* des Menschen zum Schlüssel des angemessensten Verstehens aller normativen Probleme zu machen, die sich der heutigen Menschheit stellen und stellen werden. Das mit dieser Einstellung unmittelbar verbundene Anliegen ist, die Devise der Aufklärung *‚sapere aude*!' durch eine monotheistischere Fassung zu ersetzen, die er so formuliert: „Habe Mut, von Dir selbst zu berichten!" Auf Bericht und Erzählung zu setzen – selbst nach

menschlichen Handelns säkularisiert. Das Rechtfertigen läuft manchmal unabhängig von den verwendeten Mitteln Gefahr, die Züge einer laizistischen *Inquisition* anzunehmen.

5. *Unschuld, Widerstand und Laizität. Oder: finstere Aufklärung*

Die ‚letzte muslimische Generation', die faktisch im Schoße des Nationalstaats entstanden ist – dieser politischen Form westlichen Experimentierens, die durch den Kolonialismus und die post-koloniale Kultur importiert worden ist –, hat sich ständig mit neuartigen Fragen konfrontiert gesehen: Ist es geboten, sich für die neue, in der Moderne entstandene Form des Selbst zu entschuldigen? Sollte man (bei wem? bei welchen Instanzen?) um Entschuldigung dafür bitten oder sich dafür entschuldigen, dass man sich nicht als traditionelles religiöses untertäniges ‚Subjekt' darstellt? Mit einem Wort: Ist man vor seinem Gewissen *schuldlos*, untadelig, einwandfrei, sobald man sich z.B. für laizistisch, irreligiös, atheistisch oder einfach religionslos erklärt?

In zivilen Räumen lebend, in denen die Zivilität selbst Probleme aufwirft, wird der letzte Muselman mehr und mehr zwischen dem Hammer der Macht des Nationalstaats und dem Amboss der entpolitisierten Masse zerrieben, die nicht mehr zwischen *Identität* (Nationalbewusstsein) und *Gewissensfreiheit* unterscheiden kann.

Autonom zu sein, d.h. seine Gewissensfreiheit als fundamentales Bürgerrecht gegen die Überzeugungen der Vorfahren zu verteidigen, ist eine gefährdete Einstellung geworden. Der Fundamentalismus hat sich mit Gewalt – in der Art eines moralischen Staatsstreichs, einer Wieder-Verzauberung der Welt bzw. einer Entsäkularisierung – der Sphäre der privaten Werte bemächtigt, um sie wie ein Werkzeug eschatologischen Widerstandes zur Gründung eines *État de lieutenance*, eines Kontroll-Staats zu verwenden. Die Rückkehr des Religiösen funk-

der Krise der Metaerzählungen –, um einen positiven Prozess von Selbstsein einzuleiten – eine von R. Rorty ungeachtet seiner ironischen Vorbehalte geteilte Einstellung –, ist tatsächlich die interne Strategie der identitären Strömungen im Islam, die sich gegen den *prozeduralen* Charakter einer Modernisierung ohne Moderne ausgesprochen haben. Die ‚*Epoché* der Strafbarkeit', die Ricœur versprochen hat und die zum Verzeihen des Unverzeihlichen führen sollte (Ricœur stimmt hier explizit mit Derrida überein), bleibt leider durchaus vom öffentlichen, kommunitären und auf Identität fixierten Gebrauch der *Selbsterzählungen* bedroht. Durch diese Art narrativer Nostalgie nach den ursprünglichen monotheistischen Erzählungen ist der Westen von Kants kosmopolitischer Menschheit zum ‚Wir' Rortys bzw. zu Ricœurs jüdisch-christlicher Hermeneutik abgeglitten. Vgl. R. Rorty, *Kontingenz, Ironie und Solidarität*. Übers. v. Ch. Krüger, Frankfurt/M. 1992, S. 84 ff.; P. Ricœur, *La mémoire, l'histoire, l'oubli*, Paris 2000, S. 580, 595-607.

tioniert in unseren arabisch-islamischen Gesellschaften als beunruhigendes Dispositiv *finsterer Aufklärung.*

Es ist im Übrigen anzumerken, dass das Problem der Laizität auf islamischem Boden nicht auf der Gewaltenteilung im Nationalstaat beruht, sondern weit eher auf dem moralischen und religiösen *Wert* der laizistischen Einstellung, der *Persönlichkeit* bzw. Form des Selbst. Der laizistische ‚Muselman' ist eher wegen seiner Sitten und seines Glaubens als wegen seiner politischen Übezeugungen angreifbar. Ein Laizist wird ganz einfach als Immoralist, als Atheist oder als ein *moralischer Fremder* gesehen.

Der letzte Muselman ist ein Laizist wider Willen, aber auch der passive Gläubige des modernen Nationalstaats, der niemals aufgehört hat, die Macht des religiösen Dispositivs zur *über-politischen* moralischen Einschüchterung einzusetzen. Die Moscheen fungierten in der Tat als Fabriken der Bedürfnisse und Wünsche sowie der Hochspannung der verwirrten Bevölkerung, die sich freiwillig von einer Dosis Transzendenz vergiften ließ und *prozedural* dazu verleitet wurde, die biopolitischen Probleme der Moderne (das doppelte Scheitern von Entwicklung und Demokratie) mit dem Werzeug der Eschatologie anzugehen. Die religiösen Rituale werden strategisch eingesetzt, um den Identitäts-Stress einer Bevölkerung zu kontrollieren und zu kanalisieren, die die Zwangsjacke des ‚Fortschritts' noch nicht akzeptiert hat.

6. Gerechtigkeitswille und Rachsucht: Über das nicht zu Rechtfertigende

Im Verlauf unserer Suche nach einem post-adamischen Recht auf Unschuld taucht ein Vorschlag auf, der geeignet ist, den Sinn von Gerechtigkeit zu rechtfertigen, wie er den sog. ‚nicht-westlichen', genauer: ‚para-westlichen' Kulturen eigen ist: Wenn die adamische Unschuld nicht existiert und niemals existiert hat, dann gibt es zwangsläufig nur Unschuldvermutungen. Denn von dem Moment an, in dem das Recht eine ‚reine' Rechtfertigungsprozedur ist, wird Unschuld dauerhaft als Form des Bezeugens bzw. der Zeugenschaft gedacht. Nun ist der Akt des *Bezeugens* aber ganz offensichtlich die Macht aller Religion. „Ich bezeuge" ist das „Ich denke" der Religionen.[46] Gegen die furchtsame Ethik des Be-

[46] Es ist daran zu erinnern, dass das erste Prinzip aller Richtungen des Islam in Folgendem besteht: Bezeugen, dass es keinen Gott außer Gott gibt und ‚Mohamed der Bote Gottes ist', bildet den entscheidenden illokutionären Sprechakt, der jemanden aus dem heidnischen *Außen* ins kommunitäre *Innen* überführt. Eine derartige Instanz des Bezeugens ist leicht in ein Dispositiv der Rechtswissenschaft transformierbar, und zwar in verschiedenen Ausdrucksformen: Eid, Zeugenaussage, Bescheinigung, Rechtfertigung, Beweis, Gesetz, Lebensurkunde ... Im Koran ist jedes Lebewesen eines, das bezeugt: Gott, die Männer, die Frauen, die Völker, die Fremden, die Feinde, aber auch die Körper, die Organe, die Ohren, die Augen, die Haut, die Zungen,

zeugens[47] müsste man ein Recht auf *Anerkennung* einfordern. Existenziell auf seinem Recht auf Anerkennung zu bestehen, ohne als solcher anerkannt zu sein, ist in normativer Hinsicht null und nichtig.

Man muss nicht daran erinnern, dass es Gerechtigkeit (an sich) nicht gibt; es gibt nur den *Willen zur Gerechtigkeit.*[48] Doch der wirkliche Feind jeden Gerechtigkeitswillens ist nicht das *an sich* nicht zu Rechtfertigende – der Terror des Absoluten –, sondern weit eher ein ganz gewöhnliches moralisches Laster: *die Rachsucht.*[49] Von dem Moment an, an dem die Macht zum Dispositiv der Strafe,

die Hände, die Füße ... Es handelt sich sogar darum, den Bereich des Seins in zwei große voneinander getrennte Teile aufzugliedern: das *ghaïb* (die andere Welt, das Nicht-Anwesende, das Reich des Absenten) und die *shahada* (das Zeugnis, der Bereich der Präsenz). ‚Glauben' bedeutet nichts anderes als sich durch einen feierlichen Akt des Zeugnis Ablegens mit der Ordnung des Abwesenden in Verbindung zu setzen.

47 Eine hermeneutische Berücksichtigung des Phänomens des Bezeugens ist in der Linie von Heidegger bis Ricœur sichtbar. Vgl. M. Heidegger, *Sein und Zeit*, Tübingen 1993, § 54, S. 267 f.; P. Ricœur, *Soi-même comme un autre*, Paris 1990, S. 347-351.

48 Vgl. F. Nietzsche, *Zur Genealogie der Moral.* Zweite Abhandlung, § 11.

49 Zu unterstreichen ist hier, dass der Monotheismus die erste bedeutende Gerechtigkeitspolitik auf Erden war, und zwar im Unterschied zur Rachsucht, die in allen gegenwärtigen und zukünftigen Fundamentalismen herrscht. In Nietzsches Deutung „stellt das Recht auf Erden [...] den Kampf gerade *wider* die reaktiven Gefühle vor"; es ist ein positiver Akt, in dem eine „*unpersönlichere* Abschätzung der Tat" konstituiert wird. Wo „Gerechtigkeit geübt, Gerechtigkeit aufrecht erhalten wird, sieht man eine stärkere Macht in Bezug auf ihr unterstehende Schwächere (seien es Gruppen, seien es Einzelne) nach Mitteln suchen, unter diesen dem unsinnigen Wüthen des Ressentiment ein Ende zu machen, indem sie teils das Objekt des Ressentiment aus den Händen der Rache herauszieht, teils an Stelle der Rache ihrerseits den Kampf gegen die Feinde des Friedens und der Ordnung setzt, teils Ausgleiche erfindet, vorschlägt, unter Umständen aufnötigt, teils gewisse Äquivalente von Schädigungen zur Norm erhebt, an welche von nun an das Ressentiment ein für alle Mal gewiesen ist. Das Entscheidenste aber, was die oberste Gewalt gegen die Übermacht der Gegen- und Nachgefühle thut und durchsetzt [...], ist die Aufrichtung des *Gesetzes*". „Der aktive, der angreifende, übergreifende Mensch ist immer noch der Gerechtigkeit hundert Schritte näher gestellt als der reaktive; es ist eben für ihn durchaus nicht nötig, in der Art, wie es der reaktive Mensch tut, tun muss, sein Objekt falsch und voreingenommen abzuschätzen. Tatsächlich hat deshalb zu allen Zeiten der aggressive Mensch, als der Stärkere, Mutigere, Vornehmere, auch das *freiere* Auge, das *bessere* Gewissen auf seiner Seite gehabt." (Vgl. ebd.) Diese Deutung stimmt z.B. mit der vom Koran vorgeschlagenen Bedeutung der Gerechtigkeit überein, in dem Gerechtigkeit das Äquivalent eines *Gesetzes des Lebens* ist. Dieses Gesetz ist von denen erlassen, welche „Autorität haben" (أولي الأمر) als göttliches „Depositum" (أمانة), einen bestimmten Grad an Intelligenz und Scharfsinn, das Schicksal der Menschen abzuwägen; ihre Funktion besteht in der *höheren* moralischen Kompensation der ökono-

der Unterwerfung oder der Auslöschung wird, wird der Gerechtigkeitswille schwächer und verschwindet. Ein unterjochtes Volk, eine verratene Gemeinschaft, eine gelästerte Religion, eine (wie im Fall beanstandeter Bilder) entehrte Symbolik … sind die Kontexte und die Treibmittel, welche die Entstehung und das Anwachsen der verderblichsten Formen der Rachsucht begünstigen.

Die Justiz spricht immer im Namen des – nachdrücklich mit Unterschrift und Datum versehenen – Willens zur Gerechtigkeit, d.h. in enger Beziehung zu einer Konzeption des auf verschiedenste Weise konnotierten ‚*Schuldigseins*' (Schulden, Schuld, Schuldbarkeit, Schuldforderung, Geständnis, Verantwortlichkeit, Obligation).[50] Das Justizverfahren ist zwangsläufig ein Verfahren des Bezeugens. Jemanden für unschuldig zu erklären, geht jedes Mal auf das Bezeugen einer Handlung bzw. einer Handlungsmöglichkeit zurück, deren Sinn von einem Kontext, einer Kultur, einer Religion, einem Weltzustand, abhängig ist. Jemandem Gerechtigkeit widerfahren zu lassen, ist gleichbedeutend damit, ein auf ihn bezogenes Verfahren zu rechtfertigen. Doch wenn das geltende Recht nicht als universeller Wert anerkannt ist, erscheint die juridische Geltung zwangsläufig als eine von einem Volk gegen ein anderes getroffene rituelle oder kulturelle Entscheidung.

Die Moderne hat wohl oder übel die Rachsucht nicht vollständig beseitigt, welche die traditionellen Formen der Gerechtigkeit belastet hat. Sie hat sie in weniger Kosten verursachenden und vor allem weniger *grausamen* Formen neu ersonnen.[51] Geändert hat sich nur, in wessen Namen man sich in dem Augenblick rächt, in dem man jemandem ‚Gerechtigkeit' widerfahren lässt. Das Recht ist jedoch kein einfaches Verfahren der Vernunft, keine bloße Instanz, zu urteilen und verurteilt zu werden, sondern eine überlegene *normative* Entscheidung zum Selbst-Sein gemäß einer frei gewählten Lebensform und zum Mit-Sein mit anderen gemäß einer Übereinstimmung, einem Pakt, einem Abkommen …, d.h. einer Weise der Anerkennung, über die man freiwillig beraten hat.[52]

mischen Ungleichheit auf der Ebene des *Habens* (Freuden und materielle Güter) durch normative Gleichheit auf der Ebene des *Seins* (das Recht für alle, Statthalter des Seienden zu sein). Das Wörterbuch des ‚Lebens' und des ‚Lebendigen' kennzeichnet im Koran eine entschlossene bio-politische Einstellung, so z.B. im Kult-Vers 179 der Sure 2 „Die Kuh": „Es liegt Leben für euch in der Vergeltung, o ihr Verständigen, daß ihr Sicherheit genießen möget."

50 Vgl. F. Nietzsche, *Zur Genealogie der Moral.* Zweite Abhandlung, § 4; M. Heidegger, *Sein und Zeit*, Tübingen 1993, § 58.

51 Vgl. J. Rawls, *Eine Theorie der Gerechtigkeit*, Neuaufl. Frankfurt/M. 2009, § 38: Alles, was man machen könne, sei, Ungerechtigkeiten auf die am wenigsten ungerechte Art und Weise zu begrenzen. Vgl. auch R. Rorty, *Kontingenz, Ironie und Solidarität.* Übers. v. Ch. Krüger, Frankfurt/M., S. 229 ff.

52 Dies ist zumindest das Sinnstiftungsprojekt, das die Gerechtigkeitsdoktrinen beseelt hat, die von Rawls, Apel, Habermas, Ricoeur, Taylor, Rorty, in unterschiedlicher In-

Doch kann man für moralische bzw. existenzielle Anerkennung einen *juridischen* Status einfordern? Wäre es folglich ein Recht, anerkannt zu sein? Ein Gerechtigkeitswille könnte sich – wie etwa im Falle des Konfliktverhältnisses zwischen den verschiedenen ,Westen' und den Strömungen im Islam – nur dann in einem vorherrschend kommunitären Horizont erfolgreich geltend machen, wenn zuvor die ,intersubjektiven' Sphären der Anerkennung (Liebe, Recht, Solidarität) entwickelt und die cartesischen Abenteuer des souveränen Subjekts vermieden wären.[53] In ,unserem' islamischen Kontext ist ,intersubjektiv' im Sinne von ,post-subjektiv' oder ,para-subjektiv' – um nicht zu sagen ,entsubjektiviert '– zu lesen.

tensität vorgelegt wurden; das theoretische Hauptanliegen ist, eine Rechtsordnung zu entwerfen, in der man zugleich das *Gemeinschaftliche* des Aristoteles und das *Individuum* normativ zur Wirkung bringen kann. Dem Islam, dem letzten und unzeitgemäßen, aktiven, kämpferischen und widerständigen Monotheismus, müsste man zweifellos helfen, seine eschatologische *para-juridische* Höhle zu verlassen – weder durch den Verzicht auf seine abrahamische Herkunft und indem man ihn als ,Gegen-Religion' versteht, noch durch Zurückweisung seines möglichen normativen Beitrags zur Ausarbeitung der Rechtsform des ,modernen' – als ,,militarisiert' und ,totalitär' beurteilten – Lebens, sondern mittels eines normativen Prozesses der *Anerkennung.* Vgl. P. Sloterdijk, *Gottes Eifer. Vom Kampf der drei Monotheismen*, Frankfurt/Leipzig 2007, S. 60-62, 209.

53 Vgl. Axel Honneth, *Kampf um Anerkennung. Zur moralischen Grammatik sozialer Konflikte*, Frankfurt/M. 1994), S. 148 f. Obwohl Honneth Hegel vorwirft, seine Konzepte mit den Mitteln der *Bewusstseinsphilosophie* auszuarbeiten (vgl. S. 99, 103) und zum versprochenen Land der ,Intersubjektivität' nicht zu gelangen (vgl. S. 102), setzt er weiterhin auf das Konzept ,Subjekt' und verteidigt die Autonomie und die Verwirklichung des Selbst als Telos unserer Form des menschlichen Lebens (vgl. S. 339). Die Bedingungen des nach-metaphysischen Denkens, von denen er vom Vorwort an spricht (vgl. S. 7), sind nicht so klar, wie es bei ihm erscheint. Der ,Kampf um Anerkennung' wird letztendlich auf ein arg moderates Versprechen ,interner Kritik' zurückgenommen, auf eine ,Form individueller Autonomie' und auf ein Ensemble einzulösender ,Normen impliziter Anerkennung'; dies bedeutet, dass die Wahl zwischen ,Kampf' und ,Kritik' noch nicht getroffen ist (vgl. S. 338-339).

7. *Zum Schluss: Recht und Monotheismus. Oder: Die Avatare der ‚Justifianz'*[54]

Für das moderne Recht – diese nach-christliche, wenn auch historisch aus der Übersetzung der ursprünglichen christlichen Lebenswerte in die imperiale heidnische Sprache Roms bzw. den säkularisierten ‚katholischen Romanismus' hervorgegangene Repräsentationsinstanz – erscheint die juridische Person islamischer Kultur immer eigenartig: Wie soll man über jemanden *Recht sprechen*, der weder *unser* Gericht noch *unsere* Rechtsinstanz anerkennt? Welchen Typus von *Gerechtigkeit* sollte man einem *juridisch Fremden* zuzuweisen den Mut haben?

In der Perspektive des islamischen Rechts – des Dispositivs der Nachfolge oder Statthalterschaft, das auf Grundlage einer Neueinschreibung der ritterlichen Werte des heidnischen vorislamischen Lebens in den monotheistischen Jargon entstanden ist – ist das westliche Recht gleichbedeutend mit dem geradezu transzendentalen Verschweigen jeglicher *anderer* Form der Gesetzgebung. Trotz ihrer gemeinsamen abrahamischen Sprache steht ein normatives Einvernehmen bezüglich des Rechts und der Rechte aus, und dies ist gefährlich.

Hier wird die Spaltung zwischen ‚uns und den Anderen' gang und gäbe, und die ‚Literatur über die Anderen' ist eng damit verbunden: *Radikalismus, Nationalismus, Kolonialismus* (19. Jh.), *Relativismus, Kontextualismus, Fundamentalismus, Egozentrismus, Ethnozentrismus* (20. Jh.).[55] Wir sind die Guten, die *Bürger*; die anderen sind die Bösen, die *Menschen*. Dann kommt die unschuldige Frage in den Sinn, wie man sich mit den Anderen vertraut machen soll – die Frage des Humanismus, des Exotismus, des Primitivismus, des Erotismus.[56]

Das (menschliche, allzu menschliche) islamische ‚Ich' hat deshalb große Schwierigkeiten, sich zu definieren, seinen Status in der gegenwärtig von einer nichts versprechenden Globalität, einer – wie Derrida sagt – neuen ‚*Mondialatinisierung*' besetzten Zone der Menschheit zu bestimmen: Macht es sich aus religiösen Gründen strafbar, weil es nicht mit der (christlichen) Geschichte der Dieselbigkeit zusammenpasst? Kann es also moralisch nicht gerechtfertigt werden, weil es an der Geschichte des (jüdischen) Anderen nicht teilhat? Welchen Typus von Gerechtigkeit wäre es für sich zu beanspruchen berechtigt?

Hier gibt es eine vielleicht unpassende, aber mögliche Antwort auf eine drängende Frage des späten Ricœur: „Was macht die Zerbrechlichkeit der Identität

[54] [Der Autor verwendet den Neologismus ‚justifiance', um im Unterschied zum prozeduralen Rechts- und Gerechtigkeitskonzept einen besonderen Rechtstitel zu bezeichnen: das Recht der Schwachen bzw. von Minderheiten auf Widerstand gegen Rechtsverletzungen durch Mehrheiten, dessen Quelle nicht juridische Legalität, sondern die Idee des Guten ist – nicht mehr und nicht weniger als das Recht auf Leben.]

[55] Vgl. T. Todorov, *Nous les autres. La reflexion française sur la diversité humaine*, Paris 1989.

[56] Ebd., S. 355 f.

aus?"[57] Es ist *das Nicht-zu-Rechtfertigende*. Einmal erduldet, kann es in den verletzten Erinnerungen nur „die Erbschaft der ursprünglichen Gewalt" hervorrufen.[58]

Der monotheistische Gott hat – vom ‚Freund Abrahams'[59] bis zu Christus und von Jehova bis Allah – vielfältige Gestalten angenommen; als Regime säkularisierter Transzendenz interpretiert, läuft er dennoch Gefahr, sich in einen Geist der Rache, ein tristes *Denken des Anderen* zu verwandeln. Der Konflikt der Monotheismen, der als „Krieg der Eschatologien" vorauszuahnen war, droht tatsächlich seit dem 11. September[60] – dieser apokalyptischen Kollision zwischen dem wilden Tier der letzten Religion des *Sublimen* und dem Souverän der letzten Zivilisation des *Gigantesken* – die Geltung der Rechtsnormen und die Universalität der moralischen Werte zu relativieren bzw. zu zerstören, die im mit dem magischen, aber nicht unbedenklichen Namen ‚Moderne' bezeichneten Experiment der westlichen Aufklärung angepriesen und auch weithin verwirklicht wurden.

Derrida und Ricœur versichern – jeder in seiner Denkweise –, wir könnten und müssten noch auf die ‚abrahamische Sprache des Verzeihens' setzen, um den Zirkel von Anklage und Bestrafung aufbrechen zu können. Ist dies die richtige bzw. einzige Lösung? Ist die ‚Mondialatinisierung' bzw. ‚Arahamisierung' des Globus ein hinreichender Grund, weiterhin auf den Monotheismus als Führer der ‚Menschheit' zu setzen? Müsste man nicht eher über ihre ‚Amerikanisierung' nachdenken?[61] Kurz: Ist die Kultur des Verzeihens nicht letztlich Teil des moralischen und rechtlichen Problems der ‚gegenwärtigen Menschheit' und nicht ein oder gar *der* Schlüssel zur gewünschten Problemlösung?

Das Ziel ist klar: Es geht um einen Beitrag zum Entwurf einer ‚post-monotheistischen', d.h. post-religiösen, nicht aber einer – der neo-zynischen Sicht Sloterdijks folgend – *anti-religiösen* Einstellung.[62]

Die profanisierenden, uns unaufhörlich glückbringende Nihilismen versprechenden Schriften (Lyotards, Agambens, Sloterdijks u.a.) scheinen trotz ihrer ex-

57 Vgl. P. Ricœur, *La mémoire, l'histoire, l'oubli*, Paris 2000, S. 98.

58 Ebd., S. 99.

59 Der Nachname Abrahams ist bei den Muslimen ‚der Freund Gottes' (خليل الله) – eine merkwürdige monotheistische Freundschaft; sie verspricht den Grund und Boden der Anderen.

60 Vgl. J. Derrida/ J. Habermas, *Philosophie in Zeiten des Terrors*. Zwei Gespräche, geführt, eingel. u. komm. v. G. Borradori, Berlin 2004.

61 Vgl. P. Sloterdijk, *Im Weltinnenraum des Kapitals. Für eine philosophische Theorie der Globalisierung*, Frankfurt/M., 2005, Kap. 21 und 39 über ‚Amerikanologie'.

62 Vgl. P. Sloterdijk, *Gottes Eifer. Vom Kampf der drei Monotheismen,* S. 212-213. In seiner Studie über den Konflikt der Monotheismen beschränkt sich Sloterdijk auf die Rolle des *radikalen Aufklärers*, des neo-zynischen Dekonstrukteurs des ‚Nach-Eifers' – mehr nicht: Die Erwartung einer konstruktiven Theorie des *Globalen*, die auf ein aktives und widerständiges *Gemeinsames* zielt, wird enttäuscht.

plorativen theoretischen Durchbrüche und ihrer positiven Freiheitseffekte nur dazu zu nützen, in ‚unmögliche' Ethiken (das Nicht-Wiedergutzumachende, das Un-Verzeihliche) zu investieren, welche die postmodernen Bevölkerungen ohne wirkliches Rechtsversprechen belasten; und doch sollte man anerkennen, dass sie mitunter in einer Hinsicht vielversprechend sein können, und zwar bei der Suche nach einem *globalen para-juridischen Recht*, das den ‚vogelfreien' Völkern und ihren *Rechtsformen* (um die die identitären Islam-Strömungen besorgt sind) eine gewisse Form der *Legitimität ohne Legalität* einzuräumen geeignet ware, d.h. eine Perspektive *rechtfertigenden, d.h. für schuldlos erklärenden Rechts*: ein *para-juridisches* Gerechtigkeit-Werden, eine nicht-prozedurale Beziehung zum Recht, wie sie in den *nicht* westlichen Kulturen entwickelt wurde, die ihren Widerstand gegen die moderne normative Ersetzung der Sphäre des *Guten* durch die des *Rechtsangemessenen* nicht aufgeben. *Justifianz* ist die Position, die das *Recht als Rechtfertigung* verteidigt und nur in der Sphäre des *Guten* verwurzelt ist.

Was eine post-religiöse Kultur benötigt, wird nicht mehr vom Los eines (monolingualen, monistischen, einheitlichen, unisex-artigen) prozeduralen Gerechtigkeitskonzepts abhängen, das nur schwierig von einem ‚guten' formalen Rückgriff auf den Geist der Rache trennbar ist, sondern von dem, was als *plurale Perspektive*[63] der Justifianz zu entwickeln wäre. Während die Gerechtigkeit *eine* ist, sind die Möglichkeiten der Justifianz vielfältig. Justifianz ist eine kontingente Form des Gerechten, die nicht mehr zwangsläufig mit dem strikt prozeduralen und geschlossenen Konzept der Gerechtigkeit zusammenstimmen muss; indem sie bisher para-universelle Idiome spricht, entspricht sie vielmehr dem Streben danach, zu leben und – mit dem schönen nicht kantischen, sondern von Cassirer inspirierten Ausdruck Nelson Goodmans – verschiedene ‚Weisen der Welterzeugung'[64] zu legitimieren.

Das Schlüsselwort, an das hier zu erinnern ist, ist ‚Lebensform': Justifianz ist eine Lebensform, die sich ohne Zögern im Interesse der Hygiene der Existenz als

63 Auch wenn der ‚Pluralismus der Perspektiven' heute eine wichtige methodologische Errungenschaft ist, ist die ‚Demokratie des Wissens' noch keine Demokratie der ‚Weltversionen' geworden, der *juridischen Rationalitätsformen*, der Formen des Rechts, der Gerechtigkeitsprojekte und der Modi der Legitimität. Zum heuristischen Wert des Pluralismus der Wahrheiten *über* die Natur, der die Kulturen und die Formen des Rechts und der Gerechtigkeit zu Politiken der Anerkennung und der Differenz ‚provozieren' könnte, vgl. H.J. Sandkühler, *Natur und Wissenskulturen. Sorbonne-Vorlesungen über Pluralismus und Epistemologie*, Stuttgart/Weimar 2002, S. 9-11; vgl. S. 277: „Rationalität ist eine Möglichkeit, und sie ist die Norm bei der Wahl der Welt-Versionen, bei der wir unsere Freiheit ausüben und Herren unserer eigenen Sinnintentionen werden. Diese Grundidee des Pluralismus, in der der Relativismus relativiert ist, sollte verteidigt werden."

64 N. Goodman, *Weisen der Welterzeugung*, Frankfurt/M. 1990, S. 14 ff.

Form der Gerechtigkeit versteht. Über nichts wird gut, d.h. nach Gleichheitsgrundsätzen geurteilt, wenn man es nicht im Inneren seines Lebens, seiner eigenen Weltversion beurteilt. Andernfalls bleibt jegliche prozedurale Gerechtigkeit das, was einst ein versiegelter königlicher *Anordnungsbrief* war.

Justifianz ist die *bio-politische* Form der Gerechtigkeit, die ein Volk mit seinen eigenen Mitteln, mittels der symbolischen Versionen seiner eigenen Lebenswelt, als seinen eigenen *Rechtswillen* zu schmieden versteht. Eine Welt ist freilich immer „aus *anderen Welten*“, aus anderen Leben und Lebensformen zu erzeugen; man geht „stets von bereits vorhandenen Welten“ aus.[65] Der Westen figuriert heute als das *Material der Welt*, als plastisches Möglichkeitsfeld der Lebensformung und aller aktuell möglichen Erzeugung von *Welten*, und dies überall in *der* Welt, unter Einschluss der disparaten Gebiete, in denen der letzte Muselman lebt.

Im Schoße einer Kultur ist der einzige Gegenstand der Justifianz das Leben bzw. die Lebensform eines Volkes. Mit einem Wort: Die neue politische Religionsfrage kann nur das Leben bzw. die Möglichkeit des Lebens selbst betreffen.[66] Das Leben ist die wirkliche Rechtfertigung des Rechts auf Leben. Perspektivisch sind sich nun der Kadi und der Laienrichter hinsichtlich der Dringlichkeit einig, Brücken globaler Justifianz zwischen den lokalen rechtlichen Systemen des Umgags mit den Menschen zu schlagen. Aus Selbstliebe, aus dem natürlichen Gefühl der Wahrung des Selbst, und nicht aus Eigenliebe würden die Völker dann zur Justifianz als Widerstands-Gerechtigkeit Zuflucht nehmen. Die Völker des Westens sind keineswegs davon ausgenommen.

Aus dem Französischen übersetzt von Hans Jörg Sandkühler

65 Ebd., S. 19.

66 Vgl. P. Sloterdijk, *Gottes Eifer. Vom Kampf der drei Monotheismen,* S. 216: „Was eine neue religiöse Frage zu sein schien, ist in Wahrheit die Wiederholung der sozialen Frage auf dem Niveau einer globalen Biopolitik.“

Jaleleddine Saïd

Die Menschenrechte und die Demokratie der Anderen

> Die große Sensibilität des heutigen Menschen für Geschichtlichkeit und Kultur verleitet manche dazu, an der *Unveränderlichkeit des Naturgesetzes* und damit am Bestehen ‚objektiver Normen der Sittlichkeit' zu zweifeln, die für alle Menschen der Gegenwart und der Zukunft gelten, wie sie bereits für jene der Vergangenheit gegolten haben: Ist es überhaupt möglich, von gewissen vernünftigen Bestimmungen, die einst in der Vergangenheit in Unkenntnis des späteren Fortschritts der Menschheit festgelegt wurden, zu behaupten, sie seien für alle von universaler und immerwährender Geltung?
>
> Ioannes Paulus PP. II, *Enzyclica Veritatis Splendor,* 53

Folgt man bestimmten Autoren, dann ist die Demokratie – weit davon entfernt, ein universeller Wert zu sein – ein spezifisch westlicher Wert. Dies gelte auch für den Begriff der Menschenrechte. Die folgenden Überlegungen wenden sich gegen derartige Behauptungen, wie sie sich z.B. in Samuel Huntingtons *The Clash of Civilizations and the Remaking of World Order* (1996) finden, der radikal die These aufstellt, der Westen allein sei der Treuhänder des Individualismus und einer Tradition der Rechte und Freiheiten, wie es sie nur in zivilisierten Gesellschaften gebe; sie seien älter als die Moderne. Amartya Sen, der sich in seinem Buch *Die Identitätsfalle. Warum es keinen Krieg der Kulturen gibt*[1] mit Huntington auseinandersetzt, nennt als ein anderes Beispiel Gertrude Himmelfarbs *The Idea of Poverty* mit derselben These, die Ideen der Gerechtigkeit, des Rechts, der Vernunft und der Menschheitsliebe seien wesentliche, wenn nicht gar ausschließlich westliche Ideen.

Ist aber die Herausbildung der Idee der Menschenrechte und der mit ihr verbundene demokratischen Praxis im Zeitalter der Aufklärung und dann der industriellen Revolution wirklich hinreichend, um in ihr ein westliches Spezifikum zu sehen? Die wesentliche Vernetzung zwischen den Begriffen der Demokratie und des Rechts erlaubt es kaum, sie getrennt voneinander zu behandeln, gehören die mit ihnen verbundenen Werte – Freiheit, Gerechtigkeit, Gleichheit ... – doch zu beiden. Halten wir auch fest, dass der Demokratie-Begriff – vom griech. *demos-*

1 Vgl. Amartya Sen, *Die Identitätsfalle. Warum es keinen Krieg der Kulturen gibt*, München 2007.

kratos – älter ist als Konzepte wie das der Menschenrechte, deren Vehikel er ist und deren Geburtszeitpunkt und -ort kaum präzise feststellbar ist, es sei denn durch einen so willkürlichen wie relativierenden Dezisionismus, gegen den hier ein Veto eingelegt werden soll.

Mit ‚Menschenrechte' bezeichnet man allgemein die Rechte, die dem Menschen kraft seines Seins, seines Wesens und seiner Natur zukommen. Dies bedeutet, dass ihm diese Rechte unabhängig von seiner Zugehörigkeit zu einem gegebenen juridisch-politischen System zukommen. Deshalb verlieren die Menschenrechte niemals ihren Wert und ihre Geltung, nicht einmal außerhalb bzw. bei Abwesenheit jeglicher staatlichen Rechtssetzung, etwa in internationalen Beziehungen oder während eines Krieges. Und deshalb sind sie immer höherrangig als das vom Staat gesetzte positive Recht.

Die Idee der Menschenrechte beruht in erster Linie auf auf einer subjektiven Rechtskonzeption: Es handelt sich um Recht in Bezug auf ein *menschliches Subjekt*, das von Natur aus frei ist, also auf *natürliche* Weise über *Natur*rechte verfügt. Dies ist der Grund dafür, dass der natürliche Charakter der Menschenrechte die Universalität dieser Rechte impliziert, denn sie beziehen sich auf die universelle menschliche Natur. Welche sind die natürlichen Rechte des Menschen? Christian Wolff (1679-1754) hat in seinem Werk *Ius Naturae Methodo scientifica pertractatum* (1740) Folgendes herausgearbeitet: Das menschliche Subjekt ist moralisch verpflichtet, sich seiner Natur und seinem Wesen entsprechend zu verhalten; deshalb ist es möglich, aus dieser moralischen Verpflichtung die natürlichen Rechte des Menschen abzuleiten. Wenn der Mensch z.B. moralisch zum Erhalt seines Lebens verpflichtet ist, dann kann alles, was der Verwirklichung dieses moralischen Erfordernisses dient, als natürliches Recht aufgefasst werden (das Recht, für seine Bedürfnisse zu sorgen; das Recht auf Sicherheit …).

Diese klassische Menschenrechtskonzeption gründet in der Hypothese der Existenz einer *universellen menschlichen Natur*. Diese Hypothese wurde freilich nicht immer akzeptiert. Sie wurde seitens verschiedenster philosophischer Strömungen in Frage gestellt, so vom marxistischen Historizismus – dem zufolge die menschliche Natur nur einen bestimmten Zustand der Gesellschaft widerspiegelt –, vom Existenzialismus Sartres – dem zufolge der Mensch reine und absolute Freiheit ist –, oder von der Anthropologie, welche die Idee des Respekts gegenüber ethnischen und kulturellen Differenzen entwickelt hat.

Das Problem besteht darin: Ist es zur Wahrung der Menschenrechte notwendig, die Universalität einer menschlichen Natur zu behaupten? Der anthropologische Relativismus verweigert die Annahme der Universalität einer menschlichen Natur und die Begründung der Menschenrechte durch sie; statt deren Deduktion durch eine als universell unterstellte menschliche Natur leitet die Anthropologie sie aus einem Relativismus von ‚Identitäten' ab, d.h. aus unterschiedlichen kulturellen Identitäten.

Das Problem ist deshalb präziser zu reformulieren: Sind die Menschenrechte aus der Universalität der menschlichen Natur oder aus dem Kulturrelativismus zu begründen?

Denkt man an bestimmte Formen physischer und psychischer Folter – etwa an sexuelle Verletzungen wie die Klitorisbeschneidung –, so steht man vor folgendem Dilemma: Entweder man nimmt in Folge eines anthropologischen, die Existenz einer universellen menschlichen Natur leugnenden Relativismus, der sich auf die Deduktion der Menschenrechte aus einem zu kurz greifenden Identitätskonzept verpflichtet sieht, jegliche ethnische Praxis als solche hin; dann ist die Idee der Menschenrechte nicht universalisierbar, und selbst die Idee eines *natürlichen* Rechts des Menschen verliert ihren Sinn; man kann dann nur noch von kulturspezifischen, einer bestimmten Kultur oder Ethnie eigenen menschlichen Rechten sprechen. Oder man akzeptiert die Idee einer universellen menschlichen Natur, die es erlaubt, Folterpraktiken zu verurteilen, weil sie die dem Menschen eigenen natürlichen Rechte nicht achten.

Es erscheint also als schwierig, Menschenrechte zu begründen, ohne eine Universalität der menschlichen Natur vorauszusetzen. Das Problem ist weit von einer Lösung entfernt. Es besteht nach wie vor, verschärft seit dem Ende des Zweiten Weltkrieges, mit dem die Frage der Menschenrechte mit allen politischen und praktischen Konsequenzen aufgeworfen und zum Gegenstand internationaler Instanzen geworden ist. Man denke nur an die zur Aburteilung von Kriegsverbrechern eingerichteten Gerichtshöfe von Nürnberg und Tokio und für unsere Tage an den Internationalen Gerichtshof in Den Haag. Der Tatbestand ‚Verbrechen gegen die Menschlichkeit' beruht auf der Idee einer gemeinsamen, von allen Menschen geteilten menschlichen Natur.

Muss man in dieser Idee einer universellen menschlichen Natur zu hohe ‚ontologische Kosten' sehen, die um jeden Preis zu vermeiden sind? Muss man einräumen, dass diese Wesens- und Naturgemeinschaft der Menschen nicht *de facto*, sondern nur im Feld des *Rechts* existiert? In diesem Falle wäre sie nichts anderes als ein *Postulat*, mit dcm man eine *juridische Ordnung* zu begründen sucht, wie z.B. Gleichheit in demokratischen Ländern als *erstes Postulat des Rechts* gilt.

Doch in wessen Namen wollten wir ein derartiges Postulat aufstellen? In wessen Namen wollten wir eine gemeinschaftliche Natur der Menschen behaupten? Müsste man dies nicht genau im Namen von etwas tun, was ihnen gemein wäre – wie etwa die Vernunft? Wäre nicht in diesem Sinne die Idee einer Natur-Gemeinschaft von Mensch und Tier zwingend, um die Idee von Tierrechten zu begründen, und die Idee einer Natur-Gemeinschaft des Menschen, der Tiere, alles Lebendigen und der Umwelt, um die Idee eines Umweltrechts stützen zu können?

Die Menschenrechte existieren gewiss nicht *in* der Natur; sie sind nichts Gegebenes, das vor dem Menschen existierte oder ihn transzendierte. Sie sind das

Ergebnis unserer Geschichte und unserer zwischenmenschlichen Praxis; sie sind das Resultat endloser Konfrontationen, in denen die Idee einer spezifisch menschlichen Gemeinschaft geschmiedet wurde.

Spricht man von natürlichen und universellen Menschenrechten, dann handelt es sich weder um in die Natur des Universums noch um in die Natur des Menschen eingeschriebene Rechte. Es handelt sich vielmehr um Rechte, die faktisch und nicht juridisch von der Natur des Menschen abhängen oder – um unter Verwendung eines klassischen Vokabulars präziser zu sein – *von der gemeinschaftlichen Natur der Menschen.*

Es ist genau diese gemeinschaftliche Natur der Menschen, ihre universelle menschliche Natur, die sie zu jeder Zeit und überall zur Idee der Menschenrechte befähigt. Gewiss ist diese Idee nicht zu jeder Zeit und überall explizit formuliert worden. Doch wenn wir so weit wie möglich in die Vergangenheit zurück gehen, dann stoßen wir auf sie in verschiedenen Zeugnissen der Forderung nach Achtung der menschlichen Natur – im *Kyros-Zylinder* (3. Jahrtausend v. Chr.), im *Mailänder Edikt* zur Religionsfreiheit (313 n. Chr.), in der *Magna Carta*[2] (1215) und im – auch als *Toleranzedikt* bezeichneten – *Edikt von Nantes*[3] (1598). Dies alles sind Zeugnisse, die in verschiedenen Epochen und unterschiedlichen menschlichen Gemeinschaften Begriffe des Wertes der Menschen, der Gleichheit, der Gerechtigkeit, der Freiheit und der Toleranz belegen. Es handelt sich zugleich um Begriffe, die im Rahmen dessen wirksam geworden sind, was man seit langem ‚Demokratie' zu nennen übereingekommen ist. Manche halten sie für eine spezifisch westliche Erfindung: Die Menschenrechte konnten sich nur dank der Demokratie verwirklichen und verbreiten, und die Demokratie wurde in der gegenwärtigen Welt als westlicher Wert gerühmt; zugleich wurden die Menschenrechte und die Demokratie zum Modell für jede nicht-westliche Gesellschaft erhoben.

In diesem Sinne erklärt Amartya Sen, dass die Idee der Demokratie als allgemeine Regel für alle Völker den Versuch impliziert, den nicht-westlichen Gesellschaften die westlichen Werte und Praktiken zu oktroyieren. Mehr noch – die Demokratie sei der oben genannten These zufolge eine Konzeption, die ihre Wurzeln allein in den für das westliche Denken charakteristischen Zeichen habe

2 Die Magna Carta wurde am 15. Juni 1215 vom englischen König Johann Ohneland in der Auseinandersetzung mit dem revoltierenden englischen Adel unterzeichnet. Sie war eine Freiheitsgarantie gegen königliche Willkür und symbolisiert als erste englische verfassungsrechtliche Quelle den Kampf gegen die absolutistische Macht.

3 Das Edikt von Nantes (Toleranzedikt) legte den Status der Protestanten im französischen Königsreich fest. Es wurde am 13. April 1598 von Heinrich IV. am Ende der von 1562 bis 1598 dauernden Religionskriege zwischen Katholiken und Protestanten erlassen. Es sicherte den Hugenotten Gewissensfreiheit, freie Religionsausübung, den Bau von Kirchen, Bürgerrechte und den Zugang zu öffentlichen Ämtern zu.

und über lange Zeit nirgendwo anders als in Europa habe aufblühen können. Amartya Sen verliert nicht aus dem Blick – andernfalls wäre man mit Blindheit geschlagen –, dass die Demokratie in der gegenwärtigen Welt ganz gewiss eine westliche Praxis ist; aber er zeigt, gestützt auf Beispiele, zum einen, dass sie keine Eigenart des Westens ist, sondern ein universeller Wert, und zum anderen, dass das Bild, das man sich von ihr gemacht hat, unzureichend, ja sogar ineffektiv ist.

Die unzureichende, zu enge, restriktive Konzeption der Demokratie besteht A. Sen zufolge darin, dass man unter ihr allein geheime Abstimmungen und Wahlen versteht, während es darauf ankommt, sie mit John Rawls als „Ausübung öffentlicher Vernunft" zu sehen.[4]

Die Demokratie stellt vor Anforderungen, die über den Urnengang hinausgehen. Wahlen sind und bleiben ein zwar notwendiges, aber nicht hinreichendes Mittel, denn die Möglichkeit, abzustimmen, muss zugleich wirkliche Freiheit zur Abstimmung sein, und sie muss verbunden sein mit der Möglichkeit und wirklicher Freiheit zur angstfreien öffentlichen Debatte. Man muss sich nur die eindrucksvollen Wahlsiege bestimmter politischer Machthaber vor Augen führen, um sich davon zu überzeugen, wie unzureichend eine Demokratiekonzeption ist, welche die Konkretisierung des Volkswillens auf die Verwendung von Wahlurnen reduziert.

Die Möglichkeit einer öffentlichen Debatte bahnt den Weg der Demokratie, indem sie allen Bürgern die Teilnahme an politischen Diskussionen und Einfluss auf Alternativen bezüglich der öffentlichen Angelegenheiten eröffnet. Die öffentliche Debatte ist als Prolegomenon der Wahlen und als wiederbelebendes Ferment von großer Bedeutung, wenn Entscheidungen getroffen werden, von denen die materielle Existenz von Millionen Menschen abhängt. Amartya Sen nennt als Beispiel den Hunger, der, wenn er ein Land trifft, immer in Termini des Mangels und Bedarfs quantifiziert wird, während er tatsächlich ein Defizit an Demokratie und freier öffentlicher Debatte ohne Angst und Zwang ist und gerechte, angemessene Entscheidungen verhindert. Sen betont die bedeutende Rolle der Kommunikation und Information in der Demokratie, die wesentlich aufgrund öffentlicher Diskussion funktioniert. Die Alternative, d.h. der Versuch, Demokratiedefizite autoritär und durch Unterdrückung der öffentlichen Diskussion zu heilen, erhöhe die Verletzbarkeit eines Landes bei Katastrophen.

Wird die Demokratie – wie die Etymologie es nahe legt – lediglich als Macht des Volkes verstanden, dann ist sie mit den Worten Georges Clémenceaus „die

4 John Rawls schreibt, das fundamentale Element einer auf Deliberation gegründeten Demokratie sei die Debatte: Wenn die Bürger debattieren, tauschen sie ihre Meinungen aus und diskutieren ihre eigenen Ideen über die wesentlichen Fragen der öffentlichen politischen Ordnung. Vgl. *Collected Papers*, Cambridge, Mass. 1999, S. 579 f.

Macht der Flöhe, Löwen zu fressen".[5] Schlicht und einfach als System von Wahlen aufgefasst, zu denen sich die Masse des Volkes eingeladen findet, ist die Demokratie Louis Latzarus zufolge „die Kunst, das Volk glauben zu machen, es regiere"[6], während sie als öffentliche Kultur, als „Regieren mittels Debatte", „die Freiheit und die Grundrechte" der Individuen sichert.[7]

Diese weitere und kohärentere Vision von Demokratie, die A. Sen anbietet, erlaubt es, an eine Vergangenheit und an Kulturen anzuknüpfen, die nicht exklusiv westlich sind. Alexis de Tocqueville hat ungeachtet seiner Bewunderung der Demokratie in Amerika und obwohl die von ihm gewählten Beispiele auf Europa beschränkt sind gut gesehen, dass die Demokratie eine permanente und die älteste in der Geschichte bekannte Tendenz war. Die öffentliche Diskussion war in Athen alltägliche Praxis. Doch die Griechen waren keine Ausnahme, und die Kultur der Toleranz und offener Deliberation war gängige Münze auch bei anderen, nicht-westlichen Völkern, mit denen die Griechen in Beziehung und intellektuellen Austausch traten, so mit den alten Ägyptern, Persern und Indern. A. Sen betont in seinem oben genannten Buch, dass aufgrund des Pluralismus die Stützung der Diversität und der fundamentalen Freiheiten in der Geschichte zahlreicher Gesellschaften anzutreffen sei. Die lange Tradition der Ermutigung und Praxis der öffentlichen Debatte über politische, soziale und kulturelle Probleme in Ländern wie Indien, China, Japan, Korea, Iran und Türkei, in der arabischen Welt und in weiten Teilen Afrikas erforderten eine viel weiter reichende Anerkennung der Geschichte der Ideen der Demokratie. Sen sieht durchaus in Toleranz, Gewissensfreiheit und Aufforderung zur öffentlichen Debatte signifikante Ideale der modernen westlichen Politik; doch er wendet sich gegen die historischen Fehlurteile, denen zufolge es eine Scheidelinie zwischen westlicher Toleranz und nicht-westlichem Despotismus gibt. Er verweist auf Maimonides, der im 12. Jahrhundert zur Emigration aus einem intoleranten Europa gezwungen war, einen Zufluchtsort und Hafen der Toleranz in der arabischen Welt fand und in Kairo eine herausgehobene und ehrenvolle Position am Hof des Sultans Saladin einnahm. A. Sen nennt weitere Beispiele in vielen orientalischen und afrikanischen Zivilisationen, die belegen, dass die Demokratie als ‚Regieren durch Diskussion', als Heimstatt der Toleranz und als ‚Übereinkunft, nicht übereinzustimmen' ein universeller Wert ist, ein universeller *menschlicher* Wert, ein *intrinsicher* Wert – und der Ausgangspunkt der Idee der natürlichen Rechte der Menschen als universelle Rechte.

Bleibt zu fragen, was ein unverseller Wert ist. Worin besteht der universelle Wert der natürlichen Rechte der Menschen bzw. der universelle Wert der Demokratie? Setzt die Universalität des Wertes die universelle Zustimmung aller Men-

[5] Zit. Nach Wladimir d'Ormesson in *Le Figaro*, 28. 9. 1944.
[6] J. Rawls, *Collected Papers*, Cambridge, Mass. 1999, S. 579 f.
[7] Ebd., S. 425.

schen voraus? Gewiss nicht, denn die Universalität eines Wertes bemisst sich nicht nach der Zahl der Individuen, die an ihn glauben, sondern nach der Tiefe ihres Glaubens und nach der Kraft der Gründe, die sie veranlassen, an ihn zu glauben. Der von Mahatma Ghandi proklamierte universelle Wert der Gewaltlosigkeit z.B. beruht nicht auf der universellen Billigung seitens aller Individuen, sondern auf Gründen, die ihm einen universellen Charakter verleihen. In dieser Perspektive ist der universelle Wert der Demokratie und der natürlichen Rechte des Menschen unvereinbar mit jeglicher relativierenden, verwestlichenden bzw. eurozentristischen historischen und kulturellen Sichtweise.

Aus dem Französischen übersetzt von Hans Jörg Sandkühler

Mohamed Turki

Das Gerechte und die Gerechtigkeit bei Ricœur

1. Einleitung

Eine der erstaunlichen Überraschungen, die der Leser beim Überblick über das meisterhafte Werk von Paul Ricœur erlebt, ist das späte Interesse des Philosophen für die Problematik des Gerechten und der Gerechtigkeit. Beim Überfliegen der Titel seines gesamten Werkes merkt man in der Tat, dass dieses fast alle großen Themen der theoretischen und praktischen Philosophie erfasst hat, angefangen bei den phänomenologischen Untersuchungen, übergehend zu den Feldern der Geschichte und der Politik bis hin zu den komplexen Fragen der Religion und des Säkularen. Was die Problematik des Rechts und der Gerechtigkeit angeht, wurde sie erst Ende der 1980er Jahre in Angriff genommen. Es begann zunächst mit einigen Lektüren von John Rawls' Theorie der Gerechtigkeit[1] und mit der Veröffentlichung des ersten Bandes von *Le Juste*[2] (Das Gerechte) einige Jahre später, gefolgt vom zweiten Band zu Beginn dieses Jahrhunderts. Die letzte Arbeit über *Le juste, la justice et son échec*[3] (Das Gerechte, die Gerechtigkeit und ihr Scheitern) ist von den ‚Cahiers de l'Herne' kurz nach dem Tode des Philosophen im Jahre 2005 publiziert worden.

Im Vorwort zu seinen Studien über *Le Juste* hat Ricœur es nicht versäumt, seine Entscheidung, sich mit dieser Problematik zu befassen, zu rechtfertigen: „Ich bin in den letzten Jahren zu der Einsicht gekommen, dass das Juridische – erfasst unter den Zeichen der Justiz, mit seinen geschriebenen Gesetzen, seinen Gerichten, seinen Richtern und der Verhängung der Strafe als Ausdruck des Rechts – dem Philosophen Gelegenheit bietet, sich mit der Besonderheit des Rechts und dessen Einordnung in der Mitte zwischen Moral und Politik zu beschäftigen".[4] Er fügt hinzu, dass sein Buch vor allem das Verhältnis zwischen „der Idee der Gerechtigkeit als moralischer Regel und der Gerechtigkeit als Institution"[5] herausgearbeitet habe. Hier stellt man bereits fest, dass Ricœur zwischen zwei Aspekten von Gerechtigkeit unterscheidet: zwischen demjenigen, der zum

[1] Ricœur, P., John Rawls: de l'autonomie morale à la fiction du contrat social, und Le cercle de la démonstration. In: *Lectures 1, Autour du politique*, Paris 1991, S. 198-231.
[2] Ricœur, P., *Le Juste*, Paris 1995.
[3] Ricœur, P., *Le juste, la justice et son échec*, Paris 2005.
[4] Ricœur, P., *Le Juste*, a.a.O., S. 9.
[5] Ebd.

Bereich der Moral gehört, und demjenigen, der in die Sphäre der Politik und der Institution fällt.

Um diese Differenzierung klarer zu machen, trifft Ricœur – dies ist das Wesentliche in diesem Kontext – eine weitere Unterscheidung zwischen zwei Termini, die bisher für Synonyme gehalten wurden, und macht sie zum Gegenstand seiner Untersuchung. Es handelt sich um die Begriffe des *Gerechten* und der *Gerechtigkeit*. Bei diesem Vorgang führt der Philosoph nicht nur das Prädikat ‚gerecht' auf seinen etymologischen Ursprung zurück, sondern erhebt es auch zu einem Substantiv und setzt es dem Begriff von Gerechtigkeit im institutionellen Sinne entgegen. So schafft er eine beinahe radikale Dichotomie zwischen dem Gerechten – verstanden im Sinne moralischer Gesinnung – und der Gerechtigkeit, die in die Sphäre der juristischen Anwendung fällt. Mit anderen Worten: Ricœur spielt „auf der einen Seite die Idee des Gerechten – betrachtet als regulative Idee oder, wenn man so will, als transzendentale Idee für das gesamte Feld des positiven Rechts, auch Bereich des Gesetzes genannt – und auf der anderen Seite die Erfahrung des Scheiterns der Gerechtigkeit in ihrer justiziellen Form, d.h. jene Erfahrung, die von der Unfähigkeit gekennzeichnet ist, das Strafrecht überzeugend zu rechtfertigen, gegeneinander aus."[6]

Im Folgenden wird versucht, die Dichotomie zwischen den beiden Begriffen aufzulösen und ihre Strukturen zu analysieren, um die ihr zugrunde liegenden Elemente und deren Beziehungen zueinander sichtbar zu machen. In einem ersten Schritt ist zu zeigen, wie Ricœur die genannten Begriffe nicht bloß in Gegensatz zueinander bringt; er positioniert auch das Gerechte zwischen dem Begriff des Guten und dem des Legalen. Auf dieser Weise skizziert er den Übergang der Gerechtigkeit von einer teleologischen Auffassung, wie sie von Platon und Aristoteles verstanden wurde, zu einer deontologischen Konzeption, die besonders von den Kontraktualisten des 18. Jahrhunderts, genauer gesagt von Locke, Rousseau und Kant, entwickelt und später von Denkern der Gegenwart wie Rawls und Habermas übernommen wurde. In einem zweiten Schritt geht es dann um eine Darstellung der Prinzipien und Fundamente des Rechts und der Gerechtigkeit. Hier ist auf drei Modelle zu verweisen, auf die sich Ricœur bezieht – Kant, Hegel und Rawls –, und zwar in der Absicht, nicht nur die Art der Argumentation und der Rechtfertigung zu beschreiben, sondern auch die Schwachstellen des Rechts, das aufgrund seines übertriebenen Formalismus oft die praktische Anwendung gefährdet, aufzuzeigen. Dies ist z.B. der Fall bei Rawls, der nach der Ansicht Ricœurs trotz seiner Bemühungen die Ambivalenz dieses Formalismus nicht hat überwinden können.

Ein dritter Schritt richtet sich auf die von Ricœur benannten Schwierigkeiten im Hinblick auf die von der Justiz verhängte Bestrafung der Schuldigen und auf das bisherige Scheitern einer rationalen Rechtfertigung des Leidens. Diese Aus-

[6] Ricœur, P., *Le juste, la justice et son échec*, a.a.O., S. 7.

einandersetzung ebnet ihm den Weg für die Erkundung von Alternativen – zu einer „gewaltlosen Gerechtigkeit“, die einen utopischen Horizont für eine neue Auffassung von Recht und Justiz eröffnen könnte. Dieser prospektive Modus einer „gewaltlosen Gerechtigkeit“ soll vor allem ein Gleichgewicht zwischen den drei Stützen des Strafrechts herstellen, d.h. er soll sowohl das Gesetz und das Opfer als auch den Schuldigen berücksichtigen. Mit diesem Verfahren zielt Ricœur auf eine Reform der juristischen Praktiken im Strafvollzug, die verdeckt – aber legal – eine Art „Ethik der Rache“ fortsetzen. An ihrer Stelle schlägt er eine Ethik des Zusammen-Lebens[7] vor, die über die Strafe hinaus eine Rehabilitierung des Schuldigen und sogar das Verzeihen vorsieht.

2. Das Gerechte zwischen dem Guten und dem Legalen

Mit der Unterscheidung der beiden Termini hebt Ricœur insbesondere das Prädikat ‚gerecht‘ gegenüber dem Substantiv ‚Gerechtigkeit‘ hervor. Er behauptet, dass der erste Terminus zum praktischen Bereich gehört und eine Bedeutung sowohl in der Volksmeinung als auch in der Philosophie hat, während der zweite eher auf den theoretischen und institutionellen Rahmen verweist. Dieser erfasst sowohl die Normen, Regeln und Gesetze des positiven Rechts als auch die juristische Institution. Bei seiner Erklärung bezieht sich Ricœur auf den griechischen Terminus *to dikaion*, der nach seinen Worten, „zunächst auf die Handlungen, dann auf die Handelnden, und von da aus auf die Institutionen angewandt wird“.[8] Er folgt Aristoteles, der im fünften Buch der *Nikomachischen Ethik* schreibt: „Wir sehen, dass jedermann mit dem Wort Gerechtigkeit einen Habitus bezeichnen will, vermöge dessen man fähig und geneigt ist, gerecht zu handeln, und vermöge dessen man gerecht handelt und das Gerechte will“.[9] Ricœur besteht auf der substantivierten Form des Wortes ‚gerecht‘ anstelle des Begriffs ‚Gerechtigkeit‘. Damit erhält das Adjektiv wieder die Stärke, die es in der griechischen Tradition besaß, denn die Idee der Gerechtigkeit selbst ist nach seiner Ansicht nichts anderes als eine Errungenschaft der Vernunft auf halbem Wege zwischen der Alltagspraxis und dem mythischen Hintergrund, aus dem sie hervorging.

Ricœur erinnert daran, dass die Idee der Gerechtigkeit zunächst durch eine negative Reaktion zum Ausdruck kommt, etwa durch eine Beschwerde über einen

7 Ricœur, P., *Soi-même comme un autre*, Paris 1990, S. 227. Dt. Übers.: Ricœur, P., *Das Selbst als ein anderer*, München 1996, S. 245. Bereits in dieser Schrift erwähnt Ricœur die Perspektive eines Zusammen-Lebens als Basis für eine historische Gemeinschaft, die von gerechten Institutionen getragen wird und deren Ziel die Umsetzung von Gerechtigkeit und Gleichheit ist.

8 Ricœur, H., *Le juste, la justice et son échec*, a.a.O., S. 8.

9 Aristoteles, *Nikomachische Ethik*, 1129a.

ungerechten Zustand oder hinsichtlich einer politischen Ungerechtigkeit, bei der man sich unangemessen behandelt fühlt. Der Ausruf „das ist ungerecht!" oder der Aufschrei „Was ist das für eine Ungerechtigkeit!" drücken genau das tiefe Gefühl der Entrüstung aus, das man in solchen Situationen empfindet. Sie beschreiben tatsächlich den Mangel an Gerechtigkeit, der bei gewissen Ereignissen oder bei sog. ungerechten Handlungen plötzlich empfunden wird. Die Motive, die solche Reaktionen hervorrufen, sind zahlreich: „Die physische Gewalt, die Demütigungen, die Angriffe auf die eigene Würde und alle Formen der Nichtanerkennung"[10], aber auch „unproportionierte Bezahlung, falsche Versprechen und ungleiche Verteilung".[11] Auf diese Weise betritt man das Feld des Gerechten und Ungerechten, und so beginnt die philosophische Reflexion über die Idee der Gerechtigkeit. Ricœur folgert daraus, „dass unsere Idee von Gerechtigkeit doppelt reflexiv ist: einerseits im Hinblick auf die soziale Praxis, die sie regelt, andererseits in Bezug auf ihren quasi uralten Ursprung."[12] Diese doppelte Orientierung markiert im Grunde die Ambivalenz der Idee der Gerechtigkeit, die zwischen dem Guten und dem Legalen hin und her pendelt.

Versuchen wir nun Ricœur bei der Beschreibung dieses doppelten Verfahrens zu folgen. Er sieht zunächst, dass „die Idee des Gerechten nichts anderes ist, als die Idee des Guten im Verhältnis zum Anderen".[13] Unter diesem Aspekt nimmt der Begriff der Gerechtigkeit die Eigenschaft einer Tugend an, und zwar in dem von den Griechen dem Wort *arete* verliehenen Sinne, der von den Lateinern mit *virtus* übersetzt wurde und was ‚Exzellenz' bedeutet. Aristoteles behauptet sogar, dass die Gerechtigkeit eine „vollkommene Tugend" sei: „Vollkommen ist sie aber, weil ihr Inhaber die Tugend auch gegen andere ausüben kann und nicht bloß für sich selbst."[14] So betrachtet, ist die Gerechtigkeit an der Orientierung des menschlichen Handelns im Hinblick auf die Erfüllung des guten Lebens bzw. an deren Vervollkommnung beteiligt. Sie entspricht dem „Wunsch nach einem erfüllten Leben mit den anderen und für sie im Rahmen gerechter Institutionen".[15] Das Ziel des guten Lebens als Telos verleiht der Gerechtigkeit ein teleologisches Merkmal, das auf der Ebene der Moralität steht und den Wunsch vermittelt, sein Leben gut zu Ende zu führen. In diesem Sinne „ist das Gerechte zunächst eine Sache der Begierde, des Mangels und des Wunsches"[16], die sich im Modus des Optativs und nicht des Imperativs ausdrückt.

10 Ricœur, P., *Le juste, la justice et son échec*, a.a.O., S. 11.
11 Ricœur, P., *Le Juste*, a.a.O., S.12.
12 Ricœur, P., Le juste entre le bon et le légal. In: *Lectures 1*, a.a.O., S. 177.
13 Ricœur, P., *Le juste, la justice et son échec*, a.a.O., S. 9.
14 Aristoteles, *Nikomachische Ethik*,1129a.
15 Ricœur, P., *Le Juste*, a.a.O., S. 17
16 Ebd.

Man muss sich allerdings über den Begriff des Guten bzw. des guten Lebens verständigen. Er war lange Zeit in der hellenistischen Epoche Gegenstand großer Debatten zwischen den verschiedenen philosophischen Strömungen (Platoniker, Peripatetiker, Stoïker, Epikuräer, usw.). Ohne in Einzelheiten zu gehen, bietet Ricœur eine aristotelische Annäherung, wonach das Gerechte als Mittelpunkt zwischen zwei Extremen definiert wird, d.h. ein Mittleres zwischen einem Zuviel und einem Zuwenig. So ist das Gerechte „die berühmte *isotes*, die von Solon und Perikles verehrt wird, d.h. jene ‚Gleichheit', die auf einem Mittelweg zwischen dem Mehr-Nehmen oder immer mehr haben Wollen – die berüchtigte *pleonexia* oder das Laster der Gier und der Begierde– und dem Fehlen an Bereitschaft bei der Erfüllung der Verpflichtungen in der Polis herrscht".[17] Doch der Begriff der Gleichheit schließt zweifellos Gesetze ein, nach denen sie praktiziert werden soll, und dies erfordert eine Bestimmung der Modalitäten für die Aufteilung der zu verteilenden Güter und eine Benennung der Institutionen, die eine solche Verteilung beaufsichtigen. Die Frage, die nun sich stellt, ist, ob man sich so nicht bereits in die Sphäre des distributiven Rechts begibt.

Die Antwort auf diese Frage verlangt allerdings einen Übergang von einer teleologischen Auffassung von Gerechtigkeit, in der sie die Form einer regulativen Idee annimmt, zu einer deontologischen Konzeption, da es sich nicht mehr um einen Wunsch nach Gerechtigkeit oder um eine Tugend handelt, die als Gleichheit verwirklicht wird, sondern um eine formale legale Prozedur. Für Ricœur, „ist dies die Ebene der Norm, der Pflicht und des Verbots".[18] Mit diesem Paradigmenwechsel bekommt die Idee der Gerechtigkeit eine andere theoretische Grundlage, die es ihr ermöglicht, sich jeder Bindung an das Prädikat ‚gut' zu entledigen und eine eher legale Funktion im Sinne des positiven Rechts zu übernehmen. Nach Ricœur ist das Wesentliche hier „der formale, mit allgemeinen Forderungen verbundene Status, wenn das Gesetz nicht einfach ein moralisches Gesetz, sondern ein juridisches Gesetz ist".[19] Folglich orientiert sich die Gerechtigkeit an einer legalen und prozeduralen Praxis. Auf diese Weise verfährt die distributive wie auch die korrektive Gerechtigkeit, „deren Verwendung der Idee der Gleichheit der Formel folgt, ‚gleiche Fälle gleich zu behandeln'; auf diese Weise ist die Gleichheit proportional".[20] Diese Gleichheit ist allerdings keine zwischen den Sachen, sondern zwischen Verhältnissen, d.h. zwischen dem Beitrag eines Individuums und seinem Teil im Verhältnis zu einem anderen Individuum und dessen Teil.

Obwohl Aristoteles diese Beziehung zwischen Gleichheit und Legalität bereits eingeführt hat, indem er „das Gerechte in das Gesetzliche und das der

17 Ricœur, P., *Le juste entre le légal et le bon*, a.a.O., S. 179.
18 Ricœur, P., *Le Juste*, a.a.O., S. 19.
19 Ebd., S. 20.
20 Ricœur, P., *Le juste, la justice et son échec*, a.a.O., S. 17.

Gleichheit entsprechende"[21] eingeordnet hat, erfolgt der Übergang zu einer deontologischen Konzeption von Gerechtigkeit erst unter dem Einfluss der kontraktualistischen Philosophie, und insbesondere der kantischen. In der Tat bereitet Kant Ricœur zufolge seit der Einführung seiner Theorie des Rechts in der *Metaphysik der Sitten* das Feld vor, um sich von der Macht der praktischen Vernunft, die den Forderungen des kategorischen Imperativs unterworfen ist, zu lösen und den Weg für eine juridische Gesetzlichkeit zu öffnen. Um diese These zu unterstreichen, fügt Ricoeur hinzu: „Man schreitet also durch eine Transformation innerhalb des Formalismus von einem strengen Apriorismus zu einem juristischen Positivismus vor, für den die Frage nach dem Grund der praktischen Vernunft entfällt und unter die Kontrolle der empirisch und historisch bereits bestehenden gesetzgebenden Instanzen fällt."[22]

Was den Bezug zur kontraktualistischen Tradition angeht, so wird er in der Unterstellung eines Gesellschaftsvertrags sichtbar, mit dessen Hilfe die Individuen den Zustand der Natur überwinden, um in den Zustand des Rechts einzutreten. Diese Unterstellung, die Ricœur „Fiktion des Vertrags" nennt, hat kein anderes Ziel, als „das Gerechte dadurch vom Guten zu trennen, dass die Prozedur einer imaginären Überlegung jegliches vorgängige Engagement bezüglich eines gemeinsamen Guten substituiert".[23] Daher erklärt sich der rein prozedurale Status juristischen Handelns als Mittel zum Einstieg in diese Art von Gerechtigkeit.

Man kann abschließend mit Ricœur sagen, „dass der Vertrag auf der Ebene der Institutionen diejenige Position einnimmt, die die Autonomie auf der grundlegenden Ebene der Moralität innehat. Dies bedeutet: eine hinreichend vom Zwang der Neigungen entbundene Freiheit gibt sich ein Gesetz, das wiederum das Gesetz der Freiheit selbst ist."[24] Doch bleibt zu fragen, ob die Idee der Gerechtigkeit den Grundprinzipien des Guten und der Gleichheit treu bleibt, wenn sie sich an den legalen Formalismus bindet.

3. Von den Gerechtigkeitsprinzipien zur gerichtlichen Praxis

Ausgehend von drei Modellen versucht Ricœur die Stärke der Prinzipien der Gerechtigkeit, aber auch ihre Unzulänglichkeit, herauszustellen. Als Beispiel nimmt er zunächst das Modell Kants, wie es im ersten Teil der *Metaphysik der Sitten* unter dem Titel ‚Rechtslehre' dargestellt ist. Dann folgen Hegels *Grundlinien der Philosophie des Rechts* mit dem Abschnitt ‚Abstraktes Recht', und schließlich Rawls' Modell, das im ersten Kapitel seiner *Theorie der Gerechtigkeit* unter dem Titel ‚Gerechtigkeit als Fairness' behandelt wird. Allen drei Modelle ist

21 Aristoteles, *Nikomachische Ethik*, 1130b.
22 Ricœur, P., *Le juste entre le légal et le bon*, a.a.O., S. 183.
23 Ebd., S. 184.
24 Ebd.

eine gewisse Distanz gegenüber der teleologischen Auffassung von Gerechtigkeit und eine Hinwendung zur deontologischen Konzeption gemein.

In Kants Rechtslehre „steht das Rechtsverhältnis in starkem Gegensatz zum Verhältnis der Moralität."[25] Dies ist nach Ricœur kein Zeichen der Schwäche, sondern der Stärke, da der Begriff des Rechts nur den formalen Rahmen betrifft, in dem die Handlung einer Person vollzogen wird. Mit anderen Worten: „es handelt sich dabei nicht darum, zu wissen, ob die Handlung aus Pflicht durchgeführt wird, sondern nur, ob sie pflichtgemäß ist"[26], und zwar im Sinne des Gesetzes. So gesehen, entspricht die Handlung keineswegs einer moralischen Pflicht, sondern einer vom Gesetz diktierten Verpflichtung, die im kategorischen Imperativ ihre Rechtfertigung findet: „Handle so, daß die Maxime deiner Handlung ein allgemeines *Gesetz* werden könne."[27] Auf dieser Weise wird die Pflicht zur Notwendigkeit, eine Handlung nicht aus subjektiven Beweggründen zu vollziehen, sondern aus Achtung vor dem Gesetz. Damit entzieht sich der Begriff der Pflicht dem moralischen Zwang. Er ist unmittelbar an das Gesetz gebunden, auch wenn er scheinbar den Aspekt der moralischen Verpflichtung beibehält. Er wird zuletzt in einen Zwang umgewandelt. Wie M. Villey im Vorwort zur französischen Ausgabe der *Metaphysik der Sitten* unterstreicht, „wird der Zwang zum Kriterium der Gesetze des Rechts. Der Jurist, dem Kant vorschreibt, keine Rücksicht auf ‚Angemessenheit', ‚Notwendigkeit' oder andere konkrete Zustände zu nehmen, fühlt sich verpflichtet, nur die Texte zu achten, die allein die Lösungen diktieren, und nur der Wortlaut der positiven Regeln des Rechts ist für ihn von Bedeutung."[28] Doch über den Zwang verstärkt Kant nach Ansicht Ricœurs den Verbotscharakter der Rechtsnormen innerhalb des Strafrechts.

Außerdem bleibt in diesem Kontext noch ein anderes bei Kant ungelöstes Problem bestehen, worauf A. Philonenko, der französische Übersetzer der *Metaphysik der Sitten* hingewiesen hat. Es handelt sich um die Beziehung zwischen innerer Autonomie und äußerem Zwang, denn „vorausgesetzt, dass die transzendentale Freiheit das Prinzip des moralischen Gesetzes in uns ist, wird es dann schwierig, den äußeren Zwang abzuleiten"[29], der vom positiven Recht ausgeht. Anders gesagt: Wie geht man vom ersten Prinzip der Moralität, der Autonomie, die die moralische Pflicht vorschreibt, zur Legalität über, die eher den Zwang diktiert? Für Ricœur „ist diese Beziehung von Kant vorausgesetzt, aber nicht ge-

25 Ricœur, P., *Le juste, la justice et son échec*, a.a.O., S. 18.
26 Ebd.
27 Kant, I., *Metaphysik der Sitten.* Erster Teil, Rechtslehre, AA VI, S. 389.
28 Villey, M., *Préface à la Métaphysique des mœurs*, übers. v. A. Philonenko, Paris 1993, S. 19.
29 Ebd., S. 35.

rechtfertigt“[30], und dies ähnelt der Beziehung, die zwischen Autonomie und Gesellschaftsvertrag besteht. Und er fügt hinzu: „es wird, zumindest in der Rechtslehre, kein Platz für die Versöhnungsinstanzen eingeräumt, die wir am Schluss erwähnen werden, um unsere nüchternen Äußerungen zum Strafrecht etwas zu abmildern.“[31]

Was das hegelsche Modell anbetrifft, so sieht Ricœur, dass die Frage des Rechts auf Zwang bei Hegel an der Problematik des Vertrags gebunden ist, der in der Theorie des ‚abstrakten Rechts' in den *Grundlinien der Philosophie des Rechts* den Ehrenplatz einnimmt. Dieses Recht steht zwar auf der tiefsten Stufe seiner Rechtskonzeption, die ihre konkrete Verwirklichung erst in den Gestalten der Sittlichkeit findet – in der Familie und der bürgerlichen Gesellschaft und schließlich als Krönung im Staat. Die Herabstufung des abstrakten Rechts bei Hegel ist für Ricœur bemerkenswert, weil „die Bedeutung (Größe) des Rechts als Teil des Verwirklichungsprozesses der Freiheit untrennbar von dessen spirituellen Armut im Verhältnis zum Reichtum der eigentlichen ‚ethischen' Gestalten der Institutionalisierung der Freiheit ist“.[32] Auf dieser Stufe übernimmt das Recht die Verwaltung der Besitzverhältnisse und infolge dessen die Legitimation des Eigentums. Mit anderen Worten: „der Vertrag drückt den Willen, die sich für das Haben von Dingen engagieren, den Stempel des Universellen auf.“[33] So wird der Vertrag in das Besitzsystem integriert; er bezeichnet ein Recht und nicht nur ein Faktum.

Was Hegel mit dieser Vorgehensweise einführt, ist vor allem die Einbeziehung der juristischen Person und deren Gleichstellung mit dem Eigentümer bzw. mit dem legalen Besitzer. Dennoch bleibt dieser legale Eigentümer nach der Ansicht von Ricœur etwas abseits, „ohne Zugehörigkeitsbindung an irgendeine konkrete Gemeinschaft wie diejenige der Sittlichkeit.“[34] Sogar als juristische Person bleibt er ein isoliertes Subjekt, das gegen jeglichen Angriff seitens Dritter nur durch den Zaun des Rechts geschützt ist. Aber gerade diese Lesart des Vertrags zeigt die Schwäche und die Grenzen des Rechts wie auch der Gerechtigkeit bei Hegel, weil „der Vertrag sich als der Ort des Streits, der Rechtskonflikte, schlimmer noch: als der Ort des Betrugs und anderer Vergehen entpuppt“.[35] Das Recht wird nur durch die Anwendung von Zwang gewährleistet und verteidigt. Man versteht nun, warum die höchste Funktion des Rechts sich in der Behandlung

30 Ricœur, P., John Rawls: de l'autonomie morale à la fiction du contrat social. In: *Lectures 1*, a.a.O., S. 198.

31 Ricœur, P., *Le juste, la justice et son échec*, a.a.O., S. 20.

32 Ebd., S. 24.

33 Ebd., S. 21.

34 Ebd., S. 26.

35 Ebd., S. 27.

von Konflikten und in der Substituierung der Gewalt durch juristischen Prozeduren manifestiert.

Bei Rawls wird die Frage nach der Gerechtigkeit noch viel komplexer, da man hier „vor einem Zusammentreffen einer wohlüberlegten deontologischen Perspektive in Sachen Moral und einer kontraktualistischen Tendenz auf der Ebene der Institutionen“[36] steht. Der Ausgangspunkt von Rawls besteht darin, eine systematische Konzeption von Gerechtigkeit zu erarbeiten, die geeignet sein soll, das seit John Stuart Mill in der angelsächsischen politischen Tradition vorherrschende utilitaristische Modell zu ersetzen. Diesem Modell, dessen Unzulänglichkeit immer sichtbarer wird, setzt Rawls seine Theorie der *Gerechtigkeit als Fairness* entgegen. Diese nimmt ihren Ursprung in der traditionellen Theorie des Gesellschaftsvertrags und zielt zunächst darauf ab, „eine überzeugende Analyse der Rechte und der Basisfreiheiten sowie ihrer Einordnung“[37] zu liefern und dann „diese Analyse mit einer Konzeption der demokratischen Gleichheit zu ergänzen.“[38] Aus dieser Überzeugung leitet Rawls die folgenden Gerechtigkeitsprinzipien ab: das Prinzip egalitärer Freiheit, das Differenzprinzip und das Prinzip der fairen Chancengleichheit.[39]

Im Unterschied zu dem, was bisher über Gerechtigkeit geschrieben wurde, bestimmt Rawls die Gerechtigkeit als „die erste Tugend sozialer Institutionen.“[40] Damit wird sie in erster Linie nicht mehr mit den intersubjektiven Beziehungen in Verbindung gebracht. Ihre Basisstruktur bildet vor allem die Gesellschaft mit ihren Institutionen. Rawls geht es primär darum, zu erkunden, wie die politischen Institutionen, die ökonomischen und sozialen Strukturen auf faire Art und Weise die Rechte und Pflichten verteilen und die Aufteilung der Güter sowie der Vorteile aus der sozialen Kooperation bestimmen. Deshalb meint er, dass „die Gleichheit der zivilen und Freiheitsrechte in einer gerechten Gesellschaft für alle als abgeschlossen zu betrachten sei. Die durch die Gerechtigkeit garantierten

[36] Ricœur, P., *John Rawls: de l'autonomie morale à la fiction du contrat social*, a.a.O., S. 196.

[37] John Rawls, *Théorie de la justice*, Paris 1987, S. 10. Dt. Übers.: Rawls, J., *Eine Theorie der Gerechtigkeit*, Frankfurt/ M. 1975. Hier wird aus dem Vorwort zur franz. Ausg. zitiert.

[38] Ebd.

[39] Ebd., S. 91. In § 11 seines Buches stellt Rawls die zwei Grundsätze der Gerechtigkeit als *Fairness* folgendermaßen dar: „*1. Jeder Mensch soll gleiches Recht auf ein «völlig adäquates» System gleicher Grundfreiheiten haben, das mit dem gleichen System für alle anderen verträglich ist. 2. Soziale und wirtschaftliche Ungleichheiten sind dann zulässig, wenn sich (a) mit Ämtern und Positionen verbunden sind, die jedermann offen stehen (Prinzip der fairen Chancengleichheit) und wenn (b) denjenigen, die am wenigsten begünstigt sind, am meisten zugute kommen (Differenzprinzip).*“

[40] Ebd., S. 29.

Rechte sind auf keinen Fall Gegenstand irgendwelcher politischer Verhandlung oder eines Kalküls sozialer Interessen.“[41]

Wenn aber, wie Rawls sagt, die Gerechtigkeit eine Tugend der sozialen Institutionen ist und diese die Förderung des Guten durch faire Verteilung der Güter unter den Mitgliedern der Gesellschaft zum Ziel haben, dann könnte man daraus schließen, dass diese Institutionen eine reine distributive Funktion haben. Das bedeutet wiederum, dass die Verteilung einen Partner voraussetzt, dem ein Teil zugewiesen wird. Rawls spricht hier von einer „repräsentativen Person“, um jeden, der an dieser Art der Verteilung teilnimmt, zu bezeichnen. Doch gerade an diesem Punkt sieht Ricœur die ersten Schwierigkeiten der Rawlsschen Gerechtigkeitskonzeption. Wegen ihres distributiven Charakters kann die Institution nur „konfliktuell und Konsens suchend sein. Sie ist konfliktuell, weil jede Teilung anfechtbar ist und zu Ungleichheiten führt, wie dies alle bekannten Gesellschaften bestätigen. Sie ist Konsens suchend, weil die Verteilung nur durchführbar ist, wenn ein bestimmtes Verfahren existiert, das von allen an der Konfliktlösung Beteiligten anerkannt wird.“[42] Von da aus bietet sich eine ganze Reihe von Alternativen zwischen den verschiedenen entgegengesetzten Prinzipien der Verteilung und Vergabe an, einschließlich denen des Utilitarismus. Wie soll man dann vorgehen, um die Gerechtigkeit zu realisieren?

Die Zweideutigkeit der Rawlsschen Theorie wird Ricœur zufolge bereits zu Beginn des Buches ersichtlich, d.h. schon ab dem 3. Abschnitt, der den Titel ‚Die Hauptidee der Theorie der Gerechtigkeit' trägt. Darin setzt Rawls die These einer „ursprünglichen Einigung“ an der Basis der Gesellschaft voraus. Es handelt sich um „dieselben Prinzipien, die bestimmte freie und rationale Personen akzeptieren, sofern sie in einem Zustand ursprünglicher Gleichheit stehen und ihre eigenen Interessen verbessern möchten, und nach denen sie die grundlegenden Modalitäten ihrer Vereinigung bestimmen“.[43] Diese These weist außerdem darauf hin, dass „die Prinzipien der Gerechtigkeit aus einer Einigung entstanden sind, die selber in einem fairen und ursprünglichen Zustand erfolgte“.[44] Aber im Gegenzug verkündet Rawls, dass „die Prinzipien der Gerechtigkeit hinter einem Schleier der Unwissenheit gewählt werden. Das garantiert, dass keiner bei der Wahl der Prinzipien durch den natürlichen Zufall oder durch die Kontingenz der sozialen Umständen bevorzugt oder benachteiligt wird.“[45]

Das Problem besteht nun darin, zu wissen, ob man vor einer hypothetischen Situation steht, in der die Prinzipien vorausgesetzt werden können, oder ob diese Prinzipien schon im Hinblick auf Fundierungsimperative definiert, ausgewählt

[41] Ebd.
[42] Ricœur, P., Le cercle de la démonstration. In: *Lectures 1*, a.a.O., S. 220.
[43] John Rawls, *Eine Theorie der Gerechtigkeit*, a.a.O., S. 37.
[44] Ebd., S. 39.
[45] Ebd., S. 38

und gedeutet worden sind. Anders ausgedrückt: Die hier gestellte Frage betrifft „den Übergang von einer rein deskriptiven Darstellung der Basisstruktur der Gesellschaft, wie sie Rechte und Pflichten zuweist und Vorteile sowie Belastungen verteilt, zu einer verordnenden Charakterisierung der beiden Prinzipien. [...] Man kann sich dann fragen, woher diese Pflicht kommt: entsteht sie aus dem Nichts oder war sie schon von Anfang an da?“[46] Ricœur entdeckt hier eine der Hauptschwierigkeiten in Rawls’ Schrift und verweist folgerichtig auf den konstruktivistischen Aspekt dieser Theorie, sei es auf der Ebene der ursprünglichen Einigung oder in Bezug auf die Wahl der Prinzipien.[47] Er kommt zu dem Schluss, dass „die Fiktion der Ursprungssituation das ganze Gewicht der vorherigen Beweisführung trägt“ Aus diesem Grund erklärt sich „die konstruktivistische, ja sogar künstliche Wende, die das Buch mit der übrigen kontraktualistischen Tradition teilt. Sofern es dem Guten untergeordnet ist, lässt sich das Gerechte entdecken; aber sobald es durch prozedurale Mittel herbeigeführt wird, muss das Gerechte konstruiert werden: es ist nicht vorher bekannt, man setzt einfach voraus, dass es im Zuge einer Beratung unter absolut fairen Bedingungen entsteht.“[48]

Diese Schwäche in der Argumentation hat Rawls in der Tat zu einer Überprüfung seines Ansatzes gezwungen, insbesondere nach den Kritiken, denen er unterzogen wurde. Seine Bemühung hat sich vor allem auf das Verhältnis zwischen dem Urzustand der Fairness und der Beratungsprozedur konzentriert.[49] Dennoch insistiert Ricœur auf dem problematischen Vorgang der Argumentation bei Rawls und fragt: „Wer gewährleistet die Fairness der Beratungssituation, aus der eine Einigung bezüglich einer gerechten Ordnung der Institutionen erfolgen könnte? [...] Welche Prinzipien werden in dieser fiktiven Situation der Beratung gewählt? [...] Welches Argument wird die beratenden Parteien überzeugen, damit sie einstimmig die Prinzipien der Gerechtigkeit von Rawls und nicht etwa irgendeine Variante des Utilitarismus wählen?“[50]

Nach der Darstellung dieser Probleme betont Ricœur, dass Rawls einen erheblichen Teil seiner Argumentation auf Spekulation verwendet hat, um den ursprünglichen Zustand der Fairness zu rechtfertigen. Er stellt sich dabei gegen die Behauptungen von Kontraktualisten wie Hobbes, Rousseau und Kant, bei denen der Naturzustand entweder ein Krieg aller gegen alle ist oder als ‚gesetzloser‘ Status bezeichnet wird. Dies hat im Übrigen Rawls genötigt, sich der Fabel des ‚Schleiers der Unwissenheit‘ auf der Ebene der prozeduralen Beratung zu bedienen. Dennoch versäumt Ricœur nicht, den positiven Beitrag einer prozeduralen

[46] Ricœur, P., *Le cercle de la démonstration*, a.a.O., S. 224.
[47] Ebd., S. 227.
[48] Ebd., S. 203.
[49] Rawls, J., *Theorie de la justice*, Vorwort der franz., a.a.O., S. 10-14.
[50] Ricœur, P., *Le Juste*, a.a.O., S. 103.

Konzeption von Gerechtigkeit, wie sie von Rawls erarbeitet wurde, hervorzuheben: Diese „liefert am besten die Formalisierung des Sinnes von Gerechtigkeit, der stets vorausgesetzt wird“.[51] Demnach bemüht sich Rawls um eine rein prozedurale Grundlegung der Gerechtigkeit, die auf die Grundinstitutionen der Gesellschaft angewandt wird, und zwar mit der Absicht, die deontologische Perspektive der Gerechtigkeit sowohl von der Moral als auch von ihrer teleologischen Zielsetzung zu befreien. Aber in diesem Versuch zeichnen sich deutlich die Grenzen seines Projekts ab, da seine Argumentation, seinen eigenen Angaben zufolge, auf einem Vorverständnis dessen beruht, was gerecht oder ungerecht ist, das in der ursprünglichen Einigung impliziert ist und unter dem Schleier der Unwissenheit verdeckt bleibt. Ricœur kommt bei seiner Analyse zu dem Ergebnis, dass „Rawls Theorie der Gerechtigkeit ohne Zweifel eine deontologische Theorie ist, sofern sie sich der teleologischen Interpretation des Utilitarismus widersetzt, aber sie ist eine Deontologie ohne transzendentale Grundlage“.[52]

4. Der utopische Horizont einer gewaltfreien Justiz

Ausgehend von den drei oben erwähnten Modellen kommt Ricœur zu dem Schluss, dass eine der wesentlichen Funktionen des Rechts und folglich auch der Gerechtigkeit darin besteht, „Behandlung der Konflikte und Einführung des Diskurses anstelle der Gewalt zu sein; die gesamte juristische Ordnung kann unter der Ägide dieser Substitution gesehen werden.“[53] In der Tat erfolgt der Bruch mit der Gewalt auf dem Wege der „Institution des Prozesses als Rahmen für eine symbolische Wiederholung der tatsächlichen Szene der Gewalt in der Dimension des Wortes“.[54] Am Ende des Prozesses, dessen Beteiligte das Opfer, der Täter und der Urteil auf der Grundlage der Gesetze verkündende Richter als unabhängiger Dritter sind, soll der Urteilspruch dem Verfahren ein Ende setzen; die beiden am Konflikt beteiligten Parteien sollen sich in angemessener Distanz zu Rache und Gerechtigkeit befinden.

Doch für Ricœur entsteht mit der dem Beschuldigten verkündeten Strafe ein weiteres Problem. Er sieht darin einen „intellektuellen Skandal“ bzw. einen ‚blinden Fleck' innerhalb des juristischen Verfahrens. Das Problem liegt in der rationalen Rechtfertigung der gesetzlich verhängten Strafe, denn „man hat nicht genau gesagt, wem die Strafe zukommt, wer die Adressaten der Strafmaßnahme sind“.[55] Wer gibt letztlich dem Urteilspruch als Strafmaßnahme einen Sinn? Es

51 Ebd., S. 209
52 Ricœur, P., *John Rawls: de l'autonomie morale à la fiction du contrat social*, a.a.O., S. 202.
53 Ricœur, P., *Le juste, la justice et son échec*, a.a.O., S. 29.
54 Ebd.
55 Ebd., S. 30.

scheint, dass die Strafe mehr auf die Gesetzüberschreitung abhebt als auf das Opfer, dem Schaden zugefügt wurde. Aber man vergisst oft, dass es sich hier um eine Dreierbeziehung handelt, der man im Rahmen des Strafrechts Rechnung tragen soll.

Um diese Problematik näher zu beleuchten, bezieht sich Ricœur sowohl auf das antike Denken, genauer gesagt auf Platon und Aristoteles und deren Deutung der Strafe, als auch auf die moderne Denker, namentlich Kant und Hegel, bevor er seine eigene Alternative zur Reform des Strafrechts und zum Überdenken der Bestrafung unterbreitet. Platon bewertet die Strafe in Bezug auf ein Unrecht, das jemandem zugefügt wird, als notwendig, damit die Seele des Schuldigen vom Bösen gereinigt wird. Hier erscheint das Unrecht wahrlich wie eine Krankheit, die geheilt werden muss, und die Strafe stellt das dem Kranken verschriebene Medikament dar, damit er von seinen Leiden befreit werden kann. So sagt Platon im Dialog *Gorgias*: „Wer seine Schuld bezahlt, ist dann von der Boshaftigkeit seiner Seele befreit."[56] Der Strafzweck berücksichtigt zunächst den Effekt beim Schuldigen: ihn von seiner Boshaftigkeit zu befreien und dazu zu bewegen, sein Verhalten zu ändern. Auf dieser Art, „zwingt die dann verkündete Gerechtigkeit den Schuldigen, mehr weise und mehr gerecht zu werden. Sie ist wie die Medizin der Boshaftigkeit."[57] Hingegen lehnt Platon im ersten Buch seiner *Politeia* die Strafe als Mittel, jemanden leiden zu lassen, ab. Er betont, dass „auf keinen Fall es gerecht sei, jemandem Leid zu zufügen"[58], weil dadurch die Menschen noch ungerechter werden können. Für ihn ist die Gerechtigkeit eine Tugend, und das Wichtigste dabei ist, dass „man niemandem Leid zufügen darf".[59]

Was Aristoteles angeht, so stellt er sich eher auf die Seite des Opfers und meint, dass die Strafe den Wert einer gerechten Rache habe, z.B. im Falle von Wut gegenüber einem Unrecht. Er unterstreicht in der *Nikomachischen Ethik*[60], dass Wut als Reaktion ein Rachebedürfnis ausdrückt. Sie ist wie ein symbolischer Tausch in einem Mittelfeld zwischen wilden Leidenschaften und rationalen Verhalten, der so in einem System sozialer Regulierung moralischen Wert erhält.

Ähnlich argumentieren auch Ethnologen der Gegenwart, bei denen die Rache zu einem Tauschsystem gehört, das alle Gesellschaften und Kulturen einschließt. Es ist der negative, aber symmetrische Weg des Tausches im System der Gabe und Gegengabe, denn „ebenso wie die Gegengabe die Gewinne und Wohltaten ausgleicht, gleicht die Rache die Verluste und Fehltaten aus. Es ist diese Rückerstattung zwischen Gleichgestellten, die die Strafe denkbar macht."[61] In diesem

56 Platon, *Gorgias*, 477a.

57 Ebd., 478d.

58 Platon, *Politeia,* 335e.

59 Ebd.

60 Aristoteles, *Nikomachische Ethik*, I, 13 1102b 37)

61 Ricœur, P., *Le juste, la justice et son échec*, a.a.O., S. 40.

Kontext hat Ricœur keinen Namen genannt, aber der Bezug auf die Arbeiten von Levi-Strauss, mit dem er starke Freundschaftsbeziehungen pflegte, ist impliziert.

Da die Rache inzwischen in die Privatsphäre zurückverdrängt wurde, konnte ihre Rolle von einer legalen staatlichen Strafkonzeption übernommen werden. Diese Auffassung von Gerechtigkeit ist Ricœur zufolge sowohl von Kant als auch von Hegel vertreten worden. Die beiden Denker des Idealismus „sind der Meinung, dass die Bestrafung das Recht wiederherstellt. Für den einen wie für den anderen drückt das Gesetz den Geist der Moralkonventionen aus, welcher den Minimalkonsensus des politischen Korpus aufrechterhält. Dieser Konsens ist in der Idee der Ordnung enthalten. Angesicht dieser Ordnung wird jeder Verstoß als Angriff gegen das Gesetz bzw. als Störung der Ordnung gewertet.“[62] Hegel sieht sogar in diesem Vorgang „die dialektische Form der Negation der Negation: Auf die Unordnung, die die Ordnung aufhebt, kommt die Negation der Unordnung, welche die Ordnung wiederherstellt.“[63] Die Theorie des Rechts impliziert insofern unmittelbar eine korrektive Justiz, bei der die Strafe in erster Linie dem Gesetz entgegenkommt. Und wenn sie zugunsten des Opfers ausgesprochen wird, ist der Urteilspruch ebenfalls im Namen des Gesetzes gerechtfertigt. Für das dritte Element der Triade im Prozess, d.h. den Schuldigen, gibt es kein Entgegenkommen.

Gerade an diesem Punkt zeigt sich das Dilemma, das Ricœur herausstellt und in den folgenden Fragen zusammenfasst: „Was bedeutet es, ein rationales Wesen auf legaler Weise leiden lassen?“[64] „Was kann man über die Strafen sagen, die keineswegs zur Wiederherstellung des früheren Zustandes beitragen, wie es offensichtlich bei Morden und den schlimmsten Verbrechen der Fall ist? Die Bestrafung stellt möglicherweise die Ordnung wieder her; sie bringt jedoch das Leben nicht zurück.“[65] Ausgehend von diesen Fragen versucht Ricœur die bisherige Bipolarität bei der Bestrafung in einen dreigliedrigen Rahmen zu überführen. Dabei will er die Strafe nicht einfach in einen juristischen Rahmen einordnen, sondern ihr vor allem ihre moralische Bedeutung wiedergeben. Mit anderen Worten: Er bemüht sich um eine Antwort auf die Frage: „Wo und inwiefern gilt die Strafe auch dem Schuldigen, dem Verurteilten?“[66] Von dieser Frage lässt sich auch der Übergang von der Bestrafung zur Rehabilitierung bestimmen, die im Falle einer Wiedereingliederung des Verurteilten in die Gesellschaft am Ende auch zum Verzeihen als mögliche Perspektive führt.

Wäre es, sofern die Strafe auf die Anerkennung des Klägers als Opfers zielt und mittels des Prozesses öffentlich zur Wiedergewinnung seiner Selbstachtung

62 Ricœur, P., *Le Juste*, a.a.O., S. 40.

63 Ebd.

64 Ricœur, P., *Le juste, la justice et son échec*, a.a.O., S. 45.

65 Ricœur, P., *Le Juste*, a.a.O., S. 199.

66 Ebd., S. 200.

beiträgt, nicht möglich, darin auch eine Anerkennung der Verantwortung seitens des Beschuldigten als Person zu sehen? In diesem Falle könnte die Verurteilung den Aspekt einer regulativen Idee erhalten und die Möglichkeit einer Rehabilitierung, ja sogar eines Verzeihens nicht ausschließen. Gerade auf diese Perspektive versucht Ricœur hinzuarbeiten und dafür überzeugende Argumente zu liefern. Denn er sieht in der Rehabilitierung nicht einfach die juristische Umsetzung einer zwangsläufigen Rehabilitierung mit dem Ziel, dem Beschuldigten nach Verbüßung seiner Strafe seine Bürgerrechte zurückzugeben, sondern die Einführung eines neuen „Konzeptes von Kontinuität des öffentlichen Raumes, damit das Gefängnis innerhalb und nicht außerhalb der Stadt seinen Platz findet".[67] Mit anderen Worten: Er möchte die Lebensumstände des Gefangenen während der Haftzeit berücksichtigen und die Perspektiven für seine Wiedereingliederung im öffentlichen Raum eruieren, auch wenn sie vom Standpunkt der Sicherheit her manchmal zu Beunruhigung führen.

Diese Alternative ist für Ricœur der einzige Weg, den Gefangenen nicht aufgrund seiner Haftbedingungen und seiner Isolierung in eine „wilde Bestie" zu verwandeln. Seine Intention ist eindeutig: „Es geht also darum, dem Verurteilten die Möglichkeit zu bieten, nach der Strafverbüßung ein vollgültiges Mitglied der Gesellschaft zu werden, und somit die physische und psychische Isolierung zu beenden, die im Gefängnis ihren Höhepunkt erreicht."[68] So versucht Ricœur konkret, die Praktiken der Justiz zu humanisieren, insbesondere diejenigen der Strafvollzuganstalt, die vor ihm bereits von Foucault in *Überwachen und Strafen*[69] angeprangert wurden und seitdem Gegenstand sowohl politischer als auch rechtsphilosophischer Diskussion sind. Ricœur hat diese Problematik erst im Rahmen eines Kolloquiums über Justiz oder Rache aufgegriffen; er ist der Auffassung, dass die Strafe noch nicht den Weg zur Anerkennung sowohl des Gesetzes als auch des Opfers und des Täters beschritten habe. Gerade an diese letzte Sequenz im juristischen Verfahren will er anknüpfen und die Gründe für das Scheitern der Strafe sowie die Mittel zu ihrer Aufhebung erforschen, und zwar mit dem Ziel, den Bestraften zu rehabilitieren und ihm seine Würde zurückzugeben.

Dennoch darf bei der Beurteilung dieses Justiz-Reformprojekts nicht von einer Geringschätzung des Gesetzes oder von mangelndem Interesse am Schicksal des Opfers ausgegangen werden. Im Gegenteil: Justizreform ist „keine Revanche der Logik des Opfers gegenüber der Logik der Vergeltung; sie zielt [lediglich] darauf, jeder der Komponenten der Strafjustiz eine gewisse Macht zu

67 Ebd., S. 203.

68 Ebd.

69 Vgl. Foucault, M., *Surveiller et punir, la naissance de la prison*, Paris 1975. Dt. Übers.: Foucault, M., *Überwachen und Strafen, Die Geburt des Gefängnisses*, Frankfurt/M. 1977.

verleihen.“[70] Hier geht es nicht darum, allein den Beschuldigten zu bestrafen, sondern jedes Glied der juristischen Kette neu zu bewerten und das Strafsystem zu überdenken, damit es nicht mehr die Rache in den Vordergrund seiner Überlegung stellt, sondern stärker die Gesetzesverletzung berücksichtigt. Ricœur unterbreitet im Grunde diese Alternative von Gerechtigkeit mit dem Ziel, eine Konzeption von ‚horizontaler Justiz' zu entwerfen, deren Nutznießer sowohl das Gesetz als auch das Opfer und der wieder in die Gemeinschaft einzugliedernde Beschuldigte sind, und in der der Möglichkeit eines besseren Zusammen-Lebens innerhalb der Gemeinschaft Priorität eingeräumt wird. In diesem Zusammenhang gehört auch die Fähigkeit des Verurteilten, über seine gewalttätige Handlung zu berichten, zu den Aspekten der Rehabilitierung, da sie eine andere Art der Reue oder gar der Bitte um Verzeihung gegenüber dem Opfer ausdrücken könnte.

Man kann sich jedoch fragen, wie der Akt des Verzeihens als Alternative zum gegenwärtig verbreiteten Modell einer ‚Gewaltjustiz', vorstellbar ist, einer Justiz, die vom Staat stets im Namen des Rechts auf Sicherheit gefordert wird. Die Beispiele dafür sind zahlreich, sei es in Afghanistan, in den USA, insbesondere im Gefangenenlager von Guantanamo, im Irak oder in China. Aber für Ricœur gehört das Verzeihen nicht zur juristischen Ordnung. Das Verzeihen ist ihr fremd, aufgrund ihrer Logik und ihrer Zielsetzung: „Von einem sog. epistemologischen Standpunkt betrachtet, fällt [das Verzeihen] aufgrund der Logik des in ihr waltenden Überflusses in die Zuständigkeit einer Ökonomie der Gabe, die in einem Gegensatz zu einer Logik des Ausgleiches steht, welche die Gerechtigkeit leitet. Aus diesem Grund ist das Verzeihen nicht nur ein über-juristischer, sondern auch ein über-ethischer Wert.“[71] Und deswegen wird es von niemandem geschuldet. Es kann nur erfragt bzw. erbeten werden. So wird es nur in dem Moment zugeteilt, in dem die Schuld unermesslich und das Unrecht unvergleichbar groß ist. Allein das Opfer kann verzeihen; der Zweck des Verzeihens ist, „die Schuld zu brechen“. In diesem Sinne „ist das Verzeihen eine Art Heilung des Gedächtnisses, die Beendigung der Trauer. Von der Schwere der Schuld entlastet, kann sich das Gedächtnis für große Projekte frei machen.“[72] Es richtet sich auf die Zukunft, und das Verzeihen wird gewissermaßen zu einem Zeichen der Hoffnung.

Als signifikantes Beispiel erwähnt Ricœur die Kommission *Wahrheit und Versöhnung* in Südafrika, die von der Möglichkeit des Verzeihens zeugt.[73]

[70] Ricœur, P., *Le juste, la justice et son échec*, a.a.O., S. 65.

[71] Ricœur, P., *Le Juste*, a.a.O., S. 206.

[72] Ebd., S. 207. Hier darf daran erinnert werden, dass Ricœur die Problematik der Verzeihung und des Vergebens auch in einem seiner letzten Schriften aufgegriffen und behandelt hat. Siehe: *La mémoire, l'histoire, l'oubli*, éd. Seuil, Paris 2000; deutsche Übersetzung: Ricoeur, P., *Gedächtnis, Geschichte, Vergessen*, Paderborn 2004.

[73] Vgl. hierzu den Beitrag von Cyrille B. Koné in diesem Band.

Seiner Ansicht nach, „haben diese Gegenüberstellungen [von Personen] und die Berichte einen unmittelbar kathartischen Effekt gehabt, den man einer Restauration und Rekonstruktion der Justiz zurechnen könnte".[74] Sie haben es ermöglicht, das Gedächtnis zu entlasten und die Völker Südafrikas von einem Teil ihrer dunklen Geschichte zu befreien. Dadurch können sie sich auf eine gemeinsame Zukunft des Zusammen-Lebens richten, die das Ende des Rassismus und der Rassendiskriminierung einläuten wird. Außerdem könnte diese Erfahrung zum Modell für andere Länder und Gemeinschaften werden und sie ermuntern, die Ketten der Gewaltjustiz zu brechen, „die kurz- und mittelfristig zu zerstören keine bisher bekannte Gesellschaft auch nur in Erwägung gezogen hat".[75] Immerhin wird diese Erfahrung anstatt der Gewaltausübung bei der Behandlung von Konflikten die Entwicklung einer ‚Schlichtungsjustiz' fördern. Auf dieser Weise könnte sie auch den Weg für ein Verfahren des Dialogs und der gegenseitigen Anerkennung ebnen.

5. Schlussfolgerung

Diese Untersuchung zum Gerechten und zur Gerechtigkeit hat gezeigt, dass und wie Ricœur diese Problematik in den letzten Jahrzehnten in seinen Schriften aufgegriffen und behandelt hat. Dabei geht es zunächst darum, die beiden Termini sowohl in ihrem historischen als auch in ihrem philosophischen Kontext zu verorten und ihre Bedeutungen und Zielsetzungen zu bestimmen. Während das Verhältnis des Ethischen und des Politischen seit langem Gegenstand der Forschung des Philosophen war, hatte er noch „kein Wort über den spezifischen Status des Juridischen verloren".[76] Deshalb versucht er, in seinen letzten Schriften diese Lücke zu füllen. Die Begegnung mit dem Gerechten in der spezifischen Gestalt des Juridischen an der *École nationale de la magistrature* (Nationale Hochschule für das Richteramt), insbesondere unter dem Aspekt der Rechtsprechung war für ihn in dieser Hinsicht entscheidend. Sie führte Ricœur dahin, über das Wesen des Rechts und der Gerechtigkeit sowie über ihren Status zwischen dem Ethischen und dem Politischen nachzudenken. Während, wie er sagt, „der *Krieg* das herausragende Thema der politischen Philosophie, und der *Frieden* dasjenige der Rechtsphilosophie"[77] ist, könnte die Gerechtigkeit – nach den Worten von Rawls „die Tugend der Institutionen" – zum sozialen Frieden beitragen und die Gesellschaft in ihrer Gesamtheit stützen. In diesem Sinne findet das Thema des Gerechten und der Gerechtigkeit seine Rechtfertigung im Rahmen einer ethischen und rechtlichen Reflexion über das *Zusammen-Leben*, das den Horizont eines

[74] Ricœur, P., *Le juste, la justice et son échec*, a.a.O., S. 63.
[75] Ebd,. S. 64.
[76] Ricœur, R., *Le Juste*, a.a.O., S. 8.
[77] Ebd., S. 10; Hervorh. von mir.

kosmopolitischen Friedens erschließen könnte. Dies scheint zumindest die ethische Zielsetzung Ricœurs zu sein, die er in seinen letzten Schriften zum Ausdruck gebracht und nach dem aristotelischen Modell in der Perspektive einer „praktischen Weisheit“[78] formuliert hat, in der der Begriff der *Phronesis* wieder bedeutsam ist.

[78] Ricœur, P., *Ethique et morale*, in Lectures 1, a.a.O., S. 266.

Irma Julienne Angue Médoux

Recht und Rechtfertigung in Richard Rortys Ethik des Diskurses

1. Einleitung

Was sind die Gründe für die besondere Aufmerksamkeit, die unsere gegenwärtige Welt, die alle ihre Wünsche auf das Reich des Rechts, der Gerechtigkeit, der Freiheit und des Friedens richtet, der praktischen Philosophie Richard Rortys widmen sollte? Warum kann Rortys Neopragmatismus heute im Prozess der Konstruktion von Gesellschaften, deren Praktiken der Rechtfertigung sozialer Erfahrungen in Recht und Gerechtigkeit gründen, als eine Philosophie vorgestellt werden, auf die man nicht verzichten sollte? Dies sind die beiden Ausgangsfragen, die in den folgenden Überlegungen unter drei Gesichtspunkten zu beantworten sein werden:

(i) Die Art und Weise, in der Rorty die Gerechtigkeit und deren Rechtfertigung denkt, überwindet die essenzialistischen, letztbegründenden und repräsentationalistischen Präsuppositionen traditioneller Philosophien, nicht zuletzt der Platons, der in seinem *Staat* die Theorie der Gerechtigkeit der Erkenntnis- und Wahrheitstheorie unterordnet.

(ii) Auch wenn Rorty betont, dass zu den Fragen des Rechts, der Gerechtigkeit und der Rechtfertigung heute im Rahmen der Ethik des Diskurses zu argumentieren ist, teilt der amerikanische Philosoph nicht die systematischen und praktischen Perspektiven von Karl-Otto Apel und Jürgen Habermas, die in seiner Sicht jeglichen aufrichtigen interkulturellen, auf die Ethik des Diskurses und der Verantwortung zielenden Dialog zu kompromittieren scheinen.

(iii) Rorty gründet die Zukunft der gegenwärtigen Gesellschaften auf die Hoffnung, alle Formen essenzialistischer Epistemologien zu überwinden, welche die Normen des Rechts und der Gerechtigkeit mit der Idee des Menschen begründen, die den modernen Gesellschaften seit der Aufklärung ihr Profil gibt; er konzipiert seine Kritik an der Rechtfertigung des modernen Konzepts der Menschenrechte letztlich auf der Grundlage des Ethnozentrismus als Kontrastpunkt zum normativen Universalismus des juridischen Humanismus.

2. *Kritik der platonischen Gerechtigkeitstheorie*

Das Problem der Gerechtigkeit ist bei Platon im Rahmen einer fundamentalistischen politischen Philosophie zu verorten, die auf eine starke Untermauerung der athenischen Polis abzielt. Platon findet sie in der Erkenntnistheorie, denn Gerechtigkeit denken bedeutet für ihn Wahrheit denken. Deshalb sind für ihn das Gerechte und das Wahre – ja selbst das Gute – identisch; sie sind Gestalten des Absoluten, des Wesens der Dinge, die wirklich sind. In seinem *Staat* hebt er darauf ab, dass die soziale Harmonie die Teilhabe aller an der Suche nach dem Gerechten, Guten, Schönen und Wahren als ideale Grundlage der Polis erfordert. Im Namen dieses Prinzips stigmatisiert er die Praktiken der Wahrheitsrechtfertigung bei den Dichtern und Malern. Tatsächlich denkt Platon, die Kunst sei in dem Sinne ein Zeugnis der Unordnung in der Polis, dass die Praxis des Diskurses der Überredung (die Dichtung) und die Repräsentation durch Kunstwerke (die Malerei) eine Bedrohung der Urteilsfreiheit, der Möglichkeit zu Urteilen über die Dinge[1], die mit deren Wesen konform sind, darstellen und so das politische Leben, das Recht und die athenische Demokratie pervertieren.

Während für Platon die Existenz des Rechts und der Gerechtigkeit die Existenz der Erkenntnistheorie als idealen Rahmen von Rechtfertigung voraussetzen, ist ein solcher Rahmen für Rorty illusorisch und utopisch. Denn das Recht und die Gerechtigkeit rechtfertigen sich pragmatisch mittels Rechtfertigungspraktiken, die selbst als interne Momente der Pragmatik des Dialogs bzw. der Ethik des Diskurses zu verstehen sind. Dies bedeutet: Das Recht und die Gerechtigkeit sind nicht anders als in der Perspektive einer Ethik des Diskurses zu rechtfertigen, die den die traditionelle Philosophie kennzeichnenden Hunger nach Objektivität und Wahrheit durch den Wunsch nach Rechtfertigung, Gespräch und Solidarität ersetzt.

Für Rorty rechtfertigt die Suche nach Gerechtigkeit nicht die Suche nach objektiver Wahrheit, und es gibt keinen Unterschied zwischen einer ‚wahren' und einer ‚gerechtfertigten' Aussage. Die ‚wahren' Aussagen sind nicht jene, die zwei von einander verschiedene Elemente – die Tatsachen und den Diskurs – in eine Korrespondenz bringen, sondern weit eher jene, die durch die Gesprächspartner ‚gerechtfertigt' sind. Hier hat Rechtfertigung keinen deskriptiven Wert, denn im zwanglosen Diskurs repräsentieren bzw. beschreiben die nützlichen Sätze nichts; sie hat vielmehr einen *expressiven* Wert.[2] Rorty führt die Rechts- und Gerechtigkeitsnormen sowie die Elemente der Normenrechtfertigung auf die Geschichte zurück, auf die soziale und kulturelle Entwicklung, auf Interessen und Werte der herrschenden, Geltung begründenden Meinung. Mit anderen Worten: Auf die Frage, wie Normenrechtfertigung in rechtlich verfassten Gesell-

1 Platon, *Staat*, Buch X, 595a.

2 P. Engel/R. Rorty, *A quoi bon la vérité*, Paris 2005, S. 26, 68 f.

schaften zu gewährleisten ist, antwortet Rorty, es gebe keine unabhängig von den Werten und Interessen kulturell Gleicher garantierte Rechtfertigung. Dies ist eine Denkhaltung, die betont, dass Gerechtigkeit und Recht etwas sind, das aus einem zwanglosen Diskurs hervorgeht. Diese Haltung zielt gegen die Wahrheitstheorien, welche die behavioristische und hermeneutische Dimension der Rechtfertigungspraktiken unterschlagen wollen, indem sie sie auf ein einfaches Mittel der adäquaten Repräsentation der geistigen Eigenschaften der Dinge reduzieren. Diese Haltung stellt auch die Positionen von Karl-Otto Apel und Jürgen Habermas zu den praktischen Zielen der Diskursethik in Frage.

3. Rorty als Apel- und Habermas-Kritiker

Der Pragmatismus Rortys lässt die Idee einer metatheoretischen und metajuridischen Regelung der Rechtfertigungspraxis nicht mehr zu. Die Praktiken der Rechtfertigung erscheinen Rorty als Verwendung von Normen, die keine andere als selbstreferenzielle Bedeutung haben: Nur selbstbezüglich entfalten sie ihre Wirkung und gewinnen ihre innere Kohärenz; ihre Selbstreferenz garantiert den wechselseitigen Austausch, den Konsens, die kommunikative Interaktion. Ihre Selbstidentität ist zugleich Selbstbestimmung im Diskurs und Existenzbedingung der kommunikativen Interaktion.[3] Das Pragmatische in den Praktiken der Rechtfertigung – vs. Rechtfertigung der pragmatischen Vernunft – entmystifiziert die von Apel und Habermas formulierte Diskursethik, die das Recht, die Gerechtigkeit und die Gesetze als Resultate einer Rechtfertigungs-, Argumentations- und Verständigungspraxis auffasst, die Notwendigkeiten von universeller Geltung gehorcht.

Gewiss gibt es bei Rorty eine Pragmatik der Rechtfertigung, der zufolge die soziale Erfahrung des Rechts, der Gerechtigkeit und der Gesetze innerhalb der Sprachpraxen als Rechtfertigungs- und Kommunikationspraxen stattfindet. Doch es sind zwei Fragen aufzuwerfen: (i) Was begründet die Rechtfertigungspraktiken, wenn es unmöglich ist, die letztliche Übereinstimmung der Gesprächspartner unabhängig von den Sprachpraktiken inhärenten Argumentationspraktiken zu rechtfertigen? (ii) Was garantiert den Erfolg der sozialen Gerechtigkeitserfahrung und der Rechtfertigung, wenn diese der Harmonisierung der Überzeugungen und der gerechtfertigten Wünsche im Inneren des sozialen Dispositivs der Sprachpraktiken als Rechtfertigungspraxis vorausgeht?

Bezüglich dieser Fragen steht Rortys These in Widerspruch zu den Paradigmen von Apel und Habermas.

Bei Apel gehören die Fragen des Rechts, der Gerechtigkeit und der Rechtfertigung zu einer transzendentalen Ethik des Diskurses und der Verantwortung, die

---

3 Vgl. R. Rorty, *Der Spiegel der Natur. Eine Kritik der Philosophie.* Übers. v. M. Gebauer, Frankfurt/M. [3]1985.

sich auf die von Kant in seiner *Kritik der praktischen Vernunft* konzeptualisierten Prinzipien der Universalisierung der moralischen Pflicht stützt. Eine derartige Ethik will den kantischen und nachkantischen Universalismus transformieren und radikalisieren, und zwar als ein philosophisches Projekt, das auf der Grundlage der Transzendentalpragmatik den evolutionären progressiven Weg der Rechts- und Gerechtigkeitsprinzipien ausschildert, und dies im Gegenzug zur ‚dekonstruktivistischen' und ‚regressiven' Option, die dem postmodernen Slogan ‚Abschied von Prinzipien' Tribut zollt.[4]

Die von Apel vorgeschlagene Diskursethik ist eine universalistische, nicht auf Dialogregeln zurückführbare Ethik, die auf die artifizielle Herstellung von Handlungsnormen abzielt. Sie integriert gleichwohl das prozedurale Prinzip in den praktischen Diskurs, in dem die Gesprächspartner argumentieren und moralische Normen mit Blick auf eine gegebene Situation rechtfertigen. Diese Moralnormen sind zweifach bestimmt: (i) als juridische, auf institutioneller Ebene anzuwendende Normen, und (ii) als Handlungsmaximen mit universeller Geltung, die unter normativen Gesichtspunkten – im Sinne der Ethizität der Handlung – verpflichtend sind. Dementsprechend führt das fundamentale Prinzip der Apelschen Diskursethik die Normenrechtfertigung auf praktische Diskurse zurück, die sie legitimiert. Es soll zugleich ein Konsensmaximum hinsichtlich konkreter Situationen und der tatsächlichen Interessen der betroffenen Individuen *und* hinsichtlich abstrakter Situationen erreicht werden, anwendbar auf eine unbegrenzte, unendliche Anzahl zukünftiger Handlungen und entsprechend unterschiedlichen Entwicklungen der Gesellschaft adaptierbar.

Das letzte Ziel der Apelschen Diskurs- und Verantwortungsethik ist es, alle dazu zu bringen, ihr Handeln gemäß universell anerkannten Regeln auszurichten. Das individuelle Handeln soll so ‚kastriert' werden, dass das Individuum den allgemeinen Rahmen des universell gültigen Gesetzes nicht überschreitet; so kann in unbegrenzter Anzahl von Situationen die Konsensbildung im praktischen Diskurs gefördert werden, weil sie sowohl im gegenwärtigen als auch im zukünftigen Kontext auf andere Individuen anwendbar ist.

Die Universalität derartiger Handlungsnormen entspringt – dies hat F.A. Hayek klar gesehen[5], der sich wie Apel auf Kants Universalisierungsprinzip stützt – aus der Tatsache, dass sie sich auf ein weites Feld beziehen: Sie regeln das Handeln in einer globalen Ordnung, in der die Komplexität der Mechanismen wechselseitigen Interessenausgleichs Gesetze erforderlich macht, die allgemeine und auch noch unbekannte Situationen mit einbeziehen und für die Gesamtheit der

---

4 Vgl. K-O. Apel, *Diskurs und Verantwortung. Das Problem des Übergangs zur postkonventionellen Moral,* Frankfurt/M. 1988, S. 69-102.

5 Vgl. F.A Hayek, *Recht, Gesetzgebung und Freiheit*, Bd. 2: *Die Illusion der sozialen Gerechtigkeit.* Aus d. Amerik. übertr. v. M. Suhr, Landsberg am Lech 1981.

Individuen oder ganze Kategorien anonymer Mitglieder gültig sind, welche die Makro-Ordnung bilden.

Demgegenüber koppelt Apel das Universalisierungsprinzip an die Diskursethik, um zu zeigen, dass man heute in den praktischen, globale Übereinstimmung bzw. Konsens anstrebenden Diskursen für den universell gültigen Charakter einer Gerechtigkeitsnorm zugleich im Sinne positiven Rechts und im Sinne der unveräußerlichen Rechte der menschlichen Person argumentieren müsse.[6]

Apel verortet also die Rechtfertigung der Rechts- und Gerechtigkeitsnormen in praktischen Diskursen. Ihm zufolge sind der normative Universalismus der formellen Rechte des Menschen und die Sozialethik des guten Lebens nur in der Perspektive einer transzendentalen und universalistischen Ethik des Diskurses und der Verantwortung möglich. Anders gesagt: In den Augen Apels gehören die Praktiken der Rechtfertigung zu einer universellen transzendentalen Ethik der Verantwortung und der Wahrhaftigkeit. Man hat alle seine Praktiken vor der Gemeinschaft aller möglichen Diskurspartner zu rechtfertigen, und zwar sowohl hinsichtlich ihrer Wirkungen und ihrer Folgen als auch mit Blick auf die Wahrhaftigkeit: Man kann seine eigene Rechtfertigungspraxis nur unter der Bedingung ihrer Verallgemeinerbarkeit für alle wertschätzen.

Dies bedeutet, dass Apel eine durch die systematische Perspektive der Diskurs- und Verantwortungsethik erweiterte quasi-kantische Antwort auf die Frage der Verwirklichung eines authentischen guten Lebens geben möchte – allerdings unter den einschränkenden Bedingungen des Prinzips der Universalisierung des Rechts, der Gerechtigkeit und, allgemeiner, der Moral.

Der Einsatz der Reflexion beruht auf den Möglichkeitsbedingungen des individuellen Wohls und zugleich auf den Realisierungsbedingungen des Gemeinwohls – ein Problem, das Utilitaristen wie Bentham, Pareto oder Rawls zuvor teilweise im Ausgang von einer Definition der Funktion des Wohls behandelt hatten, die das Gesamt der individuellen Interessen der Mitglieder einer Gesellschaft freier Menschen bündelte. Für Apel indessen geht es eher darum, mit dem Schachzug einer auf die Thematik des Diskurses und des Konsenses gerichteten Transzendentalphilosophie die idealen prozeduralen Bedingungen der Möglichkeit des wechselseitigen Verstehens interindividueller Kooperation festzulegen. Dies führt ihn zum Versuch, das durch die globale technisch-wissenschaftliche Zivilisationskrise aufgerissene Loch dadurch aufzufüllen, dass er die normalen Bedingungen einer kooperativen Ordnung konsensueller und solidarischer Verantwortung für die kollektiven Aktivitäten in offenen Gesellschaften bestimmt.[7] Ihm zufolge können Frieden, Gerechtigkeit und Freiheit – die, wie Hayek in seiner Trilogie *Recht, Gesetzgebung und Freiheit* gut gezeigt hat, drei kardinalen

---

6 Vgl. K-O. Apel, *Diskurs und Verantwortung. Das Problem des Übergangs zur postkonventionellen Moral,* Frankfurt/M. 1988, S. 120.

7 K-O. Apel, *Ethique de la discussion*, übers. v. M. Hunyadi, Paris 1994, S. 19-22.

Werte der gegenwärtigen westlichen Gesellschaften – in der heutigen Welt nur unter der Voraussetzung gerettet werden, dass man gemäß den praktischen Forderungen der Diskursethik die guten und konkreten Formen des Lebens vorschreibt, welche die Individuen und Gruppen zwingen, ihre Interessen auf verantwortbare Weise zu koordinieren. Insofern gleicht Apels These jener von Habermas.[8]

Wie Apel situiert auch Habermas die Ethik des Diskurses inmitten eines Begriffsdispositivs, das sich auf die von Kant formulierten universellen Geltungsforderungen der praktischen Vernunft stützt. Sein Ziel ist es, das kantische Konzept der praktischen Vernunft vom Paradigma der ‚kommunikativen Vernunft' her zu überbieten, von jenem Rationalitätstypus also, der die Stelle der praktischen Vernunft einnimmt, aber in einem weiten Sinne das metaphysische und instrumentelle Modell überschreitet.[9]

Auch Habermas schreibt die Ethik des Diskurses in eine normative und universalistische Dimension ein. In einer durch die Krise der Identitäten und Werte gekennzeichneten Welt ist die Lösung für ihn nicht in den ‚dekonstruktivistischen' und relativistischen Prinzipien der postmodernen Ethik der ‚Sorge um sich selbst' zu finden, wie sie Foucault und Lyotard ins Spiel gebracht haben. Vielmehr ist das Paradigma der um das Subjekt zentrierten Ethik aufzugeben, um überzugehen zu einer allgemeineren Ethik, die ihr Zentrum in der mit der kommunikativen Vernunft assoziierten ‚praktischen Vernunft' hat. Die Differenz zwischen diesen beiden Arten von Ethik ist beachtlich. Die Ethik der ‚Sorge um sich selbst' bringt ein dezentriertes Weltverständnis zur Geltung. In dieser Ethik bezieht sich die Handlungsrationalität auf Normen, die vom Subjekt in Abhängigkeit von seinen eigenen Wahrheits- und Erfolgskriterien gewählt sind. Die Abwege einer solchen Ethik hat bereits Hegel in seiner Rechtsphilosophie aufgewiesen, in der er feststellt, dass die Logik der subjektiven Partikularität – die Habermas zufolge der selbstbezüglichen Vernunft innewohnt – zu einer leeren Moralität führt; er betrachtet die subjektiven Handlungen im Lichte der Normen der sozialen Organisation des Ganzen als indiskutable Zielsetzungen. Gegen diese Art der Ethik stellt sich die um das kommunikative Handeln zentrierte Ethik, in der die Handlungsrationalität „sich an der Fähigkeit misst, über welche verantwortliche und an einer Interaktion beteiligte Personen verfügen, sich in Abhängigkeit von Geltungserfordernissen zu orientieren, die auf intersubjektiver Anerkennung beruhen. Die kommunikative Vernunft bindet die Rationalitätskriterien an argumentative Prozeduren, die – direkt oder indirekt – darauf abzielen, dem Anspruch auf propositionale Wahrheit und normative Richtigkeit gerecht zu

8 Vgl. J. Habermas, *Erläuterungen zur Diskursethik*, Frankfurt/M. ^{4}2006; vgl. auch ders., *Diskursethik*. Philosophische Texte, Bd. 3 – Studienausgabe, Frankfurt/M. 2009.

9 Vgl. ebd.

werden".[10] Die Ethik des Diskurses umfasst also nicht nur die ästhetische und expressive Dimension – so die Perspektive der Ethik der ‚Sorge um sich selbst' – , sondern auch die moralische und praktische Dimension.

In der Habermasschen Version bestimmen das Recht, die Gerechtigkeit und die Gesetze das, was in einer bestimmten sozialen Welt zu tun ist, indem sie spiegeln, was in *jeglicher* sozialer Welt zu tun ist. Die sprechenden, diskutierenden, sich austauschenden Individuen können zur Anwendung der Normen nur dann motiviert sein, wenn sie ihnen eine universelle Geltung zusprechen können, d.h. eine anzuerkennende Geltung wie jene, die von allen am Gespräch Beteiligten kontrafaktisch so betrachtet wird, als verkörpere sie einen idealen Gesprächspartner. Die Übereinstimmung der Gesetze mit dem Leben validiert den Konsens, der hergestellt wird in Anerkennung, dass die Gesetze universelle Bedürfnisse zu befriedigen erlauben.

Die mit Blick auf Rorty an Apel und Habermas zu richtende Kritik ist folgende: Beide wollen die individuelle und kollektive Handlungsrationalität in eine dialektische Dynamik wechselseitiger Verständigung einbeziehen, wie sie einer Kommunikationsgemeinschaft eigen ist, die *Kooperationsnotwendigkeiten*[11] gehorcht, die an universelle Geltungsprinzipien gebundenen sind. Vergessen Apel und Habermas dabei nicht, dass die Sprach- und Rechtfertigungsfähigkeit die Menschen durchaus nicht mit einer Wesensnatur ausstattet, in Bezug auf die so argumentiert werden könnte, dass universalisierbare Verhaltensgesetze erzeugt und anerkannt werden?

Bei der Lektüre von Rortys Ethik des Diskurses wird klar, dass die Praktiken der Rechtfertigung keinen anderen kognitiven Wert haben, als die Anerkennung der Existenz des Konsenses zu bewirken, den sie auf *sich selbst* bezogen entstehen lassen. Die essenzialistischen und letztbegründungstheoretischen Rechtfertigungspraktiken sind sowohl in der Ethik als auch in der Politik wertlos. Der von Apel und Habermas verwendete Begriff ‚praktische Vernunft' ist leer, weil es eine universelle praktische Vernunft, die sich selbst rechtfertigen könnte, gar nicht gibt. In ihrem Bemühen, einen universalistischen und transzendentalen Rahmen des Rechts, der Gerechtigkeit und der Rechtfertigung zu erarbeiten, suchen Apel und Habermas, nicht anders als Dilthey, eine Selbstvergewisserung der cartesianischen ‚provisorischen Moral' und der kantischen politischen Ethik.

Anders als Apel und Habermas verzichtet Rorty darauf, eine Rechtfertigungstheorie zu präsentieren, „welche die unterstellten bewussten und mit Aussageakten des Versprechens, des Rats, der Ordnung etc. verbundenen Regeln zu demonstrieren hätte, Regeln, die zu befolgen wären, damit diese Akte als valide anerkannt würden". Rortys Credo – so Jacques Poulain – besteht in der Annah-

---

10 J. Habermas, *Der philosophische Diskurs der Moderne. Zwölf Vorlesungen,* Frankfurt/M. 1988, S. 366.

11 Vgl. ebd., S. 345.

me, dass allein der wechselseitige Austausch zweier Gesprächspartner die Wahrheit der Normen und das Zusammenstimmen der Handlungen reguliere – ein Austausch, der durch das Bemühen eines jeden um die Wahrheit dessen ermöglicht ist, was er sagt, und um die Wahrheit dessen, was der Partner sagt.[12]

Und doch gibt es ein Problem, das bei Rorty die Pragmatik der Rechtfertigung berührt: Wie können die Rechtfertigungspraxen Recht und Gerechtigkeit und hierdurch auch kommunikative Interaktion herstellen und garantieren, wenn es, wie J. Poulain zeigt, keinen Ort der metapragmatischen, metalinguistischen bzw. universellen Konfrontation und Regulation gibt, der dazu autorisiert, aus dem Spiel der Argumentationsregeln mit dem Bewusstsein hervorzugehen, jeder habe seine Regeln allein aufgrund der Tatsache, dass er argumentiert und auf die Rechtfertigungspraxen des anderen Gesprächspartners reagiert?

Zwei Lösungen sind möglich.

Die erste besteht darin, einzuräumen, dass das Recht und die Gerechtigkeit sich durch jene kommunikative Interaktion erzeugen, die sich selbst naturhaft und spontan erzeugt. Wäre dies so, dann würde sich die kommunikative Interaktion gemäß dem kybernetischen Prinzip der Retroaktion entfalten, dem zufolge ein Element des Interaktionssystems die auf seinen eigenen Zustand wirkenden Stimuli berücksichtigt: Es reagiert mit seinen eigenen Transformationen auf die Informationen, die ihm diesbezüglich zukommen und trifft Entscheidungen hinsichtlich der Informationen über seine Umwelt und seinen eigenen Zustand.[13] Dies ist der Fall beim thermischen System, das sich, um sich zu erhitzen oder abzukühlen, auf seine eigene Temperatur beziehenen kann. Folgt man dieser Analogie, dann entstehen die Rechtfertigungspraxen in dem Sinne entsprechend dem kybernetischen Prinzip, dass sie Prozessen der Selbstregulation der Spielregeln der Kommunikation unterworfen sind. In Rortys Sicht rechtfertigt die gesellschaftliche Praxis des Rechts, der Gerechtigkeit und der Rechtfertigung sowie der zwanglosen Übereinstimmung, die sie rechtfertigt, nicht die Annahme, dass die fixen, nicht zufälligen bzw. absoluten Regulationsprinzipien der kommunikativen Interaktion im Voraus feststünden.[14]

Die zweite Lösung ist zur ersten komplementär. Sie gründet auf dem Ethnozentrismus als kritischer Position und Alternative. Sie besteht darin, zu betonen, dass die Rechtfertigungspraktiken das Recht und die Gerechtigkeit und so auch die kommunikative Interaktion nur dann herstellen können, wenn man das Recht,

---

12 J. Poulain, Richard Rorty ou la boite blanche de la communication. In: *Critique*, vol. 34, n° 416, janvier 82, S. 139.

13 Deutschs Modell stellt den exemplarischsten Fall im System kybernetischer Analyse dar. Vgl. Karl Deutsch, *The Nerves of Government, Models of Political Communication and Control*, New York 1966.

14 J. Poulain, Richard Rorty ou la boite blanche de la communication. In: *Critique*, vol. 34, n° 416, janvier 82, S. 139.

die Gerechtigkeit und die Kommunikation *zugleich* unter dem Gesichtspunkt des besonderen und einzelnen Kontextes der Mitglieder einer Kommunikationsgemeinschaft definiert. Diese Lösung stützt sich auf die mit der radikalen Pragmatik verbundene Ethik des Diskurses, und zwar in Opposition zur Apelschen Transzendentalpragmatik und zur Habermasschen formalen Pragmatik.

Sie ordnet die Rechts- und Gerechtigkeits- sowie, in einem weiteren Sinne, die Handlungsnormen den besonderen Kontexten der unterschiedlichen Gesellschaften unter. In genau diesem Falle haben die Normen keine transzendentale und universalistische Bedeutung, und dies aus dem einfachen Grund, dass sie singulär, partikulär und relativ sind in Bezug auf die verschiedenen Gemeinschaften, die sie erzeugen und anwenden. Die Praktiken der Normenrechtfertigung transzendieren deshalb keineswegs lokale bzw. regionale Kontexte.

Rorty bezieht eine ethnozentristische Position, die jener von John Rawls vergleichbar ist. In seinem Buch *Political Liberalism* erklärt Rawls ausdrücklich, dass die Prinzipien der Rechtfertigung der Gerechtigkeit – sie rechtfertigen einen prozeduralen Zugang zu den Gerechtigkeitsregeln – pragmatisch nur für die Individuen und Gesellschaften gelten, denen dieselben demokratischen Werte gemein sind. Es geht ihm darum festzustellen, dass die Praktiken der Rechtfertigung gemeinsamer Gerechtigkeitsoperationen nur insofern legitim, valide und von Dauer sind, als sie sich auf eine gleiche Ordnung interindividueller Kooperation beziehen, wie sie Gemeinschaften freier und gleicher Bürger in demokratischen bzw. liberalen Gesellschaften eigen ist.[15] Es handelt sich also um eine grundlegend ethnozentristische Konzeption, die behauptet, dass die Praktiken der Rechtfertigung der Gerechtigkeit im Inneren der Kultur demokratischer Gesellschaften nicht als solche universell bzw. universalisierbar sind; d.h. sie sind nicht über die geopolitischen und geostrategischen Grenzen liberaler demokratischer Gesellschaften hinaus übertragbar.

Rorty erweitert diese These: Rechtfertigungspraktiken sind kontingent und von der sozialen Welt abhängig, in der sie nützlich sind, d.h. einen Handlungskonsens bewirken. Selbst die Gemeinschaft aller virtuellen Gesprächspartner ist in eine Gemeinschaft realer Konsense eingeschlossen und nicht weniger kontingent als die Rechtfertigungspraktiken selbst. Es geht also darum, das Recht und die Gerechtigkeit auf die Idee der freiwilligen Zugehörigkeit des Individuums zu einer faktischen Gemeinschaft zurückzuführen. Der Terminus ‚Gemeinschaft' hat hier eine nominalistische Bedeutung. Er verweist auf eine empirische Gesellschaft, die auf der Grundlage bestimmter Ziele errichtet ist und in der die Mitglieder die Verwirklichung ihrer individuellen und kollektiven Interessen im sozialen Feld bestimmen. Anders als bei Apel und Habermas existiert für Rorty keine ideale Kommunikationsgemeinschaft als Institution, die das partikuläre Wollen der Individuen transzendiert und mit der sie sich zu identifizieren hätten,

[15] Vgl. J. Rawls, Politischer Liberalismus, Frankfurt/M. 1998.

um Verständigung zu ermöglichen. Sähe man sich nicht als Mitglied einer Gemeinschaft, könnte man die Rationalität seiner Handlungen nicht auf diese beziehen, und man könnte für sie nicht verantwortlich sein.

Die Verantwortung und die Rechtfertigung eines Aktes können nicht von jeglicher tatsächlichen Gemeinschaft abgelöst werden, die über die Gemeinschaftsrechte im Verhältnis zu den Rechten der an ihr teilhabenden Individuen entscheidet.[16]

Rorty stellt also den kulturellen, historischen und ethnozentrierten Charakter des Rechts, der Gerechtigkeit und der Rechtfertigungspraxen in den Vordergrund. In seinen Augen sind das Recht, die Gerechtigkeit und die Operationen der Rechtfertigung relativ zur Kultur, zu den Traditionen und zur Grundstruktur einer jeden Gesellschaft. Folglich haben die Regeln richtigen Verhaltens und die sie rechtfertigenden sozialen Erfahrungen keine objektive Realität, sondern sie sind von den faktischen Gesellschaften fabrizierte Handlungsinstrumente. Weit entfernt davon, universelle und transzendente normative Ideale zu sein, welche die traditionellen kulturellen Gehalte gegebener Gesellschaften überschritten, sind sie spezifisch für tatsächliche Gemeinschaften. In dieser Sicht sind sie Artefakte menschlicher Gesellschaften. Sie transzendieren weder Epochen noch Räume noch die jeder menschlichen Gemeinschaft eigenen Sitten und Gewohnheiten. In dieser Sichtweise begründet Rorty auch seine Kritik an der Rechtfertigung des modernen Konzepts der Menschenrechte.

4. Die Kritik an der Rechtfertigung des modernen Konzepts der Menschenrechte

Rorty attackiert die aus der Aufklärung stammende Idee der Rechtfertigung des Konzepts der Menschenrechte. Er kritisiert die moderne politische Anthropologie und deren Artikulation stabiler Institutionen und von Gesetzen, von denen man glaubt, sie könnten die Institutionen auf der Grundlage der Naturrechtstheorie und auf der Basis von deren Fundament bewahren – der *menschlichen Natur*. In diesem Sinne ist der Vorschlag des Genfer Philosophen Jean-Jacques Rousseau zu verstehen:

> Wenn wir den Ursprung der moralischen, der wahren Grundlagen des Staates und die wechselseitigen Rechte seiner Glieder erwägen, und wenn wir tausend andere Fragen beantworten wollen, die ebenso wichtig, aber unzureichend erklärt worden sind, dann treffen wir auf eine Menge Schwierigkeiten, die alle nur behoben werden können, wenn wir eine gründliche Untersuchung

---

[16] Vgl. R. Rorty, *Objectivity, Relativism, and Truth: Philosophical Papers* (Philosophical Papers, Vol 1), Cambridge University Press 1990.

über den ursprünglichen Menschen, seine wahren Bedürfnisse und die hauptsächlichen Prinzipien seiner Pflichten anstellen.[17]

Rorty weist diese Annäherung an das Recht zurück; er beurteilt sie als essenzialistisch und fundamentalistisch. Die Idee, das Recht in einer Natur verwurzelt zu sehen, die allen menschlichen Wesen gemein ist, erscheint ihm abstrakt und überflüssig. Gewiss übersieht er nicht, dass das Vokabular des Aufklärungsrationalismus von entscheidender Bedeutung für die Anfänge der liberalen Institutionen war; doch ist es für ihn heute „zum Hindernis für die Erhaltung und Verbesserung demokratischer Gesellschaften geworden“;[18] der Grund: Der Aufklärungsrationalismus schreibt der Politik, Ökonomie und Moral ‚natürliche Grundlagen' zu. Tatsächlich aber haben die Sitten und Regeln einer bestimmten Gesellschaft keine Grundlagen in einer ‚menschlichen Natur'.[19] Rortys These ist die eines konsequenten Pragmatisten: Die Rechte können nicht von der kulturellen Umwelt der Menschen abgelöst werden; sie müssen vielmehr mit der faktischen Geschichte ihrer Gemeinschaft verbunden gesehen werden. Es handelt sich insofern um eine anti-fiktionale Auffassung des Rechts, als dessen Ursprung nicht aus der Fiktion des Naturzustands abgeleitet werden kann, sondern aus der Geschichte zu begründen ist. So gesehen erinnert Rortys Kritik an der Rechtfertigung des modernen Rechtsbegriffs an die Hegelsche Interpretation der Naturrechtstheorien.

Hegel vertrat die Auffassung, dass die Idee des Naturzustands eine Abstraktion sei und die Theoretiker des Naturrechts dessen Existenz ohne irgendeinen historischen Beweis rechtfertigten[20]; der Naturzustand sei eine Fiktion der

---

17 J.-J. Rousseau, Abhandlung über folgende von der Akademie zu Dijon gestellte Frage: Was ist der Ursprung der Ungleichheit unter den Menschen und ist sie durch das Naturgesetz gerechtfertigt ? In: ders., Frühe Schriften. Aus d. Franz. Übers. v. H. Hasselbach/ W. Schröder. Hg. v. W. Schröder, Leipzig 1970, S. 117. Franz. Original: « [L'] étude de l'homme originel, de ses vrais besoins, et des principes fondamentaux de ses devoirs, est encore le seul bon moyen qu'on puisse employer pour lever ces foules de difficultés qui se présentent sur l'origine de l'inégalité morale, sur les vrais fondements du corps politique, sur les droits réciproques de ses membres, et sur mille autres questions semblables, aussi importantes que mal éclaircies. » (*Discours sur l'inégalité*, préface, *Œuvres complètes*, préfacées par Jean Fabre, introduites, présentées et annotées par Michel Launay, Paris 1971, vol. II, S. 210).

18 R. Rorty, *Kontingenz, Ironie und Solidarität.* Übers. v. Ch. Krüger, Frankfurt/M. 1989, S. 84 f.

19 Vgl. hierzu R. Rorty, *Der Spiegel der Natur. Eine Kritik der Philosophie.* Übers. v. M. Gebauer, Frankfurt/M. ^{3}1985.

20 Vgl. G.W.F. Hegel, *Die Vernunft in der Geschichte* (1822). Hg. v. J. Hoffmeister, Hamburg ^{5}1955, S. 158-162.

„Phantasie".[21] Rorty blendet die Hegelsche Problematik der Immanenz des absoluten Geistes im ethischen Leben aus und fokussiert seine Kritik an der Rechtfertigung des modernen Rechts auf einer historizistischen Ebene. Er betont, dass das Recht der Geschichte der Völker, ihren Sitten und Traditionen sowie ihrer gesellschaftlichen Praxis entspringt.[22]

Auf diese Weise macht er heute gängige Fundierungen des modernen Diskurses über die unveräußerlichen bzw. „unbedingten Menschenrechte" überflüssig, von denen gesagt wird, dass sie „die feststehenden Grenzen politischen und moralischen Beratschlagens" bilden; der amerikanischen Rechtswissenschaft zufolge „gilt, daß Rechte jeden Gedanken an soziale Zweckdienlichkeit und Leistungsfähigkeit ‚ausstechen'".[23] Für Rorty signalisiert die moderne Rechtfertigung der Menschenrechte als auf die menschliche Natur gegründete Rechte ein Relikt des platonischen Idealismus, der den Institutionen ein ideales, überhistorisches und außerirdisches Fundament zuschreibt.

Rorty wendet sich gegen die moderne Überzeugung, die Idee der Menschenrechte sei ein Konzept, das von philosophischer Analyse entlaste, weil es keiner Rechtfertigung bedürfe. Eine derartige Überzeugung gründet ihm zufolge in einer metaphysischen Orientierung und rechtfertigt Nietzsches Invektiven gegen die Metaphysik und das Recht. Denn wenn man dem Glauben an Gott bzw. an Rechte der Menschheit einen natürlichen Grund zuschreibt, führt dies zu dem Gedanken, „sowohl Gott als auch die Menschenrechte seien abergläubische Vorstellungen; es handele sich um Erfindungen, die von den Schwachen verbreitet werden, um sich gegen die Starken zu schützen".[24] Mehr noch: Rorty räumt dank seiner ethnozentristischen Methode die Konflikte zwischen der Sicht Nietzsches und der metaphysischen These aus. Mit Nietzsche nimmt er an, dass „die Bezugnahme auf die Menschenrechte nichts anderes ist als eine bequeme Weise, gewisse Aspekte *unserer* – tatsächlichen oder unterstellten – Üblichkeiten zusammenzufassen". Zugleich bietet er eine soziale, menschliche und behavioristische Interpretation der Menschenrechte an:

> Das Reden von Menschenrechten erklärt unsere Handlungen, indem wir uns so mit einer Gemeinschaft gleichgesinnter Personen identifizieren, denen es natürlich vorkommt, in einer bestimmten Weise zu handeln.[25]

---

21 G.W.F. Hegel, Über die wissenschaftlichen Behandlungsarten des Naturrechts (1802/03). In: ders., *Werke in 20 Bdn.*, Bd. 2, S. 444.

22 Vgl. hierzu R. Rorty, *Der Spiegel der Natur. Eine Kritik der Philosophie.* Übers. v. M. Gebauer, Frankfurt/M. ^{3}1985.

23 R. Rorty, *Hoffnung statt Erkenntnis. Eine Einführung in die pragmatische Philosophie.* Aus d. Amerik. v. J. Schulte, Wien 1994, S. 82.

24 Ebd., S. 83.

25 Ebd., S. 84.

Für Rorty besteht der Einsatz der philosophischen Reflexion im politischen und juridischen Bereich darin, dem moralischen Scherbengericht zu entgehen, d.h. der Rechtfertigung einer Philosophie, die fähig sein soll, zu lehren, was die Religion uns zu bieten längst unterstellt hatte: die Möglichkeit, uns der Sprache, der Geschichte, der Endlichkeit zu entziehen, um uns in die Gegenwart der Zeitlosigkeit zu versetzen.[26]

Der amerikanische Philosoph betrachtet die Menschenrechte nicht in essenzialistischer und Letztbegründungs-Perspektive – also metaphysisch –, sondern pragmatistisch. Für ihn ist die Frage, ob die Menschenrechte objektiv, d.h. von den Intentionen einer bestimmten Gemeinschaft unabhängig existieren, ohne Interesse. Denn es handelt sich um ‚soziale Konstruktionen', wie sie jeder gegebenen Gesellschaft eigen sind, um intentionale Gegenstände eines grammatischen Systems, das von einer faktischen geschichtlichen Gemeinschaft verwendet wird, um ihre Singularität im Vergleich mit anderen tatsächlichen historischen Gemeinschaften zu bestätigen. In diesem Sinne betont Rorty:

> Sobald wir die Vorstellung fallenlassen, der Sinn des Diskurses bestehe darin, die Realität genau zu repräsentieren, wird uns nichts mehr daran liegen, soziale Konstrukte von anderen Dingen zu unterscheiden. Wir werden uns darauf beschränken, uns über die Nützlichkeit unterschiedlicher sozialer Konstrukte auseinanderzusetzen.[27]

Wir sind so mit einer Haltung konfrontiert, welche die Institutionen und Rechte auf die Art und Weise zurückführt, mit der sich jedes Volk und jede Gemeinschaft definiert. Rorty macht sich den Perspektivismus Nietzsches zu eigen: *Jedes Volk spricht in seiner Sprache über Gut und Böse und erdichtet sich die Sprache seiner Gebräuche und Rechte*. Er fordert uns auf, auf die philosophische Suche nach einem allen menschlichen Wesen ‚gemeinsamen Eigentum' zu verzichten:

> In der Überzeugung, daß es kein subtiles Wesen des Menschen gibt, das von der Philosophie erfaßt werden könnte, versuchen wir weder die Oberflächlichkeit durch Tiefe zu ersetzen noch uns über den Einzelfall zu erheben, um das Allgemeine zu packen. Statt dessen würden wir gern einen Unterschied nach dem anderen verringern: den Unterschied zwischen Christen und Muslimen in einem bestimmten bosnischen Dorf, den Unterschied zwischen Schwarzen und Weißen in einem bestimmten Städtchen in Alabama, den Unterschied zwischen Homosexuellen und Heterosexuellen in einer bestimmten

---

26 Vgl. R. Rorty, *Consequences of Pragmatism: Essays, 1972-1980*, University of Minnesota Press 1982, § 186.

27 R. Rorty, *Hoffnung statt Erkenntnis. Eine Einführung in die pragmatische Philosophie.* Aus d. Amerik. v. J. Schulte, Wien 1994, S. 85.

> katholischen Gemeinde in Quebec. Die Hoffnung richtet sich darauf, solche Gruppen durch tausend kleine Stiche zu verknüpfen und – anstelle der Berufung auf eine enorm große Gemeinsamkeit in Gestalt ihrer gemeinsamen Menschlichkeit – tausend kleine Gemeinsamkeiten zwischen ihren Mitgliedern zu beschwören.[28]

Rorty verneint in *Der Spiegel der Natur* definitiv die Existenz ontologischer Grundlagen der Menschenrechte. Er vertritt die Auffassung, dass es für die Menschenrechte kein Jenseits aller Rechtfertigungsoperationen gibt und die Rechtlichkeit von Handlungen nicht an die Befolgung ‚natürlicher' Prinzipien gebunden werden darf, sondern – wie er in *Consequences of Pragmatism* betont – pragmatisch für alle menschlichen Weisen und Strategien der Problemlösung offen bleiben muss. Anders gesagt: Die Gerechtigkeit und das Recht müssen ständig dafür offen bleiben, angefochten zu werden.[29] Diese Position sieht die Wurzeln der Institutionen und des Rechts in kulturellen Partikularismen und definiert im Unterschied zur vernunftbestimmten Freiheit auch die Freiheit in Begriffen der Anerkennung der eigenen Kontingenz.

Die nominalistische Einstellung des Neopragmatismus widersetzt sich jeglichem universalistischen Diskurs, der – so Rorty – die Existenz einer unhistorischen und mysteriösen Hyper-Regel als Bezugspunkt aller Handlungen der Interaktionsteilnehmer unterstellt bzw. Konflikte nach Maßgabe formeller Geltungskriterien für Moralnormen regelt. Rorty verwahrt sich gegen jede Rechtsanthropologie, welche die Rechtfertigung eines den Individuen gemeinen Wesens voraussetzt, das diese zu bewahren und zu befördern hätten, indem sie es in den Regeln verkörpern, die sie im Bereich von Ethik und Politik formulieren: in Konzepten wie ‚die Menschheit', ‚intrinsische Menschenwürde' und ‚intrinsische Menschenrechte'. In pragmatischer Sicht sind die Begriffe *der Menschheit, einer intrinsischen Menschenwürde und intrinsischer Menschenrechte* biologische, nicht aber moralische Begriffe.

Es gibt also für Rorty keine Menschheit, keine intrinsische Menschenwürde und keine intrinsischen Menschenrechte, die nicht aus der Humanität, Würde und den Rechten je besonderer lokaler Gemeinschaften hervorgingen, und es gibt auch keinen Bezugspunkt unparteilicher Kriterien, die es – jenseits der zu unterschiedlichen realen bzw. projektierten Gemeinschaften relativen Leistungen – erlaubten, diese Leistungen zu bewerten. Dies ist die Konsequenz von Rortys Denken über Objektivismus, Relativismus und Wahrheit.

Um zu bilanzieren: Rorty lehnt formale, universalistische und transzendentale Kriterien für Rechts- und Gerechtigkeitsnormen ab, wie sie traditionelle (vor al-

---

28 Ebd., S. 125 f.

29 Vgl. R. Rorty, *Consequences of Pragmatism: Essays, 1972-1980*, University of Minnesota Press 1982, § 185.

lem Platon) und zeitgenössische Philosophen (insbesondere Apel und Habermas) in praktischen Diskursen geltend machen. Er behauptet eine Ethik des Diskurses, die auf der Negation der Definition universeller, die Wohlbegründetheit gültiger Moralnormen fixierender Prinzipien beruht. Sein Ziel ist es, die universellen Geltungsforderungen für Moralprinzipien zu annullieren: Wenn man von Geltungskriterien für Regeln spreche, dann könne man diese nur innerhalb einer tatsächlichen Gemeinschaft gewinnen, der man sich nah fühle und für die man verantwortlich zeichne – und zwar, weil (i) die Teilnehmer ihr Handeln auf die faktische Gemeinschaft beziehen, der gegenüber sie verantwortlich und zur Rechenschaft zu ziehen sind, weil sie sich (ii) dessen bewusst sind, dass es jenseits ihres Wollens keine Gemeinschaft gibt und weil (iii) die Regeln angemessenen Verhaltens, die sie befolgen, nicht universell, sondern lokal oder regional sind. Mit anderen Worten: Das Geltungskriterium für Regeln des Rechts und der Gerechtigkeit ist strikt lokal oder regional; es gehört in dem Sinne zur Provinzialität der Interaktion, dass es keinen lokalen oder regionalen Kontext überschreitet. Hieraus folgt: Es gibt so viele Geltungskriterien für das Recht und die Gerechtigkeit wie faktische Gemeinschaften.

Aus dem Französischen übersetzt von Hans Jörg Sandkühler

Sarhan Dhouib

Ethik, Recht und Gleichheit bei Tugendhat

Wie können wir begründen, daß die moralischen Normen universell gelten und daß die Gerechtigkeit egalitär zu verstehen ist, daß jede Person gleich viel gilt?

Ernst Tugendhat[1]

1. Einleitung

Diese Studie behandelt die Konzeption der Ethik bei dem zeitgenössischen deutschen Philosophen Ernst Tugendhat und stellt seine Begründung des Rechts und der Gleichheit dar. Um sich Tugendhats Schriften über Recht und Ethik besser annähern zu können, werden seine Überlegungen in drei Phasen[2] unterschieden: Die erste Phase umfasst die Schriften, die vor den *Vorlesungen über Ethik* (1993)[3] erschienen sind. Einige dieser Texte stellen in der Reihenfolge seinen Bezugspunkt bei der Behandlung der Ethik dar: *Sprache und Ethik* (1981)[4], *Drei Vorlesungen über Ethik* (1981)[5] und *Retraktationen* (1984)[6] – die beiden letzten Texte wurden 1984 in seiner Schrift *Probleme der Ethik* publiziert – und der Aufsatz *Zum Begriff und zur Begründung von Moral*, der 1989 in der Helmut

---

1 Tugendhat, E., *Zum Begriff und zur Begründung von Moral*. In: Bellert, C./Müller-Schöll, N. (Hg.), *Mensch und Moderne. Festschrift für Helmut Fahrenbach*, Würzburg 1989, S. 145-165. Dieser Aufsatz wurde von Tugendhat in seinem Sammelband *Philosophische Aufsätze* wieder aufgenommen: Tugendhat, E., *Philosophische Aufsätze*, Frankfurt/M. 1992, S. 315-333, hier S. 330. Im Folgenden wird die letztgenannte Ausgabe zitiert.

2 Vgl. Scarano, N./Suárez, M., *Einführung*. In: dies. (Hg.), *Ernst Tugendhats Ethik. Einwände und Erwiderungen*, München 2006, S. 8f.

3 Vgl. Tugendhat, E., *Vorlesungen über Ethik*, Frankfurt/M. 1993.

4 Vgl. Tugendhat, E., *Langage et éthique*. In: *Critique* 37, Nr. 413, 1981, S. 1038-1074. Die deutsche Fassung dieses Aufsatzes wurde publiziert in: Tugendhat, E., *Sprache und Ethik*. In: *Philosophische Aufsätze*, Frankfurt/M., 1992, S. 275-314.

5 Vgl. Tugendhat, E., *Drei Vorlesungen über Probleme der Ethik*. In: ders., *Probleme der Ethik*, Stuttgart 1984, S. 57-131.

6 Vgl. Tugendhat, E., *Retraktationen*. In: ders., *Probleme der Ethik*, Stuttgart 1984, S. 132-176.

Fahrenbach gewidmeten Festschrift *Mensch und Moderne* publiziert wurde.[7] Die zweite Phase ist durch die Herausgabe seiner bedeutenden *Vorlesungen über Ethik* (1993) geprägt. Ferner sind die beiden Aufsätze *Die Kontroverse um die Menschenrechte*[8] von 1993 sowie *Gleichheit und Universalität in der Moral*[9] zu dieser Phase zu zählen. Der letzte Aufsatz wurde im Jahre 1997 von Tugendhat als Vortrag an der Universität Münster im Rahmen eines Kolloquiums, das der Behandlung seiner Schriften gewidmet war, gehalten. Die Akten dieses Kolloquiums wurden von Markus Willaschek unter dem Titel *Moralbegründung und Gerechtigkeit* herausgegeben. In dieser Phase stehen Fragen nach dem Recht, der Gleichheit und der Gerechtigkeit im Vordergrund. Die dritte Phase von Tugendhats Untersuchungen zur Ethik beginnt mit dem *Dialog in Leticia* (1997)[10]; sie umfasst ebenfalls andere Texte, z.B. *Wie sollen wir Moral verstehen*? von 1999[11] und *Das Problem einer autonomen Moral* von 2006.[12]

Im Folgenden wird versucht werden, Tugendhats Grundlinie seiner Behandlung der Ethik darzulegen, wobei von Arbeiten ausgegangen wird, die der ersten und zweiten Phase seines Nachdenkens über Ethik angehören. Die allgemeine Analyse der Arbeiten *Zum Begriff und zur Begründung von Moral*, die *Vorlesungen über Ethik* sowie *Gleichheit und Universalität in der Moral* erlaubt es, die Begründungsstrategien der Ethik und des Rechts bei Tugendhat zu klären. Die Analyse konzentriert sich dabei auf die folgenden Punkte:

- die Konzeption der Ethik und ihre Rechtfertigung in Tugendhats Aufsatz *Zum Begriff und zur Begründung von Moral*;
- die moralische Rechtfertigung von Recht und Gleichheit in den *Vorlesungen über Ethik* und im Aufsatz *Gleichheit und Universalität in der Moral*.

---

7 Vgl. Tugendhat, E., *Zum Begriff und zur Begründung von Moral*, a. a. O.

8 Vgl. Tugendhat, E., *Die Kontroverse um die Menschenrechte*. In: *Analyse und Kritik* 15, 1993, S. 101-110. Der Aufsatz ist wieder abgedruckt worden in: Gosepath, S./Lohmann, G. (Hg.), *Philosophie der Menschenrechte*, Frankfurt/M., 1998, S. 84-61 sowie in Tugendhat, E., *Aufsätze 1992-2000*, Frankfurt/M., 2001, S. 27-39.

9 Vgl. Tugendhat, E., *Gleichheit und Universalität in der Moral*. In: Willaschek, M. (Hg.), *Ernst Tugendhat: Moralbegründung und Gerechtigkeit. Vortrag und Kolloquium in Münster 1997*, Münster 1997, S. 3-25.

10 Vgl. Tugendhat, E., *Dialog in Leticia*, Frankfurt/M., 1997.

11 Vgl. Tugendhat, E., *Wie sollen wir Moral verstehen?* In: Tugendhat, E., *Aufsätze 1992-2000*, a. a. O., S. 163-184.

12 Vgl. Tugendhat, E., *Das Problem einer autonomen Moral*. In: Scarano, N./Suárez, M. (Hg.), *Ernst Tugendhats Ethik. Einwände und Erwiderungen*, a. a. O., S. 13-30.

2. Die Konzeption der Ethik und ihre Rechtfertigung bei Tugendhat

Für Fragen der Ethik hat sich Tugendhat seit seinem Aufsatz *Sprache und Ethik* interessiert.[13] Ab diesem Zeitpunkt unterzog er seine eigenen philosophischen Überlegungen ständig einer selbstkritischen Prüfung, wie J. Nida-Rümelin[14] und N. Sacrano[15] treffend bemerkt haben. Im Zentrum seiner Schriften über Ethik steht die Frage nach einer plausiblen Rechtfertigung eines Konzepts der Ethik ohne jeglichen Bezug auf eine metaphysische oder religiöse Autorität. Eine solche Frage ist seinen Schriften zur Ethik deutlich auszumachen und sichert in einer gewissen Weise ihre Kontinuität ab.[16] In diesem Zusammenhang muss darauf hingewiesen werden, dass der Gebrauch des Begriffs ‚Ethik' in diesem Kontext einem einschränkten philosophischen Sinne folgt und als Theorie der Moral verstanden wird. Daher ist die Ethik nach N. Sacrano und M. Suárez bei Tugendhat die theoretische Untersuchung der Moral.[17]

Tugendhats Studie *Zum Begriff und zur Begründung von Moral* gehört zur ersten Phase seiner Überlegungen zu den Problemen der Ethik.[18] Sie steht in Kontinuität seiner Reflexionen zur Definition der Moral und ihrer Rechtfertigung dar, wenngleich diese kritisch scheint. Bereits Habermas hat in seinen *Erläuterungen zur Diskursethik* festgestellt[19], dass diese Studie Tugendhats im Zusammenhang mit seinem Buch *Probleme der Ethik*, insbesondere mit dem letzten Teil *Retraktationen*[20] zu verstehen sei. Im Mittelpunkt dieses polemischen Teils stehen Tugendhats Antworten auf Vorwürfe Ursula Wolfs, die sie in ihrer Schrift *Das Problem des moralischen Sollens*[21] formuliert hat. Wolf stellt die Definition

---

13 Vgl. Tugendhat, E., *Langage et éthique*. In: *Critique* 37, Nr. 413 (Oktober) 1981, S. 1038-1074. Die deutsche Fassung dieses Beitrags wurde 1992 publiziert (vgl. Tugendhat, E., *Sprache und Ethik.* In: *Philosophische Aufsätze*, Frankfurt/M., 1992, S. 275-314).

14 Vgl. Nida-Rümelin, J., *Gibt es ein Problem ethischer Begründung?* In: Scarano, N./ Suárez, M. (Hg.), *Ernst Tugendhats Ethik. Einwände und Erwiderungen*, a. a. O., S. 31ff.

15 Vgl. Scarano, N., *Die Sanktionstheorie der Moral. Überlegungen zum formalen Begriff der Moral bei Ernst Tugendhat.* In: Scarano, N./Suárez, M. (Hg.), *Ernst Tugendhats Ethik. Einwände und Erwiderungen*, a. a. O., S. 91ff.

16 Zu Beginn seines Aufsatzes *Zum Begriff und zur Begründung von Moral* bemerkt Tugendhat, dass seit seiner Schrift *Probleme der Ethik* (1984) die Begründung der Moral im Mittelpunkt seiner philosophischen Untersuchung steht. Vgl. Tugendhat, E., *Zum Begriff und zur Begründung von Moral,* a. a. O., S. 315.

17 Vgl. Scarano, N./Suárez, M., *Einführung*. In: dies. (Hg.), a. a. O., S. 7.

18 Vgl. ebd., S. 8f.

19 Vgl. Habermas, J., *Erläuterungen zur Diskursethik*, Frankfurt/M., 1991, S. 146.

20 Vgl. Tugendhat, E., *Retraktationen*, a. a. O., S. 132-176.

21 Vgl. Wolf, U., *Das Problem des moralischen Sollens*, Berlin/New York 1984, S. 7-63.

der moralischen Norm bei Tugendhat in Frage, die er zum großen Teil in *Drei Vorlesungen über Probleme der Ethik* dargelegt hat.[22] Für Tugendhat ist die Moral ein normatives System, das auf inneren Sanktionen beruht.

In seiner Studie *Zum Begriff und zur Begründung von Moral* greift Tugendhat die Analyse des Problems der Begründung der Moral wieder auf und hofft, eine überzeugendere Antwort als die zu geben, die er im letzten Teil seiner *Probleme der Ethik* dargelegt hat.[23] Seine Reflexion ist dabei von einer kritischen Distanz gegenüber dem Kontraktualismus geprägt.

Im Zentrum des philosophischen Interesses von Tugendhat wie auch von Wolf stehen die Behandlung der Moral und ihre Rechtfertigung im aktuellen Kontext der Menschheit. Die Schwierigkeit dieser Rechtfertigung der Moral liegt insbesondere an der Situation des Menschen und der Menschheit seit der Aufklärung. Diese Situation ist durch eine moralische Krise und eine Desorientierung des Menschen charakterisiert. Für Tugendhat, wie auch für MacIntyre[24] und Habermas[25], verbindet sich die Schwierigkeit einer Rechtfertigung der Moral mit der Aufhebung der metaphysischen und religiösen Paradigmen, die „höhere Wahrheiten"[26] bei der Erklärung der moralischen Normen zugelassen haben.

Das Hauptanliegen der Rechtfertigung einer Ethik, die nicht von einer metaphysischen oder religiösen Wahrheit abhängig ist, liegt darin, eine universelle und egalitäre Moral zu begründen. Hierbei sind für Tugendhat insbesondere drei moraltheoretische Ansätze nicht mehr mit der aktuellen Situation der Menschheit kompatibel: Der erste Ansatz ist derjenige, der von religiösen oder metaphysischen Prämissen bei der Auffassung von Moral ausgeht. Eine solche Auffassung, auch wenn sie eine gewisse Normativität vertritt, die die Zugehörigkeit des Individuums zu einer bestimmten Gemeinschaft hervorhebt, beruht auf „einem nicht mehr zu hinterfragenden Glauben".[27] Sie hängt von den „höheren Wahrheiten"[28] ab und bleibt ethnozentrisch.[29] Diese Art und Weise, Moral zu rechtfertigen, gestattet daher nicht, die universelle Dimension der Werte zu entfalten. Der zweite Ansatz ist empirisch und infolgedessen unzureichend, eine Philosophie der Moral zu begründen, denn allein der Bezug auf empirische Fakten führt nicht unmittelbar zu einer philosophischen Erklärung des moralischen Phänomens und demnach zu keiner universellen und egalitären moraltheoretischen Begründung. Der

---

22 Vgl. Tugendhat, E., *Drei Vorlesungen über Probleme der Ethik*, a. a. O., S. 57-131.
23 Vgl. Tugendhat, E., *Zum Begriff und zur Begründung von Moral*, a. a. O., S. 315.
24 Vgl. MacIntyre, A., *Der Verlust der Tugend. Zur moralischen Krise der Gegenwart*, Frankfurt/M. 1997.
25 Vgl. Habermas, J., *Glauben und Wissen*, Frankfurt/M., 2002.
26 Tugendhat, E., *Zum Begriff und zur Begründung von Moral*, a. a. O., S. 323.
27 Ebd.
28 Ebd.
29 Vgl. ebd., S. 326.

dritte Ansatz befasst sich mit der apriorischen Analyse von Moral bei Kant. Es ist interessant, dass Tugendhat in seinen Studien aus dem Jahre 1989 nicht näher auf die Gründe eingeht, die ihn dazu geführt haben, die moraltheoretische Analyse bei Kant in Frage zu stellen.

Im Unterschied zu den oben erwähnten Ansätzen schlägt Tugendhat einen formalen Vorbegriff von Moral vor, der so allgemein gehalten ist, dass er der Soziologie und Ethnologie gerecht wird. Tugendhat versteht unter Moral „ein System von Normen, das in einer Gesellschaft aufgrund von sozialem Druck besteht".[30] Mit dem Terminus ‚Norm' sind im Allgemeinen Handlungsregeln gemeint.[31] Diese Regeln lassen sich in der Praxis identifizieren, wenn sie in Sätzen ausgedrückt werden, an denen sich das Handeln des Menschen orientiert und die ihm zeigen, was er tun oder lassen soll, was ihm erlaubt oder verboten ist. Dennoch: Um die Frage nach der Moral zu rechtfertigen, ist es notwendig, dass man sich zuerst über den Inhalt der moralischen Normen einigt. Was soll man unter ‚Norm' verstehen?

Tugendhats Unterscheidung zwischen den Normgruppen der Vernunftnormen, der Rechtsnormen und der moralischen Normen ist für ein besseres Verständnis seiner Definition von Moral ausschlaggebend.[32]

Vernunftnormen entstanden mit dem Durchbruch der Philosophie Kants. Ihre Werte erwarben sie innerhalb der kantischen Tradition. Die Vernunftnormen bezeichnen in diesem Sinne das moralische Gesetz, nach dem sich der rational handelnde Mensch verhalten soll. Wenn der Mensch den Vernunftnormen, d.h. dem kategorischen Imperativ nicht folgt, verhält er sich unmoralisch. Dennoch vergisst diese Tradition laut Tugendhat, dass derjenige, der unmoralisch handelt, sich nicht unbedingt irrational verhält.

Rechtsnormen sind Normen, die auf einem sozialen System von Sanktionen beruhen. Die Sanktion ist in diesem Fall eine Strafe, d.h. eine externe Sanktion.

Die moralischen Normen stellen nicht notwendigerweise rationale Normen dar. Tugendhat bestimmt die Norm nicht ausgehend von der Vernunft, sondern ausgehend von der sozialen Sanktion.[33] Er nimmt Bezug auf das vorherrschende normative System in der Gesellschaft, um die Norm zu charakterisieren. Ausgehend davon unterscheidet sich die moralische Norm von der rechtlichen dadurch, dass die Sanktionen der ersteren intern sind und das innerliche Leben des Menschen betreffen. Aus diesem Verständnis der Moral resultiert jedoch direkt der folgende Kritikpunkt: Wie soll eine universelle Rechtfertigung der Moral möglich sein, wenn die Sanktionen der moralischen Normen nur intern und innerlich greifen?

---

30 Ebd., S. 316.
31 Vgl. ebd.
32 Vgl. ebd., S. 317.
33 Vgl. ebd.

Für Tugendhat beruht die Tragweite des moralischen Sollens auf dem, was er die „innere Sanktion“[34] nennt. Aus diesem Grund zeigt er in längeren Passagen, wie die Sanktion im Fall der moralischen Normen von einem inneren Aspekt charakterisiert ist. Demnach sind Normen, die im moralischen Sinne verstanden werden, von den Kriterien des Guten und des Schlechten bestimmt, die wiederum mit Lob und Tadel verbunden werden. Charakterisiert wird die moralische Norm dadurch, dass sie im Fall ihrer Verletzung moralische Gefühle von Empörung, Groll, Schuld und Scham erzeugt.

Von den erwähnten charakteristischen Gefühlen scheint Tugendhat dem moralischen Schambegriff eine besondere Aufmerksamkeit zu schenken: Der Mensch empfindet das Schamgefühl immer dann, wenn er damit konfrontiert wird, in den Augen der anderen einen Selbstwertverlust zu erleben.[35] Was den moralischen Schambegriff kennzeichnet, ist sein direkter Bezug zur Empörung: Diese bezeichnet einen Zustand der Schlechtigkeit und drückt einen Schock gegenüber einem schlechten moralischen Handeln aus. In diesem Zusammenhang erklärt Tugendhat: „nur wo Scham das Pendant zur Empörung ist, handelt es sich um moralische Scham“.[36] Ausgehend von diesem Verständnis, das die Rolle der Scham in der Definition von Moral in den Vordergrund stellt, wird es möglich, die innere Dimension der moralischen Sanktion zu klären: Die moralische Normativität verlangt Begriffe von Lob und Tadel, von gut und schlecht. Das Individuum, verstanden als „Glied der Gemeinschaft“[37], entwickelt sein Vermögen und seine Fähigkeiten im Laufe seiner Sozialisation und gewinnt aus diesem Grund ein „Selbstwertgefühl“.[38] Die ganze Bedeutung des moralischen Sollens liegt bei Tugendhat somit im inneren Sinne der Sanktion begründet. Kurz gesagt: Basierend auf einer Analyse der moralischen Scham versucht er, die Wichtigkeit der moralischen Gefühle im Allgemeinen und die Funktion der Scham innerhalb eines normativen moralischen Systems im Besonderen zu zeigen.

Ausgehend von einer moralischen Normativität, die den Schambegriff in den Vordergrund stellt, kritisiert Tugendhat den Kontraktualismus, insbesondere die Auffassung des australischen Philosophen J. L. Mackie in dessen Schrift *Ethics: inventing Right and Wrong*[39]. Der Versuch des Kontraktualismus, die Moral rational zu rechtfertigen, stellt für Tugendhat den erfolgreichsten und plausibelsten Versuch innerhalb der verschiedenen modernen Auffassungen von Moral dar: Es geht für die Kontraktualisten darum, in einer plausiblen Weise zu rechtfertigen, warum es überzeugend ist, sich einem normativen System zu unterwerfen, inner-

---

34 Ebd., S. 322.
35 Vgl. ebd., S. 318.
36 Ebd.
37 Ebd., S. 319.
38 Ebd.
39 Vgl. Mackie, J.L., *Ethics: inventing Right and Wrong*, London 1977.

halb dessen die Normen von den Mitgliedern einer Gemeinschaft anerkannt und befolgt werden.[40] In diesem Zusammenhang schreibt Tugendhat: „Hier wird also ein normatives System begründet, und dabei hat Begründung einen in diesem Zusammenhang besonders einleuchtenden Sinn, nämlich den, anzugeben, dass jeder von uns von seinen natürlichen, vormoralischen Interessen her einen praktischen Grund hat, so ein System wechselseitiger Rücksichten einzugehen."[41] Unter dem Ausdruck ‚wechselseitige Rücksichten' solle man die Berücksichtigung der Interessen, die „wechselseitigen Forderungen"[42] sowie die „wechselseitige Nützlichkeit"[43] verstehen.

Für Tugendhat entspricht die kontraktualistische Rechtfertigung von Moral nur den „wechselseitigen Forderungen" der Individuen; allerdings ist sie nicht in der Lage zu zeigen, wie die Moral ein normatives System begründet, das auf der inneren Sanktion beruht. Er schreibt: „Er kann daher auch weder von Tadel noch insbesondere von den moralischen Gefühlen Empörung, Schuld und Scham sprechen." Und er fügt hinzu: „Was gemeint ist, ist, daß der Kontraktualismus nicht begründet, daß bestimmte Handlungen schlecht bzw. empörend sind, und das nicht, weil er dafür keine ausreichende Grundlage hätte, sondern weil die Begriffe ‚schlecht', ‚empörend' usw. bei ihm nicht mehr vorkommen."[44]

Es ist klar, dass die Definition von Moral als ein normatives System, das den wechselseitigen Interessen der Individuen entspricht, für Tugendhat unzureichend bleibt, um eine Theorie der moralischen Gefühle zu rechtfertigen. Außerdem entspricht die kontraktualistische Definition von Moral eher den Rechtsnormen, die auf einem Strafsystem beruhen, innerhalb dessen die Sanktion immer extern bleibt.

Daher gründen sich menschliche Beziehungen nicht nur auf wechselseitige Nützlichkeit, sondern auch auf einen gegenseitigen Verständigungswillen. Dennoch verlangen die gegenseitigen Verständigungsbeziehungen notwendigerweise einen Achtungsbegriff: „Der Unterschied zum Kontraktualismus besteht aber darin, daß der Kontraktualist das Einhalten dieser Normen als ein Tauschgeschäft empfiehlt, während der Moralist in seiner Sozialisation dem Kind eine Idee von Gemeinschaft vorführt, in der jedes Glied sein eigenes Selbstwertgefühl mit dem Einhalten dieser Normen, die eine Gemeinschaft möglich machen, identifiziert und das gleiche von allen andren fordert. Die Wechselseitigkeit besteht also hier nicht in einem Tauschgeschäft, sondern darin, sich wechselseitig in einer be-

---

40 Vgl. Tugendhat, E., *Zum Begriff und zur Begründung von Moral*, a. a. O., S. 323.
41 Ebd.
42 Ebd., S. 324.
43 Ebd., S. 325.
44 Ebd., S. 324.

stimmten Weise zu verstehen und voneinander wechselseitig zu verlangen, sich so zu verstehen."[45]

Es sei hier auf den Achtungsbegriff aufmerksam gemacht, denn jemanden zu achten heißt, sein Recht als Gemeinschaftsglied anzuerkennen. Dieses Recht ist von seiner Leistung untrennbar. Laut Tugendhat geht der Achtungsbegriff aus der Rechtsnormativität hervor und bleibt deshalb der Person äußerlich. Damit die Achtung egalitär und universell wird, soll sie auf der Norm einer aufgeklärten Moral gegründet sein, d.h. auf einer Moral, die die Gefühle des Menschen berücksichtigt. Aber es scheint, dass Tugendhats Versuch, eine Moral zu begründen, die auf höhere Wahrheiten verzichtet und nach einem egalitären Ideal strebt, mit einem Hauptproblem konfrontiert bleibt, das er nicht beantwortet: Wie gestaltet sich der Übergang von der Subjektivität der Gefühle zur Universalität der Norm?

3. Die moralische Rechtfertigung von Recht und Gleichheit

In den *Vorlesungen über Ethik* wird das soziale und politische Handeln des Menschen in einer moralischen Perspektive behandelt, deren Relevanz sich auf zwei komplementären Ebenen zeigt.

Einerseits werden das politische Handeln, die soziale Debatte über die Gerechtigkeit und die Rechte der Migranten, über die Abtreibung und die Euthanasie usw. von einer immanenten Moral des menschlichen Handels geleitet. Schon in der ersten Vorlesung stellt Tugendhat diese Idee in den Vordergrund seiner Überlegung: „Der große Stellenwert, den die Begriffe Demokratie und Menschenrechte in heutigen politischen Auseinandersetzungen einnehmen, ist nicht ausschließlich, aber auch ein moralischer. Die Auseinandersetzung über soziale Gerechtigkeit ist, innerstaatlich und weltweit, eine moralische."[46]

Andererseits bestätigt sich der Vorrang der Moral durch die Kritik des Autors an der kritischen Theorie der Gesellschaft: Für Tugendhat setzt die normative Kritik der Gesellschaft und die Analyse ihrer sozioökonomischen Bedingungen bei Adorno und Horkheimer schon ein moralisches Urteil voraus, das nicht das Ergebnis ihrer Strukturen, sondern ihren Ausgangspunkt darstellt. In diesem Sinne schreibt Tugendhat: „Ich glaube also, daß man zu dem Schluß kommen muß, daß eine kritische Gesellschaftstheorie, so wichtig sie ist, nicht an die Stelle einer Ethik treten kann, sondern eine Moral voraussetzen muß."[47]

---

45 Ebd., S. 327.

46 Tugendhat, E., *Vorlesungen über Ethik*, a. a. O., S. 11f.

47 Ebd., S. 18.

Im Vergleich zu Habermas, der in *Faktizität und Geltung* den legalen Charakter der Menschenrechte und ihren juristischen Ursprung hervorhebt[48], subsumiert Tugendhat diese Rechte unter einer „Moral der universellen und gleichen Achtung“[49] und beabsichtigt dabei, eine Korrespondenz zwischen den „moralischen Pflichten“ und „den moralischen Rechten“[50] zu ermöglichen. Das Recht wird bei ihm nur in der Perspektive der Ethik behandelt.

Somit beruht der Ausgangspunkt der Behandlung der Rechte in der zweiten Phase der Ethik Tugendhats auf der moralischen Pflicht zu einer universellen und gleichen Achtung aller Menschen, einer Achtung, die die Interessen aller berücksichtigt. Deshalb soll die Instanz des moralischen Urteils nicht mehr als eine transzendente Autorität verstanden werden, die im Voraus die moralischen Pflichten vorschreibt, sondern als eine unparteiische und immanente Instanz, die dazu fähig ist, die Normen zu bestimmen.[51] Daher wird die moralische Instanz von ihren transzendenten sowie natürlichen Prämissen gelöst; Tugendhat definiert sie als eine ‚plausible' Instanz, die den Anderen als ein Rechtssubjekt bzw. „Kooperationspartner“[52] anerkennt.

Dass alle Menschen gleichermaßen geachtet werden sollen, verlangt erstens, dass das Interesse aller moralischen Adressaten für die Instanz des unparteiischen Urteils unabdingbar ist, und zweitens, dass diese Instanz die Autorität der Mitglieder der moralischen Gemeinschaft ersetzt. Ausgehend von diesem Standpunkt bleibt die plausible moralische Instanz die einzige moralische Referenz, wenngleich ihrer Mitglieder substituierbar sind.

Somit wird Moral in erster Linie als ein soziales Phänomen aufgefasst, das auf einem normativen System von gegenseitigen Pflichten zwischen den Individuen beruht und im Falle unerfüllter Pflichten auf Sanktionen zurückgreifen kann. Wenn man jedoch die Menschenrechte nach dieser moralischen Auffassung behandelt, ist es relevant, wie diese Konzeption auf die Idee des Guten zurück-

---

48 Vgl. Habermas, J., *Faktizität und Geltung. Beiträge zur Diskurstheorie des Rechts und des demokratischen Rechtsstaats*, Frankfurt/M. 1994, S. 136. Über den Unterschied der Auffassungen von Tugendhat und Habermas hinsichtlich der Begründung der Menschenrechte, vgl. Lohmann, G., *Diversité culturelle et universalité des droits de l'homme. Le cas du Japon*. In: Sosoe, L. K., *Diversité humaine. Démocratie, multiculturalisme et citoyenneté*, Paris 2002, S. 444; Tietz, S., *Zwischen Recht und Moral. Eine philosophische Betrachtung des Status von Menschenrechten*. In: *MenschenRechtsMagazin*, 10. Jg., 2005, Heft 2, S. 136-145; Wild, A., *Menschenrechte und moralische Rechte*. In: Gosepath, S./Lohmann, G. (Hg.), *Philosophie der Menschenrechte*, Frankfurt/M. 1998, S. 125f.

49 Tugendhat, E., *Vorlesungen über Ethik*, a. a. O., S. 336.

50 Ebd., S. 337.

51 Ebd., S. 87.

52 Ebd., S. 363.

greift.[53] In Bezug auf die zweite Formulierung des kategorischen Imperativs von Kant, die besagt: „Handle so, daß du die Menschheit, sowohl in deiner Person, als in der Person eines jeden andern, jederzeit zugleich als Zweck, niemals bloß als Mittel brauchest“[54], versteht Tugendhat unter ‚Gut' eine moralische Bestimmung, die universell gilt und von allen Menschen anerkannt wird.

Sowohl die erste als auch die siebzehnte Vorlesung drücken das Prinzip der Moral der universellen und gleichen Achtung folgendermaßen aus: „Du sollst jeden gleich achten, niemanden instrumentalisieren!“[55] Dieses Prinzip impliziert einerseits eine negative Forderung: „Instrumentalisiere den andren nicht!“ und enthält andererseits eine affirmative Konnotation: „Berücksichtige die Zwecke der andren!“[56] Ausgehend von einer Interpretation von Kants *Grundlegung zur Metaphysik der Sitten* liegt Tugendhats Hauptanliegen darin, die Objektivität des Prinzips der universellen und gleichen Achtung sowie die der moralischen Urteile zu begründen. Ein moralisches Urteil wird nur dann ‚objektiv' genannt, wenn es universell anwendbar und von allen Menschen anerkennbar ist. Somit führt die Unterscheidung zwischen einer relativen und einer absoluten Rechtfertigung der Moral, die aus sicheren Prämissen hervorgehen soll, Tugendhat dazu, sich zugleich von dem traditionellen wie dem kontraktualistischen Konzept der Moral zu distanzieren, um seinem Moralkonzept universelle und egalitäre Gültigkeit zu verleihen.

Da das traditionelle Konzept der Moral seine Legitimität aus dem Glauben schöpft, bezieht es sich auf transzendente Prämissen[57] und kann folgerichtig keine universelle Gültigkeit beanspruchen. Zwar verzichtet der Kontraktualismus, wie z.B. bei J. L. Mackie[58], auf die transzendenten Prämissen, bleibt aber unfähig, einen universellen Begriff des Guten zu denken. Er ist, was diesen Punkt betrifft, in einer egoistischen und individualistischen Auffassung gefangen: „Das entscheidende Charakteristikum des Kontraktualismus ist, daß er kein

---

53 Über die moralische Begründung der Menschenrechte bei Tugendhat, vgl. Tugendhat, E., *Die Kontroverse um die Menschenrechte*, a. a. O., und die 17. Vorlesung seiner *Vorlesungen über Ethik.*

54 Kant, I., *Grundlegung zur Metaphysik der Sitten*. In: ders., *Gesammelte Schriften*, Berlin, Akademie-Ausgabe, Berlin, 1907, IV, S. 430.

55 Tugendhat, E., *Vorlesungen über Ehtik*, a. a. O., S. 28.

56 Ebd., S. 146. Vgl. Brezina, F. F., *Die Achtung: Ethik und Moral der Achtung und Unterwerfung bei Immanuel Kant, Ernst Tugendhat, Ursula Wolf und Peter Singer*, Frankfurt/M. 1999, S. 235ff.; Geuss, R., *Gleichheit und Gleichgewicht in der Ethik Ernst Tugendhats*. In: *Deutsche Zeitschrift für Philosophie*, Heft 1, 1997, S. 99; Gosepath, S., *Gleiche Gerechtigkeit. Grundlagen eines liberalen Egalitarismus*, Frankfurt/M., 2004, S. 154ff.; Wingert, L., *Gott naturalisieren? Anscombes Problem und Tugendhats Lösung*. In: *Deutsche Zeitschrift für Philosophie*, 45, 1997, S. 505ff.

57 Vgl. Tugendhat, E., *Vorlesungen über Ethik*, a. a. O., S. 23ff, S. 68f.

58 Vgl. Mackie, J.L., *Ethics: inventing Right and Wrong*, a. a. O., Kap. 3.

Konzept des Guten hat; er baut sich nur auf den relativen Begriff ‚gut für...' auf."[59] Eine solche Kritik des Kontraktualismus wurde schon in der ersten Phase von Tugendhats Ethik erarbeitet.

Die egalitäre Zielrichtung, an der die Auffassung der Moral in den *Vorlesungen über Ethik* orientiert ist, kommt deutlicher im Beitrag *Gleichheit und Universalität in der Moral*[60] zum Ausdruck. Dieser Beitrag zeigt das Prinzip der Achtung des Interesses Aller am deutlichsten. Insofern folgt Tugendhat in der moralischen Auffassung dem Egalitarismus: Er behauptet, weder die These einer gleichen Verteilung des Guten, noch eine präskriptive Konzeption der Gleichheit zu vertreten; vielmehr unternimmt er den Versuch, die Norm, nach der alle Menschen die gleichen moralischen Rechte haben sollen, zu begründen. Eine solche Idee der moralischen Norm bildet die Leitlinie in der Bestimmung des Interesses. Daher begründet der Vorrang der moralischen Gleichheit aller Menschen die Universalität der Rechte. Unter diesem Gesichtspunkt ist Moral laut Tugendhat ein System gegenseitiger Verpflichtungen, die von den Normen bestimmt werden.[61] Es handelt sich dabei um eine Auffassung von Moral, die auf eine Instrumentalisierung der Menschen und eine Diskriminierung der Anderen verzichtet: „Nach meiner Auffassung ist eine Moral ein normatives System, das nicht auf Gewalt beruht, d.h. auf Strafen, sondern auf wechselseitigen internen und d.h. gefühlsmäßigen Sanktionen und das heißt dann, daß es jedem Mitglied der moralischen Gemeinschaft gegenüber zu begründen ist, daß es sich freiwillig diesen wechselseitigen inneren Sanktionen unterwirft."[62]

Dennoch bleiben dieser moralischen und egalitären Auffassung des Rechts bei Tugendhat zwei Schwierigkeiten inhärent:

Die erste Schwierigkeit betrifft den Übergang vom Universellen zum Einzelnen, d.h. den Übergang von einer Gemeinschaft, die die gesamte Menschheit vertritt, zu einer beschränkten moralischen Gemeinschaft, die einen Teil bzw. die Totalität einer bestimmten Gesellschaft repräsentiert. Der Universalismus, der von einer egalitären Moral beabsichtigt wird, lässt offensichtlich die Vielfalt der moralischen und staatlichen Instanzen außer Acht.

Die zweite Schwierigkeit liegt in der Bestimmung des Begriffes ‚Interesse', das den Zweck der Moral bezüglich der universellen und gleichen Achtung bildet. Vollzieht sich aber die moralische Interpretation dieses Begriffes nicht auf Kosten seines Inhalts?

---

59 Tugendhat, E., *Vorlesungen über Ethik*, a. a. O., S. 76. Vgl. Pauer-Studer, H., *Vernunft, Rationalität und der Konstruktualismus. Einige Fragen zu Ernst Tugendhats Vorlesungen über Ethik*. In: *Deutsche Zeitschrift für Philosophie*, 45, 1997, S. 109ff.

60 Vgl. Tugendhat, E., *Gleichheit und Universalität in der Moral*, a. a. O., S. 3ff.

61 Vgl. Tugendhat, E., *Aufsätze. 1992-2000*, a. a. O., S. 7.

62 Tugendhat, E., *Gleichheit und Universalität in der Moral*, a. a. O., S. 15.

Es ist klar, dass die Konsequenz der Moral der universellen und gleichen Achtung, die bis dahin von Tugendhat entwickelt wurde, dazu führt, den Anderen nicht nur als Rechtssubjekt, sondern auch als Subjekt unserer Pflichten wahrzunehmen. In diesem Kontext hebt Tugendhat hervor, dass wir „unsere Pflicht als Reflex auf sein Recht“[63] verstehen sollen. Daher wird der Rechtsbegriff als Korrelat des Pflichtbegriffs erfasst. Auf diese Korrelation zwischen Pflicht und Recht muss ausführlicher eingegangen werden.

Ein ‚moralisches Recht' wird deswegen so genannt, weil es auf dem moralischen Bewusstsein des Menschen gründet und auf der Achtung seiner Würde. Wie auch der erste Satz von Art. 1 (1) des deutschen *Grundgesetztes* („Die Würde des Menschen ist unantastbar“) besagt, ist es dem Menschen darüber hinaus erlaubt, legitimerweise seine moralischen Rechte gegenüber dem Staat zu beanspruchen. Dies heißt, dass sich der Staat moralisch verhalten soll, um die Würde seiner Bürger zu gewährleisten. Ausgehend von der Norm, nach der das moralische Bewusstsein das Recht begründet, nimmt Tugendhat im Jahre 1986 Stellung zur Asylfrage. Er betont, dass das Asyl keine Gnade, sondern ein fundamentales moralisches Recht sei. Es sei ein Recht, weil es in Art. 16. des Grundgesetzes stehe; und dieses Recht sei moralisch, weil es auf die Erniedrigung des Anderen verzichte und zugleich beabsichtige, die gleiche Achtung unter allen Menschen zu gewährleisten.[64]

Tugendhat stellt schematisch das Korrespondenz- oder Symmetrieverhältnis zwischen Pflicht und Recht dar; er nimmt in seinem Aufsatz *Gleichheit und Universalität in der Moral* Folgendes an: „Für alle x und y soll gelten, daß, wenn x eine Verpflichtung gegenüber y hat, dann hat y, wenn es gleichfalls eine Person und nicht identisch mit x ist, ein entsprechendes Recht.“[65] Demzufolge ist es notwendig, das Korrespondenzverhältnis der beiden Begriffe in einen normativen Kontext einzuordnen. Eine solche Korrespondenz kann nur innerhalb einer moralischen Gemeinschaft, die das gleiche normative moralische und legale System teilt, angewendet und somit positiviert werden. Aus diesem Grund liegt das Problem, mit dem die Idee der Normativität konfrontiert ist, darin, das Verhältnis von Recht und Pflicht aus einer gleichzeitig juristischen und moralischen Perspektive zu strukturieren, d.h. von einem Standpunkt, der in der Lage ist, die mit den Rechten korrespondierten Pflichten einzufordern sowie die notwendigen Sanktionen für die Einhaltung des Gesetzes durchzusetzen.

Wenngleich das moralische Recht weder von Gott noch von der Natur bzw. von der Vernunft gegeben ist, sondern von „einer kollektiven moralischen

---

63 Tugendhat, E., *Vorlesungen über Ethik*, a. a. O., S. 348.

64 Vgl. Tugendhat, E., *Asyl: Gnade oder Menschenrecht?* In: ders., *Ethik und Politik*, Frankfurt/M., 1992, S. 67-69.

65 Tugendhat, E., *Gleichheit und Universalität in der Moral*, a. a. O., S. 5.

Pflicht"[66] bestimmt wird, die auf eine legale Instanz des Rechts verweist, bleibt es im Wesentlichen von der staatlichen Instanz abhängig. Das moralische Recht fordert demnach die Schaffung einer legalen Instanz, welche den Charakter einer Gesellschaft repräsentiert: „Es bestünde also eine *moralische* Verpflichtung zur Schaffung einer *legalen* Instanz, als einheitliche Vertretung aller, und das heißt, es ergäbe sich eine moralische Forderung zur Schaffung eines (in seinen Aufgaben von daher zu definierenden) Staates."[67] Somit ist die Universalität der gleichen Achtung mit der Vielfalt der staatlichen und moralischen Instanzen konfrontiert und läuft deshalb Gefahr, in einen Formalismus zu münden, solange sie nicht von juristischen Normen abgesichert wird.

4. Schlussbemerkung

In der ersten Phase seiner Überlegungen zur Ethik stellt Tugendhat den Ausgangspunkt seiner Reflexion und seine Begründung eines plausiblen ethischen Konzepts dar. In der zweiten Phase bearbeitet er seine ethische Perspektive dahingehend, dass in ihr eine Behandlung des Rechts möglich wird. Das Recht wird in seiner untrennbaren Beziehung zur Ethik der Gleichheit und der gegenseitigen Achtung verstanden. Darüber hinaus wird ersichtlich, dass das Recht, seine Beziehung zur Ethik sowie zur Theorie der Gleichheit nur in der zweiten Phase von Tugendhats Ethik explizit und ausführlich behandelt werden, d.h. seit den *Vorlesungen über Ethik* und den um die gleiche Zeit verfassten Studien, wie etwa *Die Kontroverse um die Menschenrechte*[68].

Abschließend möchte ich noch auf zwei Punkte eingehen, die sich auf Tugendhats Auseinandersetzung mit Kant und mit dem Kontraktualismus beziehen.

Während die moralische Auffassung Kants in den Arbeiten der ersten Phase deutlicher kritisiert wurde – weil diese die höheren Wahrheiten der Religionen mit einer anderen metaphysischen substituierte –, schwächte sich diese Kritik in den *Vorlesungen über Ethik* und in anderen seiner Texte aus dieser oder späterer Zeit ab. Mit den *Vorlesungen über Ethik* wird Kant zu einem eminenten Ansprechpartner Tugendhats, vor allem wegen seiner Vorstellung von gleicher und gegenseitiger Achtung.

Die Begründung von Ethik und Recht vollzieht sich in einer kritischen Auseinandersetzung mit Mackies Kontraktualismus. Während der ersten Phase wirft Tugendhat dem Kontraktualismus vor, eine Theorie der Gefühle in der Begründung von Ethik außer Acht gelassen zu haben. Es scheint allerdings, dass er in der zweiten Phase seiner Überlegungen zur Ethik die Theorie der moralischen Gefühle weniger betont; dies erlaubt es ihm, durch die Bearbeitung des kontrak-

66 Tugendhat, E., *Vorlesungen über Ethik*, a. a. O., S. 350.
67 Ebd.
68 Vgl. Tugendhat, E., *Die Kontroverse um die Menschenrechte*, a. a. O., S. 27-39.

tualistischen Ansatzes seine Auffassung der moralischen und universellen Gleichheit der Menschen zu begründen.

Georg Mohr

Die Fallen der verlogenen Humanismen. Geschichte und Rechtfertigung von einem postkolonialen Standpunkt

« The relationship between Islam and the West includes centuries of coexistence and cooperation, but also conflict and religious wars. More recently, tension has been fed by colonialism that denied rights and opportunities to many Muslims, and a Cold War in which Muslim-majority countries were too often treated as proxies without regard to their own aspirations. »

Barack Obama, *Remarks by the President on a New Beginning*, Universität Kairo, 4. Juni 2009[1]

1.

Ich möchte mit einigen eher persönlichen Bemerkungen beginnen. Seit wir auf der letzten Tagung in Tunis im Oktober 2008 über „Les figures de l'humanité" vereinbart hatten, dass 2009 in Bremen die letzte der Tagungen dieser Reihe „Philosopher le vivre ensemble – Philosophie et transculturalité" stattfinden würde, habe ich versucht, mir zu vergegenwärtigen, was in den letzten zehn Jahren der Kooperation geschehen ist und was ich von unseren Debatten glaube gelernt zu haben. Es waren zehn Jahre des Verstehens und des Missverstehens, des Dazulernens und der Desillusionierung, der Konsense und der Meinungsverschiedenheiten, kurz: der Diskussion. Die Ausgangsbedingungen: Begegnung zwischen Philosophen[2] aus ‚Orient' und ‚Okzident', der arabischen Welt und dem Westen, Moslems und Laien, Partikularisten und Universalisten. In der Tat kaum verwunderlich durfte sein, dass diese Gegensätze nicht einsinnig zuordenbar sind. Auch im ‚Orient' gibt es Vertreter des Universalismus, und es gibt ‚West-

1 http://www.whitehouse.gov/the_press_office/Remarks-by-the-President-at-Cairo-University-6-04-09/ (8. August 2009).

2 Die Nennung von Personengruppen, auch wenn diese durch einen Singular bezeichnet werden, bezieht sich, wenn nicht ausdrücklich anders spezifiziert, stets auf Frauen *und* Männer.

ler', die den Partikularismus vertreten. Es gibt Liberale im ,Orient' und es gibt Fundamentalisten im ,Westen'.

Vielleicht ebenso wenig erstaunlich, aber doch ein wenig einschüchternd war die Beobachtung, dass die tunesischen Kollegen *beide* philosophischen Traditionen, die abendländische (europäische und nordamerikanische) Philosophie *und* die arabische Philosophie, den Koran mit der Tradition der islamischen Texte eingeschlossen, kennen und beherrschen – im Unterschied zu mir, der ich glaube, selbst aus der Philosophie meiner eigenen Kultur nur einen kleinen Ausschnitt zu kennen.

Schließlich machte mich eine Beobachtung mehr und mehr stutzig: Im Laufe unserer Begegnungen ist mir zunehmend klar geworden, dass meine tunesischen Kollegen mehr über Differenzen und historisch-kulturelle Zusammenhänge von Differenzen, über die Geschichte sowie die verschiedenen Weisen der Geschichtsbetrachtung und des Geschichtsverständnisses nachdenken, als ich dies tat. Ihre philosophischen Reflexionen sind von einem weiteren akademischen und politischen Horizont geprägt. Die doppelte akademische Bildung: tunesisch *und* französisch, arabisch *und* europäisch, die sich in ihren Beiträgen manifestiert, spiegelt auch einen doppelten Geschichts- und Lebenskontext wider: Erfahrungen mit ,beiden Welten', der arabischen Welt und Europa.

Hingegen scheinen mir die philosophischen Überlegungen, die ich zur Diskussion beigetragen hatte, kaum kontextualisiert. Rückblickend wirkt mein eigener philosophischer Zugang, der darin bestand, über mehr oder weniger klassische Themen der europäischen Philosophie zu sprechen[3], auf mich jetzt ein wenig naiv. Habe ich die Wörter (Rechtskultur, Unparteilichkeit, Gleichheit, Anerkennung, Menschenwürde, Menschenrechte, Universalismus) nicht rein akademisch verwendet: als Elemente von Theorien statt als mit politischer Bedeutung konnotierte und politisch belastete Wörter? Ich habe nicht berücksichtigt – obwohl ich es hätte wissen können –, dass diese Wörter oder zumindest einige von ihnen für meine Gesprächspartner ambivalent sind. Dass sie mit Emotionen und Gedanken konnotiert sind, die ihrerseits mit politischen Erfahrungen und existentiellen Bedingungen verknüpft sind, die von den meinen sehr verschieden sind.

3 Dazu gehörten die Themen: Unparteilichkeit bei Adam Smith, Menschenwürde bei Kant, Anerkennung bei Fichte, Gleichheit und Demokratie bei Locke, Rawls und Nussbaum.

2.

Am Tag nach dem Ende unserer letzten Tagung in Tunis bin ich in einer tunesischen Buchhandlung auf ein gerade erschienenes Buch mit dem Titel *Wir, Entkolonisierte* (*Nous, décolonisés*) gestoßen. Die Autorin heißt Hélé Béji, eine 1948 in eine antikolonialistische Familie geborene Tunesierin, examiniert in Neuerer Literatur, Schriftstellerin, Literaturprofessorin, Historikerin, internationale Funktionärin der UNESCO, 1998 Gründerin des Collège International de Tunis. In ihrem Essay *Nationale Entzauberung*[4] hat Hélé Béji die ersten Ergebnisse ihrer Forschungen über die Entkolonisierung vorgestellt. Ihr letztes Buch über dasselbe Thema, das im Zentrum ihres Interesses geblieben ist, mit dem Titel *Wir, Entkolonisierte*, ist 2008 in Paris erschienen. Das Buch ist reich an Diagnosen, die auf Verwirrungen, Verwechslungen, Irritationen, Missverständnisse bezüglich der Entkolonisierung aufmerksam machen und diese von beiden Seiten beleuchten: seitens der Entkolonisierten sowie seitens der Ex-Kolonisatoren und Neo-Kolonisatoren. Béji formuliert strenge Kritik sowohl an die Adresse der Europäer (und US-Amerikaner) als auch an die der Araber. Als ich dieses Buch las, womit ich noch gleich in Tunis anfing, hatte ich den Eindruck, meine Verwunderungen und meine Naivität etwas besser zu verstehen.

Ich werde einige der Beobachtungen von Hélé Béji aufgreifen, die mir in zweierlei Hinsicht besonders aufschlussreich scheinen: in Bezug auf die aktuelle politische Stimmung sowie auch in Bezug auf bestimmte grundlagenphilosophische Fragen. Letztere betreffen nicht nur die *Inhalte* der rivalisierenden ethischen oder politikphilosophischen Grundpositionen, sondern vor allem eine *methodologische* Frage der praktischen Philosophie insgesamt: ob und inwiefern die *Geltung gewisser normativer Grundprinzipien* – wie Menschenwürde, wechselseitige Anerkennung, personale Autonomie, Recht auf politische Partizipation – von der *Geschichte*, genauer gesagt: von der *historischen Erfahrung berührt* werden kann, die *bestimmte Personen oder Gruppen mit dem Gebrauch oder Missbrauch dieser Prinzipien machen.* Ich werde also einige von Hélé Béji in ihrem Buch *Wir, Entkolonisierte* angesprochene Punkte aufgreifen, um daraus einige philosophische Schlussfolgerungen zu ziehen.

3.

Der Ton und das Anliegen des Buches sind geprägt von einer Enttäuschung und von dem Versuch einer Ursachendiagnose. Die antikolonialen Kämpfe wurden von Freiheits-, Unabhängigkeits- und Autonomiebestrebungen genährt. Jedoch nach einem halben Jahrhundert politischer Unabhängigkeit stellt Hélé Béji fest, dass der gegenwärtige Zustand der entkolonisierten Länder angesichts dieser Be-

---

4 Béji 1982.

strebungen enttäuschend ist. Die Entkolonisierung ist von einer Ambivalenz belastet, die sowohl für die entkolonisierten Länder als auch für die ehemaligen Kolonialmächte gefährlich werden kann, wenn ihr Ursprung und ihre Konsequenzen nicht erkannt werden. Béji spricht als ‚Tochter' eines der Länder, die die Kolonisierung erlebt haben, als Mitglied einer entkolonisierten Gesellschaft. Sie spricht von „uns, den Entkolonisierten". Sie wendet sich an ihre Landesgenossen, an alle diejenigen, die sich in derselben historischen Situation befinden, in einem entkolonisierten Land zu leben. Aber sie wendet sich ebenso an alle Bürger dieser Welt.

Hélé Béji beobachtet zu Beginn ihres Buches eine frappierende Ambivalenz der Entkolonisierung. Einerseits ist die Entkolonisierung der „Sieg der Freiheit der Völker, über sich selbst zu bestimmen. Sie ist die Ausdehnung der Demokratie auf den ganzen Erdball, die allen Menschen überall auf der Welt gleichermaßen versprochen wird. [...] Die Idee der Gleichheit macht aus jedem Volk ein Individuum, das Herr seiner selbst ist. Das ist nicht nur ein historisches Ereignis, es ist ein metaphysisches Abenteuer."[5] Die Entkolonisierung erscheint als der „Widerstand des Menschlichen gegen seine Enteignung". Sie ist die „instinktivste und fortgeschrittenste Form der Freiheit. Sie ist die Avantgarde aller Freiheiten."[6]

Anderseits jedoch ist die Entkolonisierung eine unglückliche Freiheit, die „unglücklichste aller Freiheiten, denn sie hat ihre Versprechen nicht gehalten."[7] „Wir hielten uns für besser als die Europäer, aber wir haben, seit wir souverän sind, dieses Ideal der Gerechtigkeit, das uns die Zivilisation vorenthalten hatte, nicht angewandt. Wir, die wir dermaßen unter dem uns von den Anderen zugefügten Übel gelitten haben, waren nicht imstande, daraus für uns eine Lehre zu ziehen."[8] Hélé Béji verwendet die Metapher der *Falle*: „Ich fand mich in neuen Fallen wieder, so als ob, indem ich mich vor einer Geißel rettete, die Unabhängigkeit mir gleich eine andere bereithielt".[9] Was ist der Ursprung dieser Falle? Um was für eine Falle handelt es sich? Ich werde darauf zurückkommen.

---

5 Béji 2008, S. 11. Es ist keine deutsche Übersetzung dieses Buches erhältlich. Die Zitate wurden von mir übersetzt.

6 Ebd., S. 13.

7 Ebd.

8 Ebd., S. 18.

9 Ebd., S. 13.

4.

Zu Beginn des zweiten Kapitels gelangt Béji zu folgender Analyse: „Der Antikolonialismus trug das Versprechen einer – mehr oder weniger kurzfristigen – weltweiten Demokratie in sich. Solange andere Völker an ihr nicht Teil hatten, behielten die *Menschenrechte* etwas Unvollkommenes, Verlogenes.“[10] Sehen wir uns diesen Gedanken etwas näher an. Er beinhaltet zwei implizite Prämissen:

1. Die Menschenrechte sind, wenn man sie „vollkommen“ verwirklicht, wenn man sie in ihrem „wahren“ Sinn begreift, *universale* Rechte.
2. Der Antikolonialismus war eine *Kritik* des Kolonialismus und der ihm inhärenten *Ungleichheit*. Der Antikolonialismus kritisiert die ungleiche Garantie der Menschenrechte und die nur partielle Demokratie unter kolonialen Bedingungen. Das *Ziel* des Antikolonialismus war die Demokratie für alle mit der *universellen* Verwirklichung der Menschenrechte.

Diesen beiden Prämissen zufolge zielt der Antikolonialismus gerade positiv auf den Universalismus der Menschenrechte und der Demokratie, den er als ein wesentliches Merkmal eines gesellschaftlichen Lebens *ohne* Unterdrückung und *ohne* Fremdherrschaft betrachtet. Der Universalismus der Menschenrechte und der Demokratie wird demnach vom Antikolonialismus *gefordert*. Es handelt sich dabei um eine *begriffliche Notwendigkeit* des Antikolonialismus und seiner für ihn wesentlichen Forderung. Nun hört man in den heutigen entkolonisierten Ländern häufig Stimmen, die sagen, dass „die Universalitätsforderung suspekt ist, da sie der Ausdruck eines Herrschaftswillens ist“[11]. Stellt das die Dinge nicht geradezu auf den Kopf? Es wäre vorschnell, den Schluss zu ziehen, dass diese ‚Verderhung‘ ein bloßer Sophismus oder gar eine Aggression ist. Man versteht den Einwurf besser, wenn man eine Hypothese ergänzt: Die in dem Einwurf auftauchende scheinbare Gleichsetzung „Universalismus = (Fremd)Herrschaft“ soll gewiss nicht als eine allgemeine Aussage über den Universalismus als solchen verstanden werden, sondern es handelt sich vielmehr um eine kritische Schlussfolgerung, die aus der *Politik* derjenigen gezogen wird, die die Universalismus-*Rhetorik missbrauchen*. So verstanden, stellt der Einwurf nichts auf den Kopf, sondern ist ein wichtiger Hinweis auf einen Umstand, der regelmäßig ignoriert

---

10 Ebd., S. 21.

11 Mit diesem Zitat greife ich einen Einwand meines tunesischen Kollegen Mehrez Hamdi zu meinem 2008 in Tunis gehaltenen Vortrag « L'homme des droits de l'homme face aux figures de l'humanité » (abgedruckt in: Jacques Poulain u.a. 2009, S. 19-26) auf. Dort behaupte ich, dass der kritisch-normative Sinn eines wohl verstandenen Partikularismus mit einem wohl verstandenen Universalismus nicht nur vereinbar ist, sondern diesen sogar impliziert. Auf diese These komme ich unten zurück.

wird. Sowohl die politischen als auch die philosophischen Debatten zwischen den ‚beiden Kulturen' leiden nicht unerheblich unter diesem blinden Fleck.

5.

In *Die Verdammten dieser Erde* stellt Frantz Fanon fest: Europa „hört nicht auf, vom Menschen zu reden, während es ihn überall niedermetzelt, wo es ihn antrifft, an allen Ecken seiner eigenen Straßen, überall auf der Welt. [...] Seit Jahrhunderten erstickt es fast die gesamte Menschheit im Namen eines angeblichen ‚geistigen Abenteuers'."[12] Jean-Paul Sartre schreibt in seinem Vorwort zu Fanons Buch: „Unsere Opfer kennen uns durch ihre Wunden und ihre Ketten: Das macht ihr Zeugnis unwiderlegbar. Sie müssen uns nur zeigen, was wir aus ihnen gemacht haben, damit wir erkennen, was wir aus uns gemacht haben. [...] Ihr, die ihr so liberal, so menschlich seid, die ihr die Liebe zur Kultur bis zur Preziosität treibt, ihr scheint zu vergessen, dass ihr Kolonien habt und dass man dort in eurem Namen mordet."[13]

Sartre nennt das die „liberale Heuchelei"[14]. Dieser Liberalismus ist ein Pseudo-Universalismus, ein verlogener Universalismus. „Unsere Soldaten in Übersee lehnen den Universalismus des Mutterlandes ab und wenden auf das die menschliche Gattung einen *numerus clausus* an: Da niemand seinesgleichen ausplündern, unterjochen oder töten kann, ohne ein Verbrechen zu begehen, legen sie das Prinzip fest, dass der Kolonisierte nicht seinesgleichen, kein Mensch ist"[15] Und gegen Ende des Vorworts gelingt Sartre diese scharfsinnige ‚enthüllende' Pointe: „Man muss zu allererst diesem unerwarteten Spektakel ins Gesicht sehen: dem Striptease unseres Humanismus. Da steht er also ganz nackt da, nicht schön anzusehen. Es war nur eine verlogene Ideologie, die ausgeklügelte Rechtfertigung einer Plünderung."[16]

Aber hier handelt es sich nicht nur um die gelungene Pointe eines begnadeten Schriftstellers. Es ist der repräsentative, ja adäquate Ausdruck des ‚moralischen Antlitzes' des kolonialen Europa, der ‚abendländischen' Verlogenheit zur Zeit der Kolonisierung. Wie Albert Memmi in aller Deutlichkeit in seinem *Porträt des Kolonisierten* sagt: Während der Kolonisator für sich selbst die Menschenrechte und die Freiheit, in der ganzen Welt zu seinen Gunsten zu agieren, in Anspruch nimmt, „spricht er dem Kolonisierten das wertvollste Recht ab, das der

---

12 Fanon 2002, von Sartre in seinem Vorwort, S. 8, zitiert. Ich habe die Übersetzung der Zitate gelegentlich leicht verändert.

13 Sartre in ebd., S. 12-13.

14 Ebd., S. 13.

15 Ebd., S. 13-14.

16 Ebd., S. 22.

Mehrheit der Menschheit zugestanden wird: Freiheit“[17]. In seinem Vorwort zu Memmis Buch hebt Sartre diese Analyse hervor: „Der Kolonisator erfreut sich im Mutterland der demokratischen Rechte, die das koloniale System den Kolonisierten verweigert. [...] Der Kolonialismus verweigert die Menschenrechte den Menschen, die er durch Gewalt unterworfen hat und die er mit Gewalt in Elend und Unwissenheit hält, also, wie Marx sagen würde, im Zustand des ‚Unter-Menschen‘. [...] Die Erklärung der Menschenrechte geht den Eingeborenen nichts an; die kolonialen Produktionsverhältnisse definieren zwei Sorten von Individuen: Für die einen sind das Privileg und die Menschlichkeit eins; er ist Mensch durch die freie Ausübung seiner Rechte; für die anderen sanktioniert die Abwesenheit von Recht ihr Elend, ihren chronischen Hunger, ihre Unwissenheit, kurz ihre Unter-Menschlichkeit.“[18]

Europa hat seinen Humanismus durch seinen Kolonialismus verraten. Während Europäer öffentlich ihre philosophischen Ideale der Gleichheit unter den Menschen, der Freiheit als fundamentales Recht jedes Menschen, der Menschenwürde in jedem Menschen proklamierten, haben sie Millionen von Menschen auf allen Kontinenten dieses Planeten unterdrückt, ausgebeutet, misshandelt, niedergemetzelt. Sie haben dies mit einer genau entgegen gesetzten Rhetorik begleitet, ja ‚gerechtfertigt‘: Barbaren zivilisieren, Unwissende missionieren, die Welt modernisieren, etc.[19]

Das ist Verlogenheit: eine Sache sagen oder fordern und das Gegenteil denken oder tun; für sich etwas in Anspruch nehmen, was man dem Anderen verweigert. „Eine Zivilisation, die mit ihren Prinzipien trickst, ist eine todgeweihte Zivilisation.“[20] Prinzipien der ‚europäischen‘ Zivilisation sind Vernunft, Gewissen, Rechtfertigung, Unparteilichkeit. Aber die „sogenannte ‚europäische‘, ‚abendländische‘ Zivilisation, wenn sie vor den Zeugenstand der ‚Vernunft‘ und des ‚Gewissens‘ gebracht wird [um ihren eigenen Prinzipien gemäß beurteilt zu werden; GM], ist außerstande, sich zu rechtfertigen, [...] sie flüchtet sich mehr und mehr in eine Heuchelei, die um so unausstehlicher wird, je weniger sie täuschen kann.“ Der europäische Humanismus hat sich als ein Barbarismus entlarvt, die ‚abendländische‘ Zivilisation hat sich selbst entzivilisiert.[21]

6.

Postkoloniale Studien bestätigen, dass die Rede von Universalität und Universalismus von den Kolonisierten als verlogene Ideologie aufgefasst worden ist und

---

17 Memmi 1985 (1. Aufl. Corréa 1957), S. 105.
18 Sartre, « Préface », in ebd., S. 23-24.
19 Siehe Osterhammel 2001 (1. Aufl. 1995).
20 Césaire 2004, S. 7.
21 Siehe auch Mannoni 1950.

wird. In seiner Einleitung zum Kapitel „Universality and Difference“ in seinem *Post-Colonial Studies Reader* schreibt Bill Ashcraft: „it is this notion of a unitary and homogeneous human nature which marginalises and excludes the distinctive characteristics, the difference, of post-colonial societies. [...] We are often told that what makes Shakespeare or Dante or Goethe ‚great' is their ability to reveal something of ‚the universal human condition'. [...] The myth of universality is thus a primary strategy of imperial control. [...] ‚European' equals ‚universal' [...] The assumption of universalism is a fundamental feature of the construction of colonial power because the ‚universal' features of humanity are the characteristics of those who occupy positions of political dominance. It is these people who are ‚human', who have a legitimate theory, who live in ‚the world'. Because language is a discourse of power, in that it provides the terms and the structures by which individuals have a world, a method by which the ‚real' is determined, notions of universality can, like the language which suggests them, become imperialistic.“[22]

In dieser postkolonialen Analyse wird die Ambivalenz der universalistischen Rhetorik sehr deutlich benannt. Die Ungleichheitsverhältnisse sind nicht das einzige Charakteristikum der Kolonisierung, aber sie manifestieren sich auch noch in den ‚westlichen' Diskursen *nach* der Kolonisierung. ‚Enduring Freedom' ist nur die letzte Episode einer langen Geschichte.

7.

Angesichts dieses dem kolonialen wie auch dem postkolonialen Europa inhärenten Widerspruchs lässt Hélé Béji den ‚Kolonisierten' zum ‚Europäer' sagen: „Der Repräsentant der Menschheit ist inzwischen woanders. Du bist die Vergangenheit, ich bin die Zukunft, das natürliche, legitime Kind des Humanismus, den du ruiniert hast. Während du 1945 in Nürnberg die Verbrechen gegen die Menschlichkeit verurteilt hast, verübtest du in Algerien das Massaker von Sétif! Du verurteiltest die Grauen, die du bei uns anrichtetest. Warst du dir dessen bewusst? Dein Humanismus ist verendet. Ich bin der Anfang deiner zweiten Geburt. Ich bin die Idee des Menschengeschlechts, die du verstümmelt hast. Ich bin die Aneignung der Demokratie durch den gesamten Erdball. Ich bin das *Recht der Völker, über sich selbst zu bestimmen*!“[23]

Diese fiktive Rede verdeutlicht, was ich hier den ‚verlogenen Humanismus' nenne. Er besteht darin, Verbrechen gegen die Menschlichkeit zu verurteilen, während man sie selbst begeht; sich wie ein Missionar der Demokratie aufzuführen, während man einem anderen Volk seine Autonomie nimmt und ihm einen

---

22 Ashcraft, „Introduction“, (zu Kapitel 3: „Universality and Difference“). In: Ashcraft u.a. 2001 (1. Aufl. 1995), S. 55.

23 Béji 2008, S. 14.

Zustand der Besatzung und des alltäglichen Terrors aufzwingt; dabei von Freiheit spricht und zugleich die Welt mit Fremdherrschaft durch militärische und ökonomische Macht bedroht. Die Hoffnung, die mit der Idee der Entkolonisierung verbunden war, war diese: „der Tod des alten Humanismus und der Beginn der Ära des neuen".[24] Der verlogene Humanismus möge einem wahren Humanismus weichen.

8.

Eine Reaktion, die in den entkolonisierten Ländern immer lauter wird, ist die Forderung nach kulturellen Rechten. Hélé Béji kritisiert den Begriff des kulturellen Rechts energisch. Obwohl man die kulturellen Rechte als die „Avantgarde eines Humanismus der Toleranz" zu präsentieren glaubte, würde eine auf sie begründete politische Philosophie „schnell in die Intoleranz führen".[25] Béji gibt zu bedenken, dass man mit dem Begriff des kulturellen Rechts, „also der einer jeden einzelnen Kultur jeweils eigenen Legitimität, die Hoffnung verliert, dass eine alle Menschen gültige Moral zum Vorschein kommen könnte".[26] Statt die Befreiung zu unterstützen, um eine legitime Autonomie zu gewinnen, „dient ein kulturelles Recht häufig dazu, das nicht zu Rechtfertigende zu rechtfertigen"[27] Béji beobachtet sehr kritisch, dass, „sobald man wieder sich unter sich ist, unabhängig, die Intoleranz neue Kraft geschöpft hat. [...] Neue innere Kriege sind geboren [...,] die sich aller Geister bemächtigt haben und deren Ende nicht absehbar ist."[28] Hélé Béji widersetzt sich dem und verteidigt die Priorität der Bürgerlichkeit (*civilité*) gegenüber der Kulturalität: „Es ist die Bürgerlichkeit, nicht die ‚Kulturalität', die die Humanität des Politischen begründet."[29]

9.

Leider wird die Verteidigung der Bürgerlichkeit, der Demokratie und des auf Menschenrechte begründeten Liberalismus diejenigen nicht überzeugen, an die sich Hélé Béji in erster Linie wendet, die Entkolonisierten, wenigstens solange, wie diejenigen, die man mit ‚der Demokratie' assoziiert (die Akteure von ‚Enduring Freedom' und Co.), weiter eine gewaltsame Expansion betreiben und damit die Entkolonisierten zu neokolonisieren versuchen. Béji hebt diesen Punkt treffend hervor: „Wenn die Demokratie mit gewaltsamen Interventionen von außen

---

24 Ebd., S. 12.
25 Ebd., S. 121.
26 Ebd., S. 122.
27 Ebd., S. 123.
28 Ebd., S. 180.
29 Ebd., S. 124.

operiert, ruiniert sie ihre eigene Moral. Die Demokratie kann nur aus sich selbst hervorgehen."[30] Die 'neokoloniale' Expansion der Demokratie ist zum Scheitern verurteilt. Wir haben es offenbar mit einer Re-Kolonisierung zu tun. Die ‚demokratische' Kultur, die sich als ‚re-kolonisierende' Kultur erweist, scheitert auf moralischer Ebene: Sie betrügt, sie lügt, zumindest durch einige ihrer Akteure. Sie führt demokratische Reden und entzieht doch den Betroffenen das Recht auf politische Partizipation, sie redet vom freien Markt, während sie die Lage der wirtschaftlich schwächeren Länder ausnutzt.

10.

Es gibt *mehrere* Humanismen: den universalistischen Humanismus *und* den partikularistischen Humanismus. Beide können verlogen sein und Fallen stellen. Beiden sollten wir uns widersetzen: sowohl den ‚neokolonialen' Universalisten als auch den ‚entkolonisierten' religiösen (fundamentalistischen) Partikularisten. Die Fallen des verlogenen Humanismus finden sich auf beiden Seiten, auf der Seite des Partikularisten, der schnell zu einem Ideologen der geschlossenen Diktatur werden kann, wie auch auf der Seite des positivistischen Universalismus, insofern dieser lediglich auf formal in Kraft gesetztes und formal liberales Recht pocht, auch wenn dessen ‚materielle' und kontextsensitive Legitimität ungenügend bleibt. Sowohl der Kolonisator als auch der Post-Kolonisator deklarieren bei sich (und: für sich) die Menschenrechte, ignorieren und verletzen sie aber andernorts. Der Entkolonisierte beruft sich für seinen Unabhängigkeitskampf auf universale Menschenrechte, nach der Befreiung aber weigert er sich, sie zu universalisieren. In Zeiten der Entkolonisierung tun die Ex-Kolonisatoren so, als ob nichts gewesen wäre, und die Ex-Kolonisierten haben alle Mühe, sich selbst nicht als Kolonisierte zu sehen.

11.

Nun ist es gerade in den interkulturellen Debatten wichtig zu sehen, dass die Gesprächspartner (‚der Westen' und ‚der Orient', ‚Europäer' und ‚Araber') aus verschiedenen, ‚entgegen gesetzten' Erfahrungs- und Reflexionskontexten heraus argumentieren. Die ‚Vertreter des Westens' – vor allem diejenigen, die es als Ziel internationaler Politik ansehen, allen Gesellschaften Demokratie und allen Menschen die Gewährung von Menschenrechten zu ermöglichen – scheinen geschichtsvergessen die unterschiedlichen politischen Perspektiven zu ignorieren, aus denen sie ihre Ideale formulieren und aus der ‚die Anderen', ‚die arabische Welt', ‚der Orient' sie reden hören. Diese hingegen betrachten die großen

[30] Ebd., S. 125.

ethisch-politischen Programme des Westens eher mit dem Misstrauen dessen, der betrogen und geschlagen wurde.

Ich glaube bemerkt zu haben, dass ich in meinen Beiträgen zu unseren Diskussionen viel weniger sensibel für die Geschichte und die aktuelle politische Lage war als meine arabischen Gesprächspartner. Und mir scheint, dass es gerade bei den Westeuropäern eine deutliche Tendenz zum Vergessen und Verdrängen der Geschichte gibt, während die Araber viel mehr vor dem Hintergrund ihres Geschichtsbewusstseins und ihrer politischen Erfahrung argumentieren.

Geschichtsbewusstsein bedeutet hier Erinnerung an Leid und Ungerechtigkeiten, zugefügt durch die Verletzung der Ideen, die die Europäer für sich selbst proklamiert hatten. Daher scheint es gute Gründe zu geben, diesen Idealen zu misstrauen, vor allem dann, wenn sie von denen ausgesprochen und proklamiert werden, die sie verletzt haben (oder von ihren Nachfahren). Man muss sich also fragen, ob und inwiefern die philosophische Reflexion über normative (moralische, rechtliche) Grundprinzipien wie Freiheit, Gerechtigkeit, Gleichheit etc. den Umstand zu berücksichtigen hat, dass die verschiedenen Gesellschaften mit diesen Prinzipien unterschiedliche historisch-politische Erfahrungen gemacht haben. Wie und in welchem Maße kann man die unterschiedlichen Erfahrungen als Kontext(e) der Rechtfertigung und der Geltung normativer Prinzipien berücksichtigen? Um eine Antwort auf diese Frage zu versuchen, gehe ich zunächst kurz auf die hier einschlägigen Grundbegriffe ein: Recht, Rechtfertigung, Geschichte.

12.

Recht und Rechtfertigung. – Wir fordern vom Recht, dass es sich als ein System allgemeiner Regeln qualifiziert, die sich nicht auf die bloße Faktizität der machtgestützten Durchsetzung reduziert, sondern dessen normative Geltung *begründet* ist. Der Rechtsbegriff ist an die Idee der *Gerechtigkeit* gebunden und als solcher an die Idee der *Rechtfertigung.*

Geschichte und Recht. – Wir wissen, dass ‚das Recht' (welches Recht eigentlich?) keineswegs eine bloß logische Ableitung aus ersten moralischen oder naturrechtlichen Prinzipien ist, sondern dass Rechte und Rechtsordnungen das *historische* Resultat von sozialen Kämpfen sind, die man als Kämpfe um Anerkennung charakterisieren kann. Rechte erhalten ihre Bedeutung in bestimmten historisch-politischen Konstellationen: Ungerechtigkeitsempfindungen der Mitglieder einer Gesellschaft haben zur Einforderung der Anerkennung dieser Rechte geführt.

Rechtfertigung und Geschichte. – Um die normative Qualität und damit die Geltung einer Rechtsordnung zu beurteilen, muss man die *Entstehung* des Rechts, d.h. den *historischen Kontext*, der zur juridischen Institutionalisierung dieses Rechts geführt, betrachten. Das ist wesentlich für ein adäquates Verständnis des Rechts in zwei Hinsichten. Erstens – das ist der ‚formale' Aspekt – stellt die normative Qualität des Positivierungsverfahrens eine notwendige Bedingung der Legitimität einer Rechtsnorm dar. Folglich ist die Entstehung im prozeduralen Sinn Bestandteil der Legitimität des Rechts. Zweitens – das ist der ‚materiale' Aspekt – ist die Rechtfertigung des Rechts an die Angemessenheit seines Norminhalts in Bezug auf die Normkultur einer Gesellschaft gebunden. Diese, ein integraler Bestandteil des historischen Kontextes der Gesellschaft, besteht ihrerseits insbesondere aus zwei Elementen: (a) der historisch-politischen Situation mit ihren *Lebensbedingungen*, die Gegenstand der Forderung nach juridischer Gewährleistung bestimmter Rechte sind, sowie (b) dem *Wert- und Normhorizont*, d.h. (b1) den *moralischen Überzeugungen* mit den anerkannten *Grundwerten* und (b2) dem Status quo der *Rechtsprinzipien* mit den bereits erreichten (impliziten oder expliziten) *Rechtfertigungsstandards*. In diesem Sinne ist die Rechtfertigung eines Rechts Teil seiner Entstehung und umgekehrt die Entstehung des Rechts Teil seiner Rechtfertigung.

13.

Ein praktisches Prinzip (sei es ein moralisches, politisches oder juridisches), das rhetorisch missbraucht wird und dessen Missbrauch Bestandteil einer verlogenen politischen Strategie ist, verliert seine Glaubwürdigkeit. Zwar ist Missbrauch zunächst das Vergehen einer Person und nicht der Fehler der verwendeten Wörter oder Prinzipien, die ihrerseits eher die Opfer des Missbrauchs sind (die abstrakten Opfer, im Unterschied zu den konkreten Opfern, den Menschen). Aber insoweit, als die Wirkungen des Missbrauchs eines Prinzips schwerwiegend und andauernd sind und das Schicksal einer ganzen Gesellschaft (oder gar eines ganzen Kulturraums) betreffen, wird das Prinzip selbst in Frage gestellt werden. Der Missbrauch des Prinzips wird Rückwirkungen auf die Anerkennung des Prinzips haben. Zwar wird in einem strikten Sinne die Geltung eines Prinzips nicht durch historische Tatsachen bloß als solchen in Frage gestellt. Aber die moralischen und politischen Ideale, die in Prinzipien wie denen der Persönlichkeit, der Humanität und der Menschenwürde zum Ausdruck kommen, verlieren ihre Glaubwürdigkeit. Es ist eine zu selten ausgesprochene und zu wenig anerkannte Wahrheit: Die Unglaubwürdigkeit einer verlogenen Rhetorik überträgt sich auf die moralischen Ideale, die dadurch selbst unglaubwürdig werden. Sich ein Ideal zu Eigen machen, es als Handlungsanleitung akzeptieren, heißt, seine Orientierungsfunktion anzuerkennen. Damit das Ideal diese Funktion erfüllt, ist die subjektive Überzeugung wesentlich, dass seine Anwendung zu einer gemäß den von betroffenen Personen akzeptierten Kriterien guten Praxis führt.

14.

Die Idee des humanistischen Universalismus ist genau so verraten worden wie die Idee eines kulturellen Partikularismus. Die Rhetoriken der so genannten ‚demokratischen' Mission der Vereinigten Staaten von Amerika, die sich in Kriegen ‚gegen die Feinde der Freiheit' manifestiert, einerseits, und die Rhetoriken der ‚Selbstverteidigung' der arabischen Welt, die sich in Terrorakten manifestieren, andererseits, sind beide verlogen und begleiten kriminelle Politiken. Nicht nur sind die Opfer (Getötete, Verwundete, Entwurzelte) zahlreich, auch die in diesen verlogenen Rhetoriken zitierten normativen Prinzipien werden diffamiert und verlieren ihre Glaubwürdigkeit. Der rhetorische Missbrauch der Prinzipien berührt ihre normative Substanz.

Mir scheint, dass die Debatten über die Frage der Universalität bestimmter moralischer und/oder juridischer Grundprinzipien genau unter dieser historischen Tatsache gelitten haben und dass diese Prinzipien rhetorisch und politisch immer wieder missbraucht wurden (und immer noch missbraucht werden). Erleichtert, vielleicht überhaupt erst möglich, wird dieser Missbrauch dadurch, dass die Prinzipien von ihrem Kontext und ihrer Genese und dadurch von ihrer normativen Substanz gelöst wurden. Eine wichtige Lektion, die wir heute zu lernen haben, ist, dass man die konstitutive Rolle der Geschichte für die Geltung der normativen Prinzipien, denen gemäß wir die fundamentalen Rechtsbegriffe begründen, nicht leugnen darf. Man muss die Prinzipien *situieren.* Man muss sie *kontextualisieren.* Man muss wissen, wer sie heranzieht und wer der Adressat ist, in welcher Situation und mit welchem Ziel man sich auf sie beruft, aus welchen Geschichten und welchen politischen Biographien diejenigen kommen, die ein ethisches oder politisches Prinzip vertreten, sowie diejenigen, an die es herangetragen wird.

Gewiss kann die Geschichte die Geltung eines normativen Prinzips nicht in einem strikten Sinne widerlegen. Tatsachen widerlegen keine Normen, jedenfalls nicht in einem logischen Sinn des Terminus. Aber die Prinzipien sind mit ihrer Verwendung assoziiert und folglich gegebenenfalls auch mit ihrem Missbrauch. *Die politische Biographie des Sprechers berührt die Wahrhaftigkeit seiner Inanspruchnahme eines Prinzips.*

15.

Diese Lektion läuft keineswegs auf eine *Relativierung* des Werts von Prinzipien oder Begriffen, die deren Inhalt bilden, hinaus. Ich halte es für ausgeschlossen, dass wir einfach auf die folgenden elementaren Begriffe verzichten könnten:

Persönlichkeit – Autor von Zwecken und Handlungsregeln sein
Freiheit – die reale Möglichkeit, sein eigenes Handeln zu bestimmen
Würde – wechselseitige Anerkennung

Humanität – moralische Gleichheit
Gleichheit – rechtliche Gleichheit
Gerechtigkeit – unparteiliche und angemessene Anwendung von Normen.

Die Semantik dieser Begriffe impliziert einen Humanismus als Universalismus. Sie verlören ihren Sinn, wenn man sie als Distinktionsbegriffe verstünde, die normativ relevante Unterschiede zwischen den Menschen markieren oder die nur bedingt zugeschrieben werden. (Was für Bedingungen sollten das sein? Wer definiert sie? Sollte es für sie Regeln geben? Für wen würden diese gelten?) Die Kontextualisierung der normativen Grundprinzipien stellt diese Begriffe keineswegs der Willkür anheim, sie schließt nicht die Verteidigung eines Universalismus der Prinzipien aus. Edward W. Saïd behauptet zu Recht, dass „der Humanismus der einzige und, ich würde sogar sagen, letzte Widerstand ist, mit dem wir gegen die unmenschlichen Praktiken und die Ungerechtigkeiten, die die Menschheitsgeschichte entstellen, aufwarten können. [...] Der menschliche und humanistische Wunsch nach Aufklärung und Emanzipation kann trotz der unglaublichen Gegenmacht, die von den Rumsfelds, Bin Ladens, Sharons und Bushs dieser Welt ausgeht, nicht zurückgestellt werden."[31]

Der normative Kern dieses unhintergehbaren Humanismus ist der Universalismus und Egalitarismus der wechselseitigen Anerkennung der Menschen als handelnder Personen, die sich als Freie und Gleiche begegnen. Jede andere Konzeption des Zusammenlebens würde unweigerlich in einen ‚Naturzustand' münden, wo alle der Willkür des Stärksten ausgeliefert wären.

16.

Der wohlverstandene Partikularismus ist ein Universalismus. Ich erlaube mir, auf diese These zurückzukommen, die ich in meinem Beitrag zur vorletzten Tagung vertreten habe und die unter den Zuhörern Verwunderung ausgelöst hat.[32] Der gegenwärtige Zusammenhang ermöglicht es vielleicht, diese These noch etwas verständlicher zu machen. Der Partikularismus, von dem ich spreche, besteht in der Einforderung der Anerkennung der Partikularität einer Kultur, einer Gesellschaft (einer Moral, einer Religion) und ihrer Integrität. Die Begründung des so verstandenen Partikularismus rekurriert auf folgendes Argument: Die Partikularität (einer Kultur etc.) ist das Produkt menschlicher (sozialer, historischer) Aktivi-

---

31 Saïd 2003, S. xxix: „Humanism is the only, and I would go so far as to say, the final resistance we have against the inhuman practices and injustices that disfigure human history." Und S. xxx: „The human, and humanistic, desire of enlightenment and emancipation is not easily deferred, despite the incredible strength of the opposition to it that comes from the Rumsfelds, Bin Ladens, Sharons, and Bushes of this world."

32 Vgl. Mohr 2009, S. 25.

tät. Menschen erschaffen ihre Kultur als Lebensraum. Dieser ist gemäß Vorstellungen und Werten gestaltet, die die Mitglieder der betroffenen Kultur als wertvoll und wesentlich erachten. Sie betrachten sie als würdig, kultiviert und geschützt zu werden. Nun ist die Forderung nach Schutz der Partikularität offensichtlich eine universalistische Forderung. Die Prämisse dieser These ist, dass die Begründung des Partikularismus selbst nicht willkürlich ist, sondern sich auf dieses fundamentale kulturelle Merkmal der Erzeugung eines Lebensraums durch Menschen bezieht. Das Argument wird also lauten, dass, *prima facie*, jede besondere Kultur als menschliche Selbsterschaffung die Wertschätzung seitens der Anderen verdient, solange jede andere Kultur von ihr ebenfalls respektiert werden möchte. Der Partikularismus in diesem Sinne einer rationalen normativen Position ist im Grunde ein Universalismus, nämlich ein *Universalismus der universalen wechselseitigen Wertschätzung der kulturellen Selbsterschaffung des Menschen.* Das impliziert keineswegs, dass jede Praxis allein dadurch, dass sie eine menschliche Praxis ist, a priori gerechtfertigt und gegen jede Kritik immun ist, sondern dass, ganz im Gegenteil, wer beansprucht, seine Praxis durch Rekurs auf das Prinzip des Schutzes der Kulturen zu rechtfertigen, die Begrenzung seines Rechts durch den normativen Sinn des Universalismus der Würde der partikularen Kulturen.

Der wohlverstandene Universalismus in dem Sinne, in dem er mit dem wohlverstandenen Partikularismus koinzidiert, schließt jede Form des kolonialistischen Chauvinismus, des Rassismus, der Apartheid und des ‚Orientalismus' aus. Er ist deren genaues Gegenteil, das kritische Programm par excellence gegen jede dieser Deformationen der Menschheit und der Humanität. Jedenfalls müsste er es sein. Die oben genannte Verlogenheit scheint den Verdacht zu nähren, dass der Universalismus nur eine sublimierte philosophische Form des Kolonialismus sei. Politisch präsentiert er sich gegenwärtig als eine Unterdrückung durch Hegemonialmächte, die ihre politischen Strukturen als Herrschaftsinstrument aufzwingen. Wenn die Rhetorik des Universalismus verwendet wird, um vermeintlich diese imperialistische Politik zu rechtfertigen[33], täuscht man das philosophische Bewusstsein der Menschheit, indem man die kategoriale Differenz zwischen deskriptivem Universalismus (Unterschiede egalisieren) und normativem Universalismus (wechselseitige Anerkennung und gleiche Rechte) ignoriert. Eine der wichtigsten Aufgaben der Philosophie und der Politik ist heute die Konzeptualisierung und Konkretisierung eines normativen Universalismus, der auf einer Kritik des Kolonialismus aufbaut und als solcher ein non-kolonialer Universalismus wäre.

---

33 Siehe den Beitrag von Fathi Triki in diesem Band.

17.

Gewiss, die Analysen von Hélé Béji provozieren, sie entlarven Ambivalenzen in der gegenwärtigen Umsetzung der Entkolonisierung. Sie kritisiert in der Art und Weise, wie sich auf die Idee der Humanität berufen wird, Verlogenheiten, die sie sowohl bei den Entkolonisierten als auch bei den Ex-Kolonisatoren identifiziert. Der Vorwurf der Verlogenheit, den Frantz Fanon, Albert Memmi, Aimé Césaire und Jean-Paul Sartre in ihren ‚klassischen' Schriften der 1950er und 1960er Jahre an das koloniale Europa richteten, muss heute auch an bestimmte Wortführer der Entkolonisierten gerichtet werden, die die Idee der Humanität missbrauchen, indem sie die ‚Eitelkeit der Herkunft' und in ihrem Namen religiösen Fundamentalismus predigen. Dieser Vorwurf ist heute auch an diejenigen im Westen zu richten, die die Rhetorik der Freiheit und Demokratie für ihre Ambitionen politischer Hegemonie und ökonomischer Ausbeutung instrumentalisieren.

Gewiss, weder ‚sie' noch ‚wir' sind wohl mit allen von Hélé Béji vorgetragenen Kritikpunkten einverstanden. Aber ich habe für mich festgestellt, dass gerade die Selbstkritik der Entkolonisierten Hélé Béji, so hart sie auch sein mag, mir ermöglicht hat, gewisse Grundfehler in meinem eigenen Zugang zu den gemeinsam erörterten Fragen zu verstehen. Sie hat mir geholfen, die Fallen besser zu verstehen, in die ich selbst gerate.

Literatur

Ashcraft, Bill, et al. (eds.), 2001, *The Post-Colonial Studies Reader*, London/New York (1. Aufl. 1995)

Ashcraft, Bill, et al., 2004, *Post-Colonial Studies. The Key Concepts*, London/New York (1. Aufl. 2000)

Béji, Hélé, 2008, *Nous, décolonisés. Essai*, Paris

Béji, Hélé, 1998, „Das verinnerlichte Abendland". In: Heller, Erdmute/ Mosbahi, Hassouna (Hg.), *Islam, Demokratie, Moderne. Aktuelle Antworten arabischer Denker*, München, S. 154-166

Césaire, Aimé, 2004, *Discours sur le colonialisme* (1955), suivi de *Discours sur la Négritude*, Paris

Fanon, Frantz, 2002, *Les damnés de la terre*, Préface de Jean-Paul Sartre, 1. Aufl. Paris 1961, réédité avec préface d'Alice Cherki et postface de Mohammed Harbi, Paris, 2002; dt.: *Die Verdammten dieser Erde*, mit einem Vorwort von Jean-Paul Sartre, übersetzt von Traugott König, Frankfurt/M. 1981

Mannoni, Octave, 1950, *Psychologie de la colonisation*, Paris

Memmi, Albert, 1985, *Portrait du colonisé*, précédé de *Portrait du colonisateur* et d'une préface de Jean-Paul Sartre, 1. Aufl. 1957, Paris

Mohr, Georg, 2009, « L'homme des droits de l'homme face aux figures de l'humanité ». In: Jacques Poulain et al. (Hg.), *Les figures de l'humanité*, Frankfurt/M. 2009, 19-26

Osterhammel, Jürgen, 2001, *Kolonialismus. Geschichte, Formen, Folgen*, München, 3., durchges. Aufl. (1. Aufl. 1995)

Poulain, Jacques, et al. (Hg.), 2009, *Les figures de l'humanité*, Frankfurt/M.

Saïd, Edward W., 1994, *Culture and Imperialism*, New York (1. Aufl. 1993)

Saïd, Edward W., 2003, *Orientalism*, with a new Preface by the author to the Twenty-Fifth Anniversary Edition, New York (1. Aufl. 1978)

Sartre, Jean-Paul, 1957, « Préface ». In: Albert Memmi, *Portrait du colonisé*, précédé de *Portrait du colonisateur* et d'une préface de Jean-Paul Sartre, 1. Aufl. 1957; Paris, 1985, S. 21-26

Sartre, Jean-Paul, 1961, « Préface ». In: Frantz Fanon, *Les damnés de la terre*, Paris 2002, S. 17-36 ; dt.: « Vorwort » in : Frantz Fanon, *Die Verdammten dieser Erde*, Frankfurt/M. 1981, S. 7-28

Young, Robert J. C., 2003, *Postcolonialism. A Very Short Introduction*, Oxford

Namenregister

PHILOSOPHIE UND TRANSKULTURALITÄT
PHILOSOPHIE ET TRANSCULTURALITÉ

Herausgegeben von
Sous la direction de
Jacques Poulain (Paris), Hans Jörg Sandkühler (Bremen/Brême), Fathi Triki (Tunis)

Bd./Vol. 1 Hans Jörg Sandkühler / Fathi Triki (Hrsg./éd.): Die Aufgaben der Philosophie in der transkulturellen Welt / La tâche de la philosophie dans le monde transculturel. 2002.

Bd./Vol. 2 Hans Jörg Sandkühler / Fathi Triki (Hrsg./éd.): Der Fremde und die Gerechtigkeit / L'étranger et la justice. 2003.

Bd./Vol. 3 Hans Jörg Sandkühler / Fathi Triki (Hrsg./éd.): Gewalt und Recht in transkultureller Perspektive / Violence et droits dans une perspective transculturelle. 2004.

Bd. 4 Jacques Poulain / Hans Jörg Sandkühler / Fathi Triki (Hrsg.): Menschheit – Humanität – Menschlichkeit. Transkulturelle Perspektiven. 2009.

Vol. 5 Jacques Poulain / Hans Jörg Sandkühler / Fathi Triki (éd.): Les figures de l'humanité. Perspectives transculturelles. 2009.

Vol. 6 Anthony Onyemachi Agwuele: Rorty's Deconstruction of Philosophy and the Challenge of African Philosophy. 2009.

Vol. 7 Jacques Poulain / Hans Jörg Sandkühler / Fathi Triki (ed.): La dignité humaine. Perspectives transculturelles. 2009.

Vol. 8 Cyrille B. Koné: De la réconciliation terrestre. Essai sur la citoyenneté réhabilitée. 2010.

Vol. 9 Jacques Poulain / Hans Jörg Sandkühler / Fathi Triki (éds.): Justice, Droit et Justification. Perspectives transculturelles. 2010.

Bd. 10 Jacques Poulain / Hans Jörg Sandkühler / Fathi Triki (Hrsg.): Gerechtigkeit, Recht und Rechtfertigung in transkultureller Perspektive. 2010.

www.peterlang.de